高等职业教育旅游大类
新形态一体化教材

旅游心理学

主　编　李　娌　范志光
副主编　金圣华　齐海英　张春雷
　　　　李　俊　战　英

中国教育出版传媒集团
高等教育出版社·北京

内容提要

本教材是旅游大类专业新形态一体化教材。本教材以教育部颁布的旅游大类专业目录和专业简介为依据，以"理论够用、能力提升"为编写理念，围绕旅游心理学这一主题，采用理实一体、育训结合的方式组织内容。本教材分为3篇，分别为走近心理学、旅游者心理学和旅游服务心理学。篇下设章，共9章，分别为旅游心理学概述、旅游动机、旅游情感体验、旅游态度、旅游从业者的社会认知、旅游服务的沟通技巧、旅游服务者的能力与人格、旅游服务者的心理健康、旅游服务者的职业伦理。各章设置了"知识链接""素养园地""小案例""小故事""小测验"等栏目，并在章后设置了课后练习，具有较强的应用性和实践性。

本教材配套建设有丰富的动画资源，可通过扫描书中二维码进行在线学习，在提升学习兴趣的同时，为学习者提供更多自主学习的空间，还附有教学课件。此外，本教材还配有数字课程，可登录智慧职教网站（www.icve.com.cn)，在"旅游心理学（课程负责人：李娳）"课程页面在线观看、学习。教师也可利用职教云（zjy2.icve.com.cn）一键导入该数字课程，开展线上线下混合式教学。

本教材可供高等职业院校、职业本科院校和应用型本科院校旅游大类相关专业师生学习使用，还可供相关从业人士参考使用。

图书在版编目（CIP）数据

旅游心理学 / 李娳，范志光主编. -- 北京：高等教育出版社，2024.4
ISBN 978-7-04-061895-2

Ⅰ.①旅… Ⅱ.①李…②范… Ⅲ.①旅游心理学－高等职业教育－教材 Ⅳ.①F590

中国国家版本馆CIP数据核字（2024）第053127号

Lüyou Xinlixue

策划编辑	张 卫	责任编辑	张 卫	封面设计	姜 磊	版式设计	李彩丽
责任绘图	李沛蓉	责任校对	胡美萍	责任印制	刁 毅		

出版发行	高等教育出版社	网　址	http://www.hep.edu.cn
社　址	北京市西城区德外大街4号		http://www.hep.com.cn
邮政编码	100120	网上订购	http://www.hepmall.com.cn
印　刷	北京市大天乐投资管理有限公司		http://www.hepmall.com
开　本	787mm×1092mm 1/16		http://www.hepmall.cn
印　张	13.5		
字　数	300千字	版　次	2024年4月第1版
购书热线	010-58581118	印　次	2024年4月第1次印刷
咨询电话	400-810-0598	定　价	43.00元

本书如有缺页、倒页、脱页等质量问题，请到所购图书销售部门联系调换
版权所有　侵权必究
物料号　61895-00

前言

党的二十大报告指出，统筹职业教育、高等教育、继续教育协同创新，推进职普融通、产教融合、科教融汇，优化职业教育类型定位。这进一步明确了新时代新征程职业教育的使命，为职业院校人才培养指明了方向。旅游是人们享受美好生活、感悟优秀文化、增强文化自信、实现精神富有的重要载体，在全面建成社会主义现代化强国和实现第二个百年奋斗目标的新征程中，承载着实现人们生活幸福的重要使命。

《"十四五"旅游业发展规划》指出，中国将全面进入大众旅游时代，旅游业发展处于重要战略机遇期，人民群众不仅要提升物质生活水平，也要提升精神享受和文化消费，需要更多的"诗和远方"。随着旅游市场的回暖，提升旅游从业人员综合素质与服务质量，树牢"诚信为本、服务至诚"理念是当下旅游从业人员的努力目标和方向。

当前，人们的消费行为越来越多元化，对旅游产品的需求越来越个性化。那么，旅游消费者的需求到底是什么呢？古语云："用兵之道，攻心为上，攻城为下；心战为上，兵战为下。"对旅游从业者而言，不仅要掌握基本的知识和技能，还应在实践工作中，学会运用旅游心理学知识，了解自己、读懂游客、认识社会。这不仅能够帮助解决旅游经营活动过程中遇到的问题，同时也能够解决生活中的一些困惑和问题。本教材从新文旅的视角切入，系统地阐述了旅游心理学的理论、方法及其在实践中的应用。全书从结构上可分为三篇，分别为"走近心理学""旅游者心理学"和"旅游服务心理学"。第一篇主要介绍旅游心理学的对象、任务和研究方法；第二篇介绍旅游者心理，概要介绍旅游者在旅游活动中的心理现象；第三篇介绍旅游行业服务及从业人员的心理，详细阐述了研究个性、群体及各层次的行为特征及所蕴含的心理规律。教材内容丰富，注重应用性和实践性。为了满足教育教学改革对高质量教材和资源建设的需要，本教材在"智慧职教 MOOC 学院"平台上同步配套建设了在线课程，便于学生夯实专业基础知识、提高课程学习质量。

教材编写团队由吉林工程技术师范学院、绍兴文理学院、吉林外国语大学、吉林省经济管理干部学院、长白山职业技术学院教师组成。具体分工为：主编李娓（第一章、第三章）、范志光（第五章）；副主编金圣华（第八章）齐海英（第二章、第四章）、张春雷（第七章）、李俊（第六章）、战英（第九章）。全书由李娓教授统稿，范志光博士担任本教材学术统筹。教材在编写中得到了高等教育出版社张卫编辑的精心指导和大力支持，在此表示感谢！教材在编写修订中参阅了一些专家和学者的专著及文献，不能一一致电或函谢，在此一并鞠躬致谢！

编者
2024 年 1 月

目录

第一篇　走近心理学

第一章　旅游心理学概述　/ 002
　　第一节　旅游心理学的研究对象　/ 003
　　第二节　旅游心理学的研究方法　/ 006
　　第三节　认知心理学　/ 009
　　第四节　旅游心理学的研究意义　/ 016

第二篇　旅游者心理学

第二章　旅游动机　/ 020
　　第一节　动机的基本概述　/ 021
　　第二节　旅游的心理需要　/ 029
　　第三节　旅游动机与行为　/ 038

第三章　旅游情感体验　/ 045
　　第一节　情绪和情感　/ 046
　　第二节　旅游情感　/ 055
　　第三节　体验的感觉　/ 060
　　第四节　旅游投诉　/ 070

第四章　旅游态度　/ 079
　　第一节　态度的基本概述　/ 080
　　第二节　旅游者态度与行为　/ 085
　　第三节　旅游者的态度形成与改变　/ 089

第五章　旅游从业者的社会认知　/ 099
　　第一节　社会认知概述　/ 100
　　第二节　刻板印象的形成与管理　/ 110
　　第三节　旅游从业者的社会认同　/ 119

第六章　旅游服务的沟通技巧　/ 130
　　第一节　人际关系概述　/ 131
　　第二节　人际关系的影响因素　/ 139
　　第三节　旅游从业人员的沟通技巧　/ 146

第三篇　旅游服务心理学

第七章　旅游服务者的能力与人格　/ 156
　　第一节　能力概述　/ 157
　　第二节　人格　/ 159
　　第三节　性格　/ 162
　　第四节　个性结构与旅游决策　/ 170

第八章　旅游服务者的心理健康　/ 175
　　第一节　心理健康概述　/ 176
　　第二节　旅游从业人员的心理问题　/ 179
　　第三节　旅游从业人员的心理健康调适方法　/ 183

第九章　旅游服务者的职业伦理　/ 189
　　第一节　旅游伦理概述　/ 190
　　第二节　旅游从业人员的伦理规范　/ 192
　　第三节　旅游从业人员职业道德　/ 197

参考文献　/ 207

二维码资源目录

资源名称	页码
动画:炫耀心理	39
动画:什么样的旅游能缔造美妙的经历	41
动画:心理相似性吸引	42
动画:猎奇心理	42
动画:情绪谱	49
动画:情绪实验	53
动画:色彩心理	72
动画:出现投诉时如何处理	74
动画:从众心理	85
动画:认知失调	106
动画:化解儿童的小尴尬	137
动画:旅游中的"定位"心理	142
动画:有效的沟通	148
动画:了解员工的气质类型	165
动画:多血质的客人	166
动画:逆反心理	183

第一篇　走近心理学

第一章　旅游心理学概述

◆ **本章导读**

　　旅游心理学是从心理学角度研究旅游和旅游业的一门新型学科。作为一门跨界融合的学科,旅游心理学是针对旅游者、旅游从业者和旅游业的特点,运用心理学和旅游学等学科的基础理论,结合现代旅游的实践,研究旅游者的心理活动和旅游行为规律的学科。作为开篇的引导内容,本章侧重从旅游心理学的产生、发展和研究对象入手,介绍在旅游心理学学习中应该重点掌握的基础理论知识。同时,通过对旅游者的决策方式的介绍,引导学生掌握调控旅游者行为的途径。

◆ **学习目标**

- **知识目标**
  - 掌握心理学的基础概念。
  - 了解旅游心理学的形成和研究对象。
  - 掌握旅游心理学的研究方法和研究意义。

- **能力目标**
  - 了解和区分不同的心理学流派。
  - 运用心理学的研究方法解决旅游中常见的问题。

- **素养目标**
  - 形成科学和健康的心理观。
  - 尊重科学,崇尚科学。

第一节　旅游心理学的研究对象

旅游心理学是运用心理学的研究理论和方法,分析和解决旅游活动过程中的相关问题。其研究对象主要围绕旅游行业具体的实施者、参与者来进行,如何在实践中应用心理学知识服务旅游者是本课程学习的重点。

有人说:"身体和心灵,总有一个在路上。"你认同这一观点吗?

在我国,旅游心理学有其特定的研究领域和内容。通常"旅游者心理""旅游服务心理""旅游企业管理心理"三方面内容构成了其研究的主体。

国外学者对旅游心理学的研究主要有两条思路:一条是以旅游消费者为对象,研究旅游者消费行为的一般规律。以美国学者贾维斯的著作《闲暇旅行心理学》(美国波士顿 CBI 出版公司,1981 年出版)为代表;另一条是研究旅游工作者和旅游者的互动关系,以相互作用分析为理论基础,对旅游接待业中的人际关系进行深刻的分析。以美国学者劳埃德·拜厄斯(Lloyd.L.Byars)和莱斯利·鲁(Leslie W.Rue)的著作《人力资源管理》(麦格劳-希尔出版公司,2000 年出版)为代表。

一、旅游者心理

旅游者心理活动是旅游者在旅游活动过程中对旅游刺激物的反应活动,是人脑所具有的特殊功能和复杂的活动方式。在旅游活动进行中,旅游者的心理需求是复杂的、多样的。由于兴趣、爱好、个性的心理差异,他们对接触到的事物会产生不同的旅游行为,最终也会形成不同的心理感受。因此,深入了解旅游者的个性心理需求,在旅游产品的研发设计、推广、服务等环节投其所好、应其所需,才能真正实现旅游者的个性需求。

人作为旅游者在旅游活动中的各种行为也受到心理活动的支配。例如,采用何种方式到达目的地? 住宿的标准如何? 选购何种旅游纪念商品? 其中,每个环节都是一次心理反应,往往要不断地权衡、比较、决定等。可见,旅游者的旅游行为是在一定的心理活动支配下进行的。

哈尔滨与游客"共情"

2023 年至 2024 年度冰雪季,哈尔滨的"顶流"出圈,是因为满足了游客们的哪些心理需求呢?

首先是新奇与探索。这座城市融合了中西文化,特别是在建筑风格和历史传统上,呈现出独特的异国风情。例如,在哈尔滨就可以领略俄罗斯文化,体验不同于其他城市的风土人情,满足了他们对新奇和探索的心理需求。

其次是自我实现与自我满足。哈尔滨不仅仅是观光的胜地,它还提供了丰富的活动,如冰雪大世界等,为游客提供了挑战自我的机会。不仅增强了游客的自信心,也实现了个人的心理满足。

再次是享乐与放松。哈尔滨独特的冰雪文化为游客提供了一种特殊的放松方式。在这里,游客可以远离日常生活的繁忙和压力,享受在雪景中的漫步,还可以参与雪地篝火晚会扭秧歌,感受年味大集雪乡,品尝原汁原味的东北美食。

还有文化体验。哈尔滨的历史悠久,拥有丰富的文化遗产,游客可以通过参观这些地标,了解城市的历史和文化,满足游客对文化深度体验的需求。

此外加强社交和家庭亲情也是游客出游的动机之一。哈尔滨作为一个多元化的旅游目的地,为家庭旅行和朋友团聚提供了广泛的活动选择。无论是家庭成员在冰雪乐园中的欢聚,还是朋友在历史街区中的探索,都能增进相互之间的感情和理解。

职 业 人

精明的职业人给人的印象是:思路清晰,说做就做,迅速取得结果。

职业人的身上应具备三种品质:一是职业意识,首先意识到自己是职业人;二是责任感,职业精神的本质是将心比心,能承担起责任;三是职业能力,能够做正确的事情,并用最好的方法取得最好的结果。

心理学家研究发现,人们的动作,哪怕是细微的表情都能透露当事人的内心隐秘,在旅游从业过程中,学会"读懂人心"和"鉴貌辨色"能够让你的职业道路越走越平坦。

三个旅行者

一天傍晚,一家旅店住进了三个旅行者。

早上出门的时候,一个旅行者带了一把伞,另一个旅行者拿了一根拐杖,第三个旅行者什么也没有拿。晚上归来的时候,拿伞的旅行者淋得浑身是水,拿拐杖的旅行者跌得满身是伤,而第三个旅行者却安然无恙。于是前两个旅行者很纳闷,问第三个旅行者:"你怎么会没事呢?"

第三个旅行者没有回答,而是反问拿伞的旅行者:"你为什么会淋湿而没有摔伤呢?"

拿伞的旅行者说:"当大雨来临的时候,我因为有了伞就大胆地在雨中走,却不知怎么淋湿了;当我走在泥泞坎坷的路上时,我因为没有拐杖,所以走得非常小心,专拣平稳的地方走,所以没摔伤。"

然后,他又问拿拐杖的旅行者:"你为什么没有淋湿却摔伤了呢?"

拿拐杖的说:"当大雨来临的时候,我因为没有带雨伞,便拣能躲雨的地方走,所以没有淋湿;当我走在泥泞坎坷的路上时,我便拉着拐杖走,却不知为什么就跌伤了。"第三个旅行者听后笑笑说:"这就是我安然无恙的原因。当大雨来临时我躲着走,当路不好时我小心地走,所以我没有淋湿也没有摔伤。你们的失误就在于你们有凭借的优势,认为有了优势便少了忧患,因此才会被雨淋,被跌伤。"

二、旅游服务心理

旅游服务是旅游业的灵魂。服务质量关系到旅游业的兴衰。在饭店服务、导游服务和旅游景区服务等方面,要想提高服务质量,除了研究旅游者心理,还要研究旅游服务人员心理及二者的关系心理,为旅游者提供情感化、个性化、针对性的服务。下面以心理学中的"峰终定律"为例,说明掌握旅游服务心理的重要性。

峰 终 定 律

2002年诺贝尔经济学奖得主,心理学家丹尼尔·卡纳曼(Daniel Kahneman)经过深入研究,发现我们对体验的记忆取决于两个因素:高峰时与结束时的感觉。我们在体验过一项事物之后,真正能记住的只有高峰与结束时的感受,而在过程中,好与不好体验的比重及其时间的长短,对记忆几乎没有影响,这就是峰终定律(Peak-End Rule)。可见,旅游服务中把握好恰当的时机,往往会让服务的结果事半功倍。

旅游服务实质上是旅游服务人员通过与旅游者打交道,提供相应的服务产品,以帮助旅游者构造完美旅游经历、旅游体验的过程。旅游从业人员如何用积极的态度,良好的心理素质,规范的服务,为旅游者提供情感化、个性化、针对性的服务是提高旅游服务质量的关键环节。

意外的小惊喜

某商务考察团外宾在宴会结束后,大家均未离席,似乎对我国传统的工艺品——景泰蓝食筷表现出极大的兴趣,有一些爱不释手。餐厅经理看到此景,便与考察团进行了沟通,为每位外宾准备了一副全新的景泰蓝筷子礼盒。这让外宾非常兴奋,大家不由自主地鼓掌致谢。餐厅经理能够洞察顾客的心理需求,在对顾客服务过程中,针对需求和需要"有的放矢",不仅提升了顾客的满意度,还取得了较好的服务效果。

三、旅游企业管理心理

企业管理归根到底是对人的管理,管理心理学是心理科学的一个分支,是研究组织管理中人的心理活动规律的一门学科。旅游企业管理心理学的研究涉及企业员工压力、挫折、人际关系、激励、冲突等内容,在研究和发展过程中,要探求出旅游企业激励员工心理和行为的多种途径和方法,以最大限度地调动旅游企业员工的积极性、创造性,提高劳动生产率。哈佛大学经过调查,一个人胜任一件事,85%取决于态度,15%取决于智力。旅游企业的管理者要有强大的心理感召能力,唤醒企业员工的服务意识,增强企业员工的责任感和归属感,掌握员工的心理,在良好的企业文化氛围的烘托下凝集力量,体现企业管理艺术和管理水平。

杜 根 定 律

有一个人经常出差,却常买不到坐票,只能买站票。可是无论长途、短途,无论车上多挤,他总能找到座位,那是因为他总是耐心地一节车厢一节车厢找过去。听上去这个办法似乎并不高明,但很管用。每次,他都做好了从第一节车厢走到最后一节车厢的准备,可是每次他都用不着走到最后就会发现空位。他说,像他这样锲而不舍找座位的乘客实在不多。经常是在他落座的车厢里尚余若干座位,而在其他车厢的过道和车厢接头处人满为患。

这则故事给了我们这样的启示,许多旅游企业管理者满足于经营现状,不太喜欢挑战自己,思想保守,因此只能滞留在没有成功的起点上,这些不愿意主动找座位的管理者大多只能在上车时的落脚之处一直站到下车。美国橄榄球联合会前主席杜根曾经提出一个说法:强者未必是胜利者,而胜利迟早都属于有信心的人。这一说法也被称为"杜根定律"。

第二节 旅游心理学的研究方法

"世界那么大,我想去看看。"这是一封在河南省实验中学工作了11年的心理学老师顾少强写下的辞职信,仅仅10个字,迅速走红网络,并被国人反复引用,表达"另一种生活可

能"的憧憬。从人们同频共振的程度上可以看出,多数人的内心世界都有放下生活的烦琐,游历山川美景和人文古迹的诉求。

让我们运用旅游心理学的知识和研究方法共同开启人们心中对"美好生活的向往"吧!

一、观察法

观察法是指通过被观察的对象的行为举止、谈吐表情等外在表现,去探求人的心理活动的特点和规律的一种方法。观察法是心理学研究中最常用也是最基本的一种研究方法。例如,研学旅行目前是中小学比较普遍的一种实践教学形式,针对青少年儿童的心理特点,设计和安排行程线路。

观察法的突出优点是可以在旅游行为发生时,现场进行观察、记录,能够收集到比口头报告或问卷调查更客观、全面、准确的资料。当然,观察法也有一定局限性。例如,观察资料的质量在很大程度上受到观察者本人的能力水平、心理因素的影响,旅游活动进行过程中,许多问题是难以预测的,因此采用现场观察有时难以奏效。此外,观察法的运用往往需要花费较大的人力、物力和较多的时间。

二、实验法

实验法是指对研究的某些变量进行操纵和控制,创设一定的情境,以探讨旅游者心理发展的原因和规律的研究方法。实验研究是旅游心理学研究的方法之一。实验法可分为实验室实验和现场实验两种类型,因受实验室场地限制,此类研究方法有一定的局限性。

三、访谈法

访谈法是指调查者通过与调查对象面对面地谈话来了解情况、搜集资料的研究方法。访谈法的最大特点在于,整个访谈过程是访谈者与旅游者相互影响、相互作用的过程。所以,在访谈中,访谈者应争取掌握访谈过程的主动权,积极影响旅游者,尽可能使研究按照预定的计划开展。访谈法的另一个显著特点是它具有特定的研究目的和一整套的设计、编制和实施的原则。

访谈法的这些特点说明,访谈法在一定程度上能比观察法获得有关旅游者的更多、更有价值、更深层的心理活动情况和心理特征方面的信息,同时,也比观察法更复杂、更难以掌握。访谈法有许多优点,它能有针对性地收集研究数据,适用于一切具有口头表达能力的不同文化程度的访谈对象,具有比问卷法更高的回收率和有效率。访谈法也有一定的局限性,表现为访谈结果的准确性和可靠性受访谈者自身的素质影响较大,与其他研究方法相比,费时费力,而且访谈所得资料不易量化。另外,访谈效果也受环境、时间和访谈对象特点的限制。

四、个案研究法

个案研究法是指对某一旅游者个体、某一旅游群体在较长时间里连续进行调查,从而研究其行为发展变化的全过程,这种研究方法也称为案例研究法。

个案研究有个人调查、团体调查和问题调查三种类型。

(1) 个人调查,即对某个人的旅游心理发展、智力、兴趣、爱好、情绪、性格、气质、价值观等多方面的深层次的调查。

(2) 团体调查,即对某个旅游团体进行详细调查,如老年大学摄影采风旅行团、茶马古道寻茶之旅等。

(3) 问题调查,即对旅游心理现象或问题进行专案调查研究。无论采用何种调查方式,均应有明确的目的和内容,制订好调查研究计划或方案,综合运用各种调查方法(如访谈、问卷、观察、测验等),认真收集、整理和分析材料,提出研究报告。

五、问卷法

问卷法是针对旅游心理学的研究目标用统一、严格设计的问卷,来收集旅游者心理和行为的数据资料的一种研究方法。问卷法和访谈法都是收集旅游者心理和行为的数据资料的基本方法。只是问卷法的问卷比访谈法更具目的性、内容更加详细完整、设计更为缜密科学。问卷法的特点是标准化程度较高,严格按照统一设计和固定结构的问卷进行研究,避免了研究的盲目性和主观性。问卷法的另一特点是能在较短的时间内收集到大量的资料,由于问题和答案都预先进行了操作化和标准化设计,因此所得资料也便于进行定量分析。

目前,这些定量分析工作可以借助调查软件进行,不仅方便还准确,所以,问卷法在旅游心理学的研究中有着广阔的应用前景。作为旅游心理学研究常用的方法,问卷法有很多突出的优点。它的内容客观统一,分析处理简洁方便,节省了人力、物力和经费,取样较大,对于描述一个总体的性质是很有意义的。此外,问卷法匿名性强,回答真实,那些不宜用访谈法进行当面询问的问题,涉及对旅游服务态度、情感、动机等问题适合用问卷法来研究。问卷法的缺陷在于带有一定的主观性,因此获得的有些数据资料还需用其他方法加以印证。

 知识链接

设计有效问卷的关键指标

1. 有效提问

为避免受访者出现调查疲劳,问卷篇幅应保持精简。问卷中的每个问题都要有它的目的,每个问题的数据都必须与调研目标紧密相连。

2. 简洁易懂

受访者答卷的过程:

(1) 阅读问题并确定他们需要回答的信息。

(2) 根据问题搜索记忆中的信息。

(3) 将信息与问题进行匹配,并转化为对应的选择。

让受访者理解问题的意图非常重要!合理设计问卷措辞,避免使用专业术语,确保所

有受访者能够理解所描述的问题。

3. 选项互斥

保证一道题内的所有选项互斥,也就是说有且只有一个答案被选中。

例如:请问您的年龄?(错误举例)

A. 18~31 岁　　　　B. 31~40 岁　　　　C. 40~55 岁　　　　D. 55 岁及其以上

对于 31 岁的受访者来说,选项 A 和 B 都符合条件,40 岁、55 岁的受访者也是如此。这样获取的调查数据并不准确。因此,设计问卷时需要考虑让选项互斥。

4. 询问具体问题

例如:您对本次旅游行程安排的海鲜自助大餐满意吗?(错误举例)

A. 非常满意　　　　B. 满意　　　　C. 既不喜欢也不满意

D. 不满意　　　　E. 很不满意

这道问题的意向并不明确,它是关于海鲜大餐的味道、价格还是用餐环境的满意程度,不同的受访者会根据不同的理解来回答此题。

5. 测试问卷

将正式的问卷发送给受访者之前,不要遗漏问卷测试环节。让同事、朋友或家属参与调查并提供反馈。了解他们对问题的认知、理解,是否符合预期的设计方案。

第三节　认知心理学

走进心理学,你会发现生活中的许多现象都和心理学息息相关,小到日常起床的时间、餐具的颜色、食物的偏好、生活的习惯及情绪处理的方式,大到个人的职业选择、兴趣习惯、对生活的态度、对人生的设想和对生命意义的解读,都和心理学有着千丝万缕的关联。

有人会说,心理学就是"读心术"。

有人会说,心理学就是"催眠"。

有人会说,心理学就是"心理咨询"。

有人会说,心理学就是"糊弄人的把戏"。

也会有人把心理学等同于"占星术"。在他们的观念中,心理学家跟风水大师、起名大师的区别不大……

那么,科学的心理学到底是怎样的?让我们来一窥心理学的庐山真面目。

首先,让我们仔细对以下 5 个观点进行判断。

1."催眠术"是心理咨询师必备的技能之一。(对／错)

2. 大多数的心理学专家都会解梦。（对/错）

3. 心理问题就是精神病。（对/错）

4. 抑郁症的人就是想不开,不够乐观。（对/错）

5. 心理学专家懂得如何给人算命。（对/错）

其次,请你拿出一支笔和一张纸,仔细地想一想,你心目中的心理学是什么,静静地思考1分钟,然后在纸上写下3个最能代表心理学的词汇。

1. 我心目中的心理学词汇1：_____

2. 我心目中的心理学词汇2：_____

3. 我心目中的心理学词汇3：_____

再次,每个人用3分钟的时间,将自己的观点与周围人进行分享,看一看每个人心目中的心理学到底是什么。同时,请你认真倾听其他人心目中的心理学,并填写在下面横线上。

1. 他人心目中的心理学词汇1：_____

2. 他人心目中的心理学词汇2：_____

3. 他人心目中的心理学词汇3：_____

然后,请你仔细对比一下,自己心目中的心理学与其他人心目中的心理学之间的异同,并且阅读上述5个问题的答案：

1."催眠术"是心理咨询师必备的技能之一。

答案：错误。

2. 大多数的心理学专家都会解梦。

答案：错误。

3. 心理问题就是精神病。

答案：错误。

4. 抑郁症的人就是想不开,不够乐观。

答案：错误。

5. 心理学专家懂得如何给人算命。

答案：错误。

最后,让我们在大街上随机去采访遇到的路人,问一问"什么是心理学",听一听路人给出的千奇百怪的答案吧！

一、心理学是这样"长大"的

说起心理学,很多人的印象或许就是那句"心理学有一个漫长的过去,却只有一个短暂的历史"（来自发现了记忆曲线的心理学家艾宾浩斯）。这句话基本可以简单概括心理学发展历程。心理学的许多议题在科学心理学出现之前,是哲学领域长期争论的话题。古希腊早期的哲学家一直在寻求关于我们存在的答案,以及我们的思考和行动的方式。从那时起,人们就为了思索意识和自我、心灵和身体这些问题而绞尽脑汁。

科学的各个分支几乎都起源于哲学,心理学也不例外。18世纪的理性时代由一场"科学革命"的爆发开启,科学和技术的进步回答了很多关于我们存在的世界的问题,但是仍然无法解释我们的心灵如何工作。

17世纪科学革命的代表人物之一,哲学家和数学家笛卡儿提出,心灵和肉体是分离的,这对心理学的发展起到关键的作用。他宣称人类是二元的存在,拥有独立的像机器一样的身体,以及非物质、可思考的心灵和灵魂。

从文艺复兴到19世纪中叶,人的心理特性一直是哲学家研究的对象,心理学是哲学的一部分。19世纪中叶,由于生产力的进一步发展,自然科学取得了长足的进步,科学的威信在人们的头脑中逐步生根。这里,作为生理学孪生科学的心理学也接近成熟,心理学开始摆脱哲学的一般讨论而转向具体问题的研究。这种时代背景为心理学成为一门独立的科学奠定了基础。

真正意义上的心理学是在1879年建立的。这一年,德国心理学家威廉·冯特受自然科学的启发和影响,在莱比锡建立了世界上第一个心理学实验室,采用科学的实验方法对人的心理现象进行研究,心理学从此宣告脱离哲学而成立了独立的学科,由此也开启了现代心理学的研究先河。欧洲和美国的大学里也开始出现心理学系。

威廉·冯特的心理学实验室主要研究感知觉心理过程,采用生理学的实验技术,所以他称自己的这种研究为"生理心理学",也称为"实验心理学"。而后人认为威廉·冯特的研究方法受到当时化学发展的影响,因此把威廉·冯特的心理学体系称为"元素心理学"或"构造心理学"。威廉·冯特的实验室为全世界的心理学系树立了榜样,他的实验让心理学正式从哲学的领域中进入了科学的领域。

威廉·冯特

威廉·冯特生于巴登(现德国曼海姆),是家里的第四个孩子。他的家族几代都是高级知识分子,他的父亲是路德教会的牧师。年少的威廉·冯特几乎没什么时间玩耍,他被迫接受严格的政权教育,13岁起就进入天主教学校学习。他分别在柏林大学、图宾根大学和海德堡大学学习和研究,直到1856年从医学专业毕业。两年以后,威廉·冯特成为著名的视知觉研究者赫尔姆霍兹医生的助手。在海德堡大学里,威廉·冯特开始讲授世界上第一门实验心理学课。1879年,威廉·冯特建立了第一个实验心理学实验室。威廉·冯特一生撰写了490多部著作,他可能是世界上著作最多产的科学作家。

威廉·冯特的主要作品有《关于人类和动物心灵的讲演录》(1863年)、《生理心理学原理》(1873年)、《心理学纲要》(1896年)。

心理学的不同流派

小明是一名应届高中毕业生。他有一个不好的毛病,就是吮吸手指,他的右手手指常常被他吮吸得又白又皱,刚刚参加完高考,父母便带着他敲开了心理医生的大门。

以精神分析为本的心理医师说:"小明小时候的需求没有得到及时的满足,从而产生了"退行"。

以行为主义为本的心理医师说:"小明第一次吮吸手指的动作得到正向的强化,现在只能通过负向强化来克服。"

以人本主义为本的心理医师说:"我们尊重小明的选择,只要他自己能够真正意识到吮吸手指的弊端,那么他就一定可以发生改变。"

可以看到,心理学的流派很多,并且各自的主张和观点也是千差万别的。探讨心理学的历史和发展,就是要探讨这些心理学流派的主张和观点。

现代心理学发展至今已有140多年的历史。以威廉·冯特为首的构造主义看来,心理学是研究人的直接经验或意识的科学,复杂的心理活动是由简单的元素构成的,心理学的任务就是把心理活动分解为一些心理元素。例如,我们对一本书的知觉是由长方形的形状、一定的大小、红色的书皮等感觉成分相加而成的。

在1913年美国心理学家,行为主义的代表人物华生,向构造主义的观点提出了挑战。以华生为首的心理学家创立了行为主义,他们拒绝研究意识,认为它看不见、摸不着,更不能放到试管里去化验,而行为才是心理学真正要研究的对象,华生曾在《行为主义》中留下一句发人深思且颇有争议的话:给我一打健康的婴儿,一个由我支配的特殊环境,让我在这个环境里养育他们,我可以担保,任意选择一个,不论他父母的才干、倾向、爱好如何,他父母的职业及种族如何,我都可以按照我的意愿把他们训练成任何一种人物——医生、律师、艺术家、商人,甚至乞丐或强盗。在华生之后,又出现了以斯金纳为首的新行为主义,新行为主义强调在实验操作的基础上研究人和动物的行为,甚至积极尝试把行为主义原理用于改造社会。他写过一本小说《沃尔登第二》,是以日记的形式描写一个乌托邦式的理想社会。斯金纳把这种社会设计称为"行为工程"。

沃尔登第二

"沃尔登第二"是一个由1 000户人家组成的理想化公社。这个公社具有一些特点:没有私有制家庭,相反,居民住在联合公寓里;儿童不与他们的父母住在一起,他们最初住在托儿所,而后住进集体宿舍,13岁左右搬进他们自己的公寓;生活设施内不设炊具设备,一切用餐都在公社餐厅，在那里保证健康的饮食，并使个人从做饭这种简单的工作中解放出来；"沃尔登第二"的妇女没有做饭、打扫或带孩子的负担，因此能同男人一样充分实现她们的潜能；鼓励十六七岁的青年人结婚生育；由于夫妇是根据志趣结合的，因此婚姻关系易于白头偕老，不存在金钱问题，不存在抚养儿童的负担；由于一般父母不具备正确抚养儿童的知识和设备，儿童不与父母居住在一起，而是由专家抚养，目的是"使沃尔登第二的成年人都把一切儿童当成自己的孩子，而每个儿童都把每个成年人看作是他的父母"。

"沃尔登第二"实行的是个别化教育，因而每个儿童都能按他们独特的情况发展自己。不存在所谓的"正规"教育，教师只是指导者。教育是由公社的工厂或实验室提供的。即使在大学阶段，也只是"教学生学会思考"，让他们凭自己的能力去自由地获取任何东西。在公社中不存在年计划分和毕业文凭。在"沃尔登第二"，实际上不存在金钱，相反，每个人都有义务完成1 200个工分。尽管有些工作比另一些工作值更多的工分，但这个定额大约仅需每人每天劳动4个小时。例如，收集垃圾或清洗阴沟之类的令人讨厌的工作就比从事愉快工作值更多的工分。因此从事不愉快工作的人比从事较愉快工作的人的必要工作时间就少。公社向每个成员提供一切基本的需要，如食物、闲暇活动、衣服、医疗服务、教育、老年及健康保险，这样就能使公社成员致力于诸如艺术、科学、技能训练、好奇心的满足和自我实现等方面。

行为主义在美国影响很大，从20世纪20年代到50年代，行为主义一直统治着美国心理学研究。不过，在当今的心理学家看来，行为主义的理论太简单化和绝对化，不能因为头脑的活动看不见，就否认人的思维和意识的存在，这是极其不合理的。另外，人的社会活动极为复杂，不是简单的行为工程所能阐明的。

在行为主义兴起的同时，欧洲又出现了两大心理学派：一个是格式塔学派，另一个是精神分析学派。

格式塔心理学诞生于德国，其代表人物是韦特海默、科夫卡和苛勒。格式塔在德语中的意思是"整体和完形"。它反对威廉·冯特的构造心理学的元素主义，这个学派主张心理研究人脑的内部过程，认为人在观察外界事物的时候，所看到的东西并不完全取决于外界，而是在人的头脑中有某种"场"的力量把刺激组织成一定的完形，从而决定人看到的外界东西是什么样的。

精神分析学派的创始人是弗洛伊德，精神分析最早来源于精神病学，奥地利医生弗洛伊德利用催眠术和自由联想法让精神病患者回忆往事，以找出致病的原因。他发现患者的幼年经验，特别是儿童与父母的情感关系非常重要。他还发现，做梦往往反映出一个人的内在心理矛盾，所以分析患者的梦也是一种治疗方法。

弗洛伊德认为，一方面，人的内在生物性情欲是最基本的冲动；另一方面，人的社会习俗、礼教和道德又约束着这种原始冲动的发泄，将其压抑到无意识中去。意识的内容是理智的、自觉的；无意识的内容多是与理智、道德相违背的。当理智与无意识的矛盾激化，就造成神经症。为了治病就需要对患者的无意识进行心理分析。在西方社会中精神病发病率很高,所以精神分析理论很容易被接受。

在20世纪50—60年代,出现了以马斯洛和罗杰斯为首的人本主义,人本主义被称为"心理学的第三势力",与精神分析和行为主义两大流派并立。马斯洛提出了著名的需要层次理论,认为人的需要是从低级到高级逐级上升的,他的这一理论对后世产生了巨大的影响。而罗杰斯积极地关注和无条件地接纳来访者,也为现如今的心理咨询提供了良好的心理氛围。人本学派强调人的尊严、价值、创造力和自我实现,把人的本性的自我实现归结为潜能的发挥,而潜能是一种类似本能的性质。人本主义最大的贡献是看到了人的心理与人的本质的一致性,主张心理学必须从人的本性出发研究人的心理。

认知心理学是20世纪50年代中期在西方兴起的一种心理学思潮和研究方向。广义指研究人类的高级心理过程,主要是认识过程,如注意、知觉、表象、记忆、创造性、问题解决、言语和思维等。狭义相当于当代的信息加工心理学,即采用信息加工观点研究认知过程。其历史背景可以追溯到2 000年前的古希腊时代。当时一些杰出的哲学家和思想家如柏拉图、亚里士多德等都对记忆和思维这类认知过程作过思索。除了哲学思想的影响,还可以从心理学本身的发展及与邻近一些学科交叉渗透的影响来考察。

二、心理学在中国的发展

在中国,现代心理学开始于清代末年改革教育制度、创办新式学校的时候。在当时的师范学校里首先开设了心理学课程,其教材多是从日本和西方翻译过来的。

1907年,王国维从英文版重译丹麦霍夫丁的《心理学概论》;1917年北京大学建立了心理学实验室;1918年,陈大齐编写的《心理学大纲》是中国最早以心理学命名的书籍;1920年,南京高等师范学校建立了中国第一个心理学系。

素养园地

中国现代心理学的先驱——陈大齐

《心理学大纲》是中国第一部大学心理学教科书,作者陈大齐是中国现代心理学的先驱,他于1917年在北京大学创建了我国第一个心理学实验室,于1918年开展了中国第一次现代意义上大规模的儿童心理学的调查研究,他对我国早期心理学工作具有开创性的影响。五四运动时期,陈大齐率先以心理学中的朴素唯物论观点和关于意识与无意识的理论,对"灵学"利用扶乩宣扬神灵等反科学宣传和迷信思想进行了揭露和批判,在当时影响很大。

这时,构造心理学、行为主义心理学、格式塔心理学、精神分析等都被引入中国,中国也开始有了自己的心理学研究。中华人民共和国成立后,1951年便成立了中国科学院心理研究所,在几所大学和各师范院校都设立了心理学专业和教研室。

三、心理咨询在中国的发展历程

20世纪初开始,我国也有一批心理学家、教育家着手心理测验的编制、修订、测试。

1917年,受美国职业指导运动的影响,我国有关人士在江苏成立"中华职业教育社",开展职业指导工作,但这些与现代意义的心理咨询相距甚远。

1936年,中国心理卫生协会在南京成立,吴南轩为总干事。

20世纪50年代初期,心理学家黄嘉音在医院精神科尝试对精神分裂症患者及其他有心理障碍的患者进行心理治疗,并出版相关著作。

1979年,中国心理学会医学心理学专业委员会成立,积极组织医学心理学学术会议,进行心理咨询和心理治疗方面的临床报告、经验交流和研究探讨,对心理咨询和心理治疗在全国范围内的推广起到积极的作用。

20世纪80年代开始,一些精神病医院和综合性医院精神科开始设立心理咨询门诊,开展临床心理咨询与治疗工作。

1987年开始,我国心理咨询与治疗工作有了长足的进步,主要体现在心理咨询的学术科研水平显著提高。《中国心理卫生杂志》《中国临床心理学杂志》《健康心理学》三个杂志相继问世,1994年和1998年先后两次出现论文发表数量的高峰。

1990年底,中国心理卫生协会心理咨询与治疗委员会成立。

1991年初,大学生心理咨询专业委员会成立。

2001年,中国心理学会心理咨询专业委员会成立。为适应社会发展需求,国家卫生部提出三级甲等医院必须设立心理咨询门诊的要求,促进综合性医院心理咨询机构的壮大,有效防治了各种心理障碍。

20世纪80年代中后期,上海、北京等地高校纷纷成立心理咨询机构。20世纪90年代,中国已有100余所高校开展大学生心理咨询工作。

进入21世纪,我国相关领域专家学者逐渐把研究中心转向大学生心理健康教育及心理危机应对问题的理论研究,且研究广度与深度持续加深。

 **知识链接**

大学生心理健康节

"5·25"的谐音为"我爱我"。2004年,团中央学校部、全国学联共同决定将5月25日定为全国大、中学生心理健康日,提醒广大学子关爱自我,了解自我,接纳自己,关注自己的心理健康和心灵成长,提高自身心理素质,进而爱别人,爱社会。心理健康,它是指人的内部心理与外部行为和谐、统一,并能良好地适应社会、环境的一种心理状态。它有这样几个指标:对自己有恰当的认识,正视并能接受现实,有良好的人际关系,热爱生活,乐于学习和工作,能协调控制自己的情绪,保持良好的心情,有健全的人格,心理特点要符合年龄特征。

第四节 旅游心理学的研究意义

心理学有许多分支,分别研究心理现象的一方面或人的生活中一个领域内的心理现象。学习和研究旅游心理学,其主要的目的和意义是能够指导旅游从业者,在旅游从业过程中,利用旅游心理学相关的知识和原理,分析目标客户群体的心理现象和规律,以帮助旅游从业者能够更好地为游客提供高品质的服务,加强对旅游服务行为的预测和引导能力,从而开启游客的"心灵密码",拉近心与心的距离。

1. 有助于提高旅游业的服务质量

运用旅游心理学知识和掌握游客需求信息很有必要。受新互联网思想的影响,当下年轻人更加崇尚自由行,他们更中意"独特性和体验性"。在谈及游客不喜欢跟团的心理原因时,很多游客说:"跟团游产品在行程、住宿、团餐安排以及导游和服务规范性等方面存在痛点,让游客望而却步。"如果能够开展有效的心理探究,充分开展旅游需求调研,设计出符合年轻人需求、兼顾方便和自由的旅游产品,相信自然会被年轻人接受。

2. 有助于提高旅游企业的经营和管理水平

旅游心理学的研究,可以帮助我们运用心理学原理去分析旅游者的心理活动规律,制定深受旅游者欢迎的经营管理措施,改变经营环境,调整经营策略,提高旅游企业的经营效益。

3. 有助于科学合理地安排旅游设施和开发旅游资源

旅游心理学以研究旅游者的心理为己任,如何针对旅游者心理科学地开发旅游资源和安排旅游设施是其主要内容之一,所以,学习旅游心理学,有助于科学地开发旅游资源和安排旅游设施。

4. 有助于揭示旅游心理的变化规律,提高旅游活动的质量

旅游心理学研究旅游者心理,它将告诉旅游者如何培养自己识别风险、驾驭风险、抵制风险和化解风险的能力,告诉旅游者旅游需要什么样的心理素质,如何培养良好的旅游心理素质。所以,学习旅游心理学,将有助于改善旅游者的心理素质,提高旅游质量。

5. 有助于推动社会形成健康的旅游观念

游客们的旅游心理变化决定了每个旅游场景内容的实现,能够看到的是,人们更乐于融入当地的健康生活场景,而不再是排5个小时的队看一眼故宫,3分钟驻足,拍几张照片便离开。人们的旅游心态和旅游动机真正不断走向成熟和理智,健康的旅游观念正在形成。

心随"影"动

影片《心理医生》主要讲的是东京新桥某处老旧的公寓里,有一家精神科诊所,诊所的负责人是一个坚持不穿医生外套、不让患者感到有负担的年轻心理医生恭介。因为在恭介年少的时候,曾经得到过一位心理医生的救助,所以他立誓要成为一名心理医生,运用自己所学来的知识帮助别人,尽管他自己也有很严重的强迫症。在这部影片中,讲述了恭介帮助别人克服心理障碍,重新适应生活,同时治愈他自己的强迫症的故事。其中涉及的心理问题有:恐高症、恋爱依存症、背离性逃避症、抑郁症、过食症和强迫症。相信通过观看该影片,会帮助读者进一步走近心理学、了解心理学,有很多是成长经历中留下的心理伤疤。心理是个谜,心理是个需要人们关心和关爱的地方。爱护它的同时,更要去开启它,接纳外面的世界。

本 章 小 结

本章通过重点介绍心理学的发展历程和主要流派、思想,从旅游心理学的基础理论、研究对象、研究方法和研究意义出发,为学习者后续学习本课程理清思路,奠定了相关理论学习基础,学有方向。

课 后 练 习

一、基础知识问答题

1. 什么是心理学?
2. 研究心理学有什么作用?
3. 旅游心理学的主要研究对象是什么?
4. 旅游心理学的研究方法有哪些?
5. 旅游心理学的研究意义是什么?

二、综合实践实训题

1. 请讨论"旅游心理学"课程在专业学习中的重要性和意义。
2. 以小组为单位设计一份"大学毕业旅行最受欢迎的旅游目的地调查问卷",并进行讨论。
3. 请同学们以3~5人为一组,分别走访1~2家旅行社,了解前台接待、导游、计调等工作岗位对"心理学"知识有何要求。

第二篇　旅游者心理学

第二章　旅游动机

◆ 本章导读

随着大众旅游时代的到来,旅游逐渐成为一种生活方式。有些人热衷于去历史气息浓厚的人文景观参观游览,也有些人喜欢流连山水间。那么,你思考过人们为什么要旅行吗?

◆ 学习目标

- 知识目标
  - 理解并掌握需求的概念及马斯洛需求层次理论。
  - 理解并掌握旅游动机,能够区别旅游动机和旅游需求的关系。
  - 掌握游客外出旅游的一般心理需求。

- 能力目标
  - 能够运用需要和动机的理论知识,分析、判断游客的消费需求和消费动机。
  - 具备分析游客旅游需求的基本能力。
  - 有效预测游客需要,提供满足游客期待的服务。

- 素养目标
  - 树立正确的价值观,正确区分需要和欲望。
  - 树立乐观、敬业、爱业的职业精神,真正做到悦纳游客,悦纳职业。

第一节 动机的基本概述

旅游,是为了儿时玩地理拼图的一种迷恋;

旅游,是成长中的一份磨炼、一份激励、一份释放;

旅游,是对书本与现实的结合;

旅游,是为了吃到美味的土著小吃;

旅游,是为了与亲人、爱人流连山水间的满心欢喜;

旅游,是生命最后岁月翻看相册、回味文字的幸福;

旅游,是我们选择的一种生活方式。

有些人热衷于去历史气息浓厚的人文景观参观游览,也有些人喜欢徜徉于山水间,陶醉于大自然。

当旅游成为一种生活方式,你思考过人们为什么要去旅行吗?

一、动机概述

(一)动机的定义

动机是由目标或对象引导、激发和维持个体活动的一种内在心理过程或内部动力。动机是一种内部的心理过程,不能直接观察,但可通过任务选择、努力程度、对活动的坚持性和言语表达等外部行为间接推断出来。

从动机和行为的关系分析,动机是指引起个人行为,维持该行为,并将此行为导向某一目标的过程。

定义的具体解析如下。

(1)动机是一种内部刺激,是个人行为的直接原因。

(2)动机为个人行为提出目标。

(3)动机为个人行为提供力量。

(4)动机使个人明确其行为的意义。

(二)动机的功能

动机具有以下三种功能。

(1)激活功能。即动机会促使人们产生某种活动。例如,旅游者外出旅游也是在其各种动机的促使下发生的。爱集邮的人,看到一张精美的邮票就会产生占有它的动机。个体一旦产生这种动机,就会想方设法买到或用其他物品换到这张邮票。这里的"买"或"换"的活动就是在"占有"动机的推动下进行的。如果没有这种动机就不会产生"买"或"换"

的行为。

（2）指向功能。即在动机的作用下，人们的行为指向某个具体的目标。一个学生确立了为从事未来某项事业而奋斗的学习动机，在其头脑中所具有的这种表象可以使之力求注意他所学的东西，为完成他所确立的志向而不懈努力。

（3）强化功能。即在活动产生以后，如果其活动指向了个体追求的目标，其动机就会加强，这种活动就能继续下去；如果其活动偏离了追求的目标，其动机就得不到强化，这种活动就会减弱或停止。这就是动机对活动的强化功能。

（三）动机的形成与相互作用

1. 需要是动机形成的基础

人的动机是在需要的基础上形成的。当人们感到生理或心理上存在着某种缺失或不足时，就会产生需要。一旦有了需要，人们就会设法满足这个需要。只要外界环境中存在着能满足个体需要的对象，个体活动的动机就可能出现。例如，一个腹中空空行路的人，会产生吃东西的需要。如果发现了食品店，其因饥饿想吃东西的需要就会转化为购买食品的动机。但是，并非任何需要都可以转化为动机。只有需要达到一定的强度后，才会转化为相应的动机。当需要的强度较弱时，人们只能模糊地意识到它的存在，这种需要称为意向。由于意向不能为人们清晰地意识到，因此难以推动人们形成活动的动机。当需要的强度达到一定的程度时，就能为人们清晰地意识到，这种需要称为愿望。只有当人们具有一定的愿望时，才能形成动机。当然，个体的愿望要转化为动机，还要有诱因的作用。否则，只能停留在大脑里。例如，一个人无论多么想出去旅行，如果没有旅行的必要条件，他旅行的愿望就不能付诸行动，也就不能形成旅行的动机。

2. 诱因是动机形成的外部条件

诱因是指能满足个体需要的外部刺激物。想买衣服的人，看到商场陈列的服装，就可能产生购买的动机。商场里的服装就是购买活动的诱因。诱因使个体的需要指向具体的目标，从而引发个体的活动。因此，诱因是引起相应动机的外部条件。

诱因分为正诱因和负诱因。正诱因是指能使个体因趋近它而满足需要的刺激物。例如，儿童被同伴群体接纳，可以满足其归属与爱的需要。在这里，同伴群体的作用就是一种正诱因。负诱因是指能使个体因回避它而满足需要的刺激物。例如，考试对一个成绩不好的学生往往意味着自尊心的伤害，因此，他往往采取种种方式以逃避考试，维护自己的自尊心。在这里，考试就成了负诱因。已形成的动机推动了个体的活动，而活动的结果又反过来影响随后的动机。

3. 动机的相互作用

人在同一时间内往往有多种动机，这些动机的目标有的是相互一致的，有的则是相互矛盾或对立的。人的行为到底由什么动机决定，主要取决于这些动机相互作用的结果。

二、旅游动机

（一）旅游动机的定义

旅游动机是指引发、维持个体的旅游活动并将这一行动导向旅游目标的心理动力。

旅游动机的产生必须同时具备两个方面的条件：主观条件和客观条件。

（1）主观条件。主观条件是个体的内在条件，即人对旅游的需要。但是人们具备了旅游动机的主观条件后，如果客观条件不允许，并不一定能够形成旅游动机，因而旅游行为最终也不一定能够发生。

（2）客观条件。旅游动机产生的客观条件如表2-1所示。

表2-1 旅游动机产生的客观条件

时间条件	每日闲暇，零星分散，不能旅游；每周闲暇，适宜短距离旅游；公共假日，如黄金周，可以实现中、远距离旅游；带薪假期，长途、国际旅游的好时机
经济条件	当一国的人均GDP达800~1 000美元时，其居民普遍会产生国内旅游动机；当人均GDP达4 000~10 000美元时，居民通常会产生出境旅游动机
社会条件	社会治安环境要稳定；经济发展繁荣，有条件致力于旅游酒店、交通等旅游综合吸引力和接待能力的提高；旅游景观丰富、设施完善，旅游业发达；社会观念、风气、消费观念、价值观等对旅游也存在较大的影响

（二）旅游动机的特征

旅游动机是直接推动旅游者进行旅游活动，并从旅游活动中获得良好心理效果的重要心理因素之一，它具有以下几个最基本的特征。

1. 对象性

旅游动机总是指向某种具体的旅游目标，即人们期望通过旅游行为所获得的结果。例如，长期工作的紧张感就会使人产生去室外或外出放松一下的旅游动机；寒冷的冬季会使人产生去南方感受温暖的旅游动机；炎热的酷暑会使人产生去避暑胜地纳凉的旅游动机等。旅游动机表现出人们对于某一事物或某一活动的指向。旅游动机一旦实现，总能给人们带来生理或心理上的满足。

2. 选择性

人们已经形成的旅游动机决定着他们的行动及对旅游内容的选择。由于旅游者在国籍、民族、职业、文化水平、性格、年龄、兴趣爱好、生活习惯和收入水平等方面存在差异，他们对旅游活动的内容有很大的选择性。例如，在黄金周旅游期间，有的旅游者选择江南古镇水乡游，有的旅游者选择巴黎浪漫7日游，有的旅游者选择各地的"红色旅游"线路；在旅游方式上，有的旅游者选择参加旅行社的团队旅游，有的旅游者选择自驾车旅游等。此外，已经实现旅游动机的经验使得人们能够对旅游行为的内容进行分析和选择，哪些旅游行为要先行实现，哪些旅游行为可以留待将来实现，哪些旅游行为较容易实现，哪些旅游行为一时难以实现等。

3. 相关性

旅游活动是一项综合性的社会经济文化活动，旅游者的旅游动机往往不是单一的，不同的旅游动机之间相互关联，形成复杂的旅游动机体系。旅游动机体系中的各个动机具有不同的强度，在强度上占有优势的旅游动机往往主导着旅游目标，其他旅游动机则为辅助动机。例如，旅游者在游山玩水的同时，又想顺便探望一下老朋友；在外出经商考察的同时,又想观光一下当地的人文景观等。

4. 起伏性

人们的旅游行为是一个无止境的活动过程,因而旅游动机一般不会立即消失,常常会时断时续、时隐时现,表现出一定的起伏性。旅游者的旅游动机获得满足后,在一定时间内暂时不会再产生,但随着时间的推移或另一个节假日的来临,又会重新呈现旅游动机的起伏性。旅游动机的起伏性主要是由旅游者的生理和心理需要引起的,并受到旅游环境的发展进程和社会时尚变化节奏的影响。

5. 发展性

当一种旅游动机实现后,会在其基础上产生新的旅游动机,成为支配人们旅游行动的新的目标和动力,这是旅游动机发展变化的规律。近年来,人们不但可以走出家门游览名山大川,更能出国看看外面的世界,并且现在出门旅游除了要求能游山玩水,还要求游玩得有特色、有品位,要求身心都有所收获。

(三) 旅游动机的分类

不同的需要产生不同的动机,即使相同的需要也可能因为人的民族、性别、年龄、职业和文化程度等因素的影响而以不同的动机表现出来,因此,促使人们外出旅游的直接动机也是多种多样的。历史上曾经有帝王巡游、商人旅行、为健康目的而进行的旅行及修学旅行等多种旅游形式。

在现代,由于旅游的参加者范围更加广泛,动机的类型也更加多样化。

1. 国外学者关于旅游动机的划分

美国学者约翰·A.托马斯曾提出使人们外出旅游的18种动机。而美国著名的旅游学教授罗伯特·W.麦金托什则提出,依据具体需要而产生的旅游动机可划分为下列4种基本类型。

(1) 身体方面的动机。包括为了调节生活规律、促进健康而进行的度假休息、体育活动、海滩消遣、娱乐活动,以及其他直接与保健有关的活动。此外,还包括遵医嘱或建议做异地疗法、洗温泉浴、做医疗检查以及类似的疗养活动。属于这方面的动机都有一个共同特点,即通过与身体有关的活动来消除紧张。

(2) 文化方面的动机。人们为了认识、了解自己生活环境和知识范围以外的事物而产生的动机。其最大的特点是希望了解异国他乡的情况,包括了解其音乐、艺术、民俗、舞蹈、绘画及宗教等。

(3) 地位和声望方面的动机。这方面的动机主要与个人成就和个人发展需要有关。属于这类动机的旅游包括事务、会议、考察研究、追求业余爱好以及求学等类型的旅游。人往往会具有想要被人承认、引人注意、受人赏识和具有好名声的愿望。

(4) 人际(社会交往)方面的动机。人们通过各种形式的社会交往,保持与社会的接触,包括希望接触他乡人民、探亲访友、逃避日常的琐事及惯常的社会环境、结交新友等。

2. 国内学者关于旅游动机的划分

(1) 健康型动机。在紧张的生活和工作之余,为了消除身体的疲劳和心理的紧张感、枯燥感,使身心得到放松,人们就会到外地去旅游,通过休息、休养来恢复和增进健康,通过游玩、娱乐暂时忘却烦恼,以保持心理平衡。

(2) 好奇探索的动机。好奇和探索是人类基本的心理性内驱力。这种动机比较强烈的人,他们具有追求奇特的心理感受和迫切地想要认识新异事物的需求,即使旅游活动具有某种程度的冒险性也不会成为他们旅游的障碍,甚至冒险性会成为增强这种动机的因素。

(3) 审美的动机。审美的动机是指旅游者为满足自己的审美需要而外出旅游,这是一种高层次的精神方面的需求。从某种程度上说,旅游是一次综合性的审美活动,具有这种动机的旅游者,他们的旅游活动多指向奇异美丽的自然界的事物、现象,指向那些使人们能够接触旅游地居民的活动,以及参观博物馆、展览馆、名胜古迹和参加各种专题旅游活动等。

(4) 宗教朝拜的动机。宗教朝拜动机是指人们为了宗教信仰,参与宗教活动,从事宗教考察、观礼等而外出旅游。出自宗教信仰的动机主要是为了满足自己的精神需要,寻求精神上的寄托。如我国的四大佛教名山,每年接待的中外游客成千上万,它们当中有很多人是前来朝拜的。

(5) 商务交往的动机。商务动机是指人们为了各种商务活动或公务而外出旅游。

(6) 怀旧的旅游动机。这些旅游者通常是到祖先生活过的地方寻根问祖。每年清明时节,就会有很多海外华人回国祭祀祖先。

我们按照旅游动机的多样性和重要性,将旅游动机分为以上6种类型,但这并不排除还有其他的旅游动机。此外,有些旅游者外出旅游往往并不是因为某种旅游动机,而是以某种旅游动机为主,兼有其他旅游动机。

(四) 旅游动机的作用

旅游动机既是旅游者整个旅游活动的出发点,又贯穿于整个旅游活动的全过程,并且影响着旅游者未来的旅游活动。分析归纳旅游动机对旅游行为的作用,主要表现为以下几个方面。

1. 推动旅游者创造必要的旅游条件

已经形成的旅游动机会推动旅游者对自己的日常工作和生活做出必要的安排,调节自己生活的节奏,准备旅游所需要的相对集中的闲暇时间,调整经费的使用,为旅游筹集所必需的费用,并准备旅游中所需要的其他客观条件等。

2. 促使旅游者收集、分析和评价旅游信息

为了进行旅游活动,旅游者在旅游动机的推动下,将从各种渠道去收集各种旅游信息,分析旅游信息的内容及旅游信息来源的可靠程度,对旅游信息进行筛选、对比、评价,并把它们作为旅游选择的依据,最终做出旅游决策。

3. 支配旅游者制订具体的旅游计划

在旅游动机的支配下,旅游者将把所获得的旅游信息与自己所需要的内容进行比对,对不同的旅游项目进行取舍,选择最能满足自己需要的旅游项目和最有利于实现旅游动机的旅游方式,制订包括具体的旅游景点、旅游线路、旅游方式和旅游时间安排等内容的旅游计划,为进行旅游活动做好准备。

4. 引发和维持旅游行为趋向预定的旅游目标

在旅游者做出旅游选择和制订出旅游活动计划之后,旅游动机将推动旅游者产生旅游行为,踏上旅途进行旅游活动。旅游活动是一个包括多方面内容、需要经历一定时间的演进过程,在旅游活动过程中会遇到各种不同的情况,旅游者在旅游动机的支配下,对符合旅游期望和目标的活动与条件产生积极的态度,对不符合旅游期望和目标的活动与条件则产生消极态度。从而不断地调整自己的旅游行为,克服在旅游过程中遇到的困难,使自己的旅游行为向着实现预定旅游目标的方向进行。

5. 作为主观标准对旅游活动进行评价

在具体的旅游活动过程中,旅游动机也是旅游者衡量旅游效果、进行旅游评价的主观标准。旅游的实际内容及旅游经历是否符合旅游动机、符合的程度如何及是否有超出期望以外的内容等,都会使旅游者产生不同性质和不同程度的心理体验。旅游者会根据这种心理体验对旅游的内容和活动方式进行各种各样的评价。这些旅游评价将作为一种经验储存在旅游者的记忆之中,影响着他们对该项旅游活动的态度和今后对旅游活动的选择倾向。

三、旅游动机的激发

随着旅游业的快速发展,旅游市场的竞争也日趋激烈。旅游企业要想在激烈的竞争中赢得市场,就必须研究旅游者的动机,全面了解旅游者的需求和旅游动机,牢牢掌握和抓住旅游者的心理,开展心理营销,及时推出符合目标市场需求的旅游产品和服务,更好地实施差异化经营战略。

(一)旅游资源要有吸引力

旅游资源可以表述为能激发旅游者的旅游动机,为旅游业所利用,并能产生社会效益与经济效益的现象和事物。旅游资源是旅游者前往旅游地的客体,它是一个国家、一个地区旅游业存在和发展的基础。要激发旅游者的旅游动机,就必须提高旅游资源的吸引力。有吸引力的旅游资源应具备以下几个特点。

1. 自然性

在开发旅游资源时,要尽可能保持旅游资源原始的自然风貌,对历史遗留物要尽量保持其原有状态,满足旅游者亲近大自然和求真求实的心理需要。

2. 独特性

独特、鲜明的个性是旅游资源的魅力所在。各地区的地理位置、自然环境、社会发展、经济状况、文化水平等千差万别,在旅游资源的开发上要造就出具有鲜明地域特征的、与众不同的独特风格并加以强化和渲染,增加它的魅力,使之以别具一格的形象和独具特色的感染力去吸引旅游者,如"神话世界"九寨沟原始古朴的山水、中国"最佳旅游城市"之一成都可口的美食,都显示出与众不同的特色和个性。

3. 民族性

在不同的文化背景下,各个国家、各个地区、各个民族的生活习惯、风土人情、服饰装束、宗教信仰、民宅建筑等都各具特色。在旅游资源的开发上,要注重发挥民族文化和人文资源的特点,要保持旅游景观的传统格调,突出这些浓厚的民族文化内涵和鲜明的民族个性色彩,这些都对旅游者构成很强的吸引力。

 **小案例**

旅游服务公司如何使用科技了解客户旅游动机?

人工智能和机器学习

目前 Amadeus 公司正在开发一款原型,在客户与旅行社代理人员对话时同步倾听,并使用自然语言处理来预测和推荐旅游线路,为客户提供个性化旅行服务。通过分析客户的语调、措辞甚至情绪,该技术能够对偏好做出一些假设,从而为代理人员呈现适合推荐的定制选项。这让代理人员可以有更多时间和精力关注与客户的个人互动。

此外,机器学习还支持旅游服务供应商通过更巧妙的广告和宣传信息确定目标客户。如今,甚至在广告投放之前,代理人员就能够更准确地预测客户是否符合数字广告的目标游客特点。

极 致 搜 索

在游客开始制订旅游计划时,甚至在其决定旅游目的地之前,先进的搜索技术就可以与他们进行互动。具有启发性的地图以及开放搜索标准都是相关的解决方案。后者能够回答一系列问题,例如,"预算低于1 500美元,可以去非洲哪里玩三周?"这些解决方案可全面集成至预订流程,这意味着游客无须访问其他网站去研究推荐选项。

持 续 实 践

过去,如果一个品牌想要测试其网站或在线广告的效果,他们必须执行 A/B 测试。但如今的技术已支持旅游服务供应商和销售商可以持续测试其预订工具和广告。这让他们能够收集重要信息,更有效地确定最佳的产品宣传和销售思路。

虚 拟 现 实

虚拟现实(VR)技术支持游客在购买之前进行虚拟尝试,因此可对游客购买决策产生重大影响。为了展示这项技术的强大功能,Amadeus 公司旗下的 Navitaire 提供了全球首例 VR 旅游搜索和预订体验,支持游客旋转地球、访问目的地、搜索航班并支付整个行程费用,一切都可在 VR 中完成。未来,VR 体验可能会包括社交功能,这样游客可以看到他们的好友去过哪些地方。

以上只是通过几个示例简单说明科技进步正在如何帮助旅游业了解游客旅游动机,并据此提供更加个性化、更具创新性的客户体验。总而言之,首先,需要了解现有客户背后的驱动因素。考虑其理性和感性原因及潜在需求,如探险、信任及舒适性等。除了常见数据集,还可通过其他途径深入了解客户更广泛的行为和动机。最后,专注创意执行,从而以最大限度激发客户兴趣。

(二)旅游产品要有吸引力

旅游者参加旅游活动,通常要考虑三个问题:到哪里去?用多长时间?要花多少钱?

我们通常所说的组合式旅游产品是指由许多单项旅游产品组合而成的,它包括旅游者在旅游活动过程中所需要的全部内容。通常是一条旅游线路把分布在不同空间上的旅游景点景观串联起来,组成一个整体的旅游产品。为保证旅游过程的顺利实现,还要将具体的住宿、餐饮、交通、娱乐等产品组合纳入其中。在旅游产品组合中应当注意以下两个方面。

1. 时间和价格等因素的制约

时间因素影响旅游者对交通工具的选择。在时间有限的情况下,远距离的旅游,通常要选择乘坐快捷的飞机。此外,由于旅游者的收入水平不同,对旅游产品价格的承受力是不一样的,过高档次的产品组合所形成的价格较高,往往会使一些旅游者望而却步,影响旅游动机的形成。

2. 旅游产品组合要有针对性

旅游者的旅游需要是各不相同的,应当根据旅游者不同的兴趣爱好、时间条件及支付能力,设计出不同的、合理的、新颖的旅游产品组合。到同一个地区,可以设计出不同的线路;在同一条线路上,可以安排不同的景点和游览时间,也可以使旅游产品组合出不同的消费档次。例如,组织旅游者从沈阳市出发到福建省旅游,旅游产品的组合可以有多种选择:

(1) 以休闲度假为主。沈阳—厦门—武夷山—厦门—沈阳。

(2) 以观光旅游为主。沈阳—厦门—武夷山—福州—泉州—厦门—沈阳。

从厦门前往武夷山可以乘火车,也可搭乘飞机,不同的交通工具即产生了不同的价格,也导致出行时间长短出现差异,这也为消费能力和需求不同的旅游者提供了多种选择。

(三)旅游宣传要有影响力

要激发人们的旅游动机,旅游宣传功不可没。旅游宣传的影响力体现在宣传的内容上和宣传的形式上。

(1) 倡导现代旅游观念,鼓励旅游消费。例如,我国节假日旅游"黄金周"的出现,就体现了政策及大环境对旅游事业和人们旅游动机的影响。近年来,我国每年的旅游活动都确定了一个主题,各地区也围绕这个主题提出相应的口号,通过各种媒体进行广泛的宣传,并及时向社会公布旅游的动态预报,有效地激发出旅游者的动机,在一定程度上帮助人们认识到旅游的价值,人们也对旅游活动产生了积极的态度。

(2) 传递旅游信息,提高旅游目的地的知名度。例如,我国青岛、大连、桂林、成都等许多地区,都有着丰富的传统文化或新兴的旅游资源。他们通过高质量的和有效的宣传,向人们提供旅游的信息和情报,引起人们对旅游活动的关注,影响人们的态度,激发旅游动机,对人们的旅游选择发挥了关键性的作用。如果没有宣传,或者宣传力度不够,再好的旅游资源也会被闲置、浪费,而人们旅游休闲的需要也得不到很好的满足。近年来,各地设计了各种主题的旅游节活动,通过宣传,扩大了市场,吸引了更多的旅游者。

(3) 旅游宣传形式多样化。旅游宣传推广形式日趋新颖、多元、有力度。其中,旅游推介已成为旅游目的地推动旅游消费潜力释放、树立当地文旅品牌形象、助力旅游发展、讲好城市故事的重要方式。2023年初,各地文旅"代言人"的火热出圈,这种短期的流量暴增,能够为当地带来较为持久的宣传效力吗?我们必须理性看到,多数游客更关注线下的旅游体验,旅游目的地的吸引力并不是拍摄短视频就能瞬间提升的,关注服务质量和产品创新才是硬道理。

综上所述,旅游宣传在扩大影响力的同时,还应注意以下几个方面。

一是为打造"网红打卡地"盲目造势。近些年,部分旅游城市用"网红"营销获得短暂的人气,但没有成熟的旅游产品和服务支撑,热度很快消失。

二是旅游宣传词同质化。部分旅游景区在进行旅游宣传推广中,经常使用"最""醉美""人间仙境""桃花源"等词汇,未形成宣传差异化。

三是旅游宣传推广范围较窄。部分城市在旅游宣传推广工作中容易忽略对"吃、住、行、游、购、娱"旅游要素的宣传,过多关注对景区的宣传,宣传效果大打折扣。

第二节　旅游的心理需要

知识导引

我们为什么要去旅行?如果不去接触未知,我们的感觉将变得迟钝,我们的好奇心也将消失不见。我们的目光将不再放眼远方的地平线,耳朵也听不到那些熟悉的声音。当我们满足于眼前的生活而日复一日的时候,它同时局限了我们对生活的体验。当终于有一天我们明白过来的时候,将发现所厮守的这种生活是以我们曾有的梦想作为代价的。

大千世界,物欲横流,功名利禄,人人向往。这个世界给了人们太多的诱惑,也给了人们太多的选择。面对这些看似丰富多样,实则光怪陆离的选择,你能否正确地做出判断,明白自己内心深处最渴望的"需要"是什么吗?

一、需要概述

(一)需要的定义

需要是有机体对内部环境和外部生活条件的要求在人脑中的反映,是个体的心理活动与行为的基本动力。需要是一种内部的紧张状态。导致这种紧张状态的原因是生理或心理上的缺失或不足。当个体在生理或心理上出现某些必需因素的缺失或不足时,个体与环境之间的平衡就被打破,从而产生一种内部的紧张状态。譬如,血液中的水分不足,就会感到口渴,从而产生喝水的需要;社会治安状况不好,就感到人身安全得不到保障,从而产生安全的需要。如果需要得到满足,这种紧张状态就会消除,出现新的平衡状态。当个体在生理或心理上出现新的缺失或不足,又会产生新的需要。

(二)需要的特点

1. 对象性

人的一切需要总是指向某种具体的目标和事物,即需要总是和满足需要的目标联系在一起的。例如,天气寒冷,人们穿上厚厚的棉衣,是对衣物的需求。一旦人们的需求得到满足,总能给人带来生理或心理上的满足感。如果脱离了具体的目标和对象,需要便无从谈及了。

2. 选择性

这种选择性具体表现为对满足需要的方式的选择。例如,新婚夫妇要选择蜜月旅行的目的地,是到海边度假还是去繁华的大都市呢?一般来说,个体满足需要的经验、个体的爱好和价值观、个体生活的文化习俗等都会影响个体选择一定的对象来满足自己的需要。

3. 连续性

人的需要是不断出现、不断满足的,处于一种连续不断的过程。在现实生活中,当一种需要被满足,另一种新的需要就会被激化,成为人们新的行动目标和动力。例如,一位旅游者想去海边游玩,当他去过了北戴河、大连之后,他会继续规划和向往下一次旅行的马上到来,继而不断地产生新的旅游需求。所以说,需要的连续性会促使旅游者后续旅游行为的发生。

4. 发展性

人的需要会随着社会生产力的提高和物质生活水平的提高而不断发展变化,这不仅体现在需要的标准不断提高上,还体现在需要的多样性和复杂性上。

5. 驱动性

需要是人的一切积极性的根源。一种需要的出现会支配人去寻找满足的力量,会推动人们去做满足需要应该要做的事情。需要是现实要求的反应,人们为了实现需要的满足感,会遇到阻力,便会产生紧张感,但是为了克服阻力,需要便会驱使人们去做各种活动,进而消除生理或心理上的紧张,求得平衡,获得满足感。

(三)需要的种类

需要是人和动物共有的心理现象。但是,人类的需要和动物的需要是有本质区别的。人的需要主要是由人的社会性决定的,具有社会的性质。人的需要的内容以及满足需要的手段也和动物不同,人具有意识能动性,他们能调节和控制自己的需要。

1. 按需要的起源分类

按需要的起源划分,可分为生理性需要和社会性需要。

生理性需要是指与保持个体的生命安全和种族延续相联系的一些需要,如饮食、睡眠、休息、运动等。

社会性需要是在生理性需要的基础上,在社会实践和教育的影响下发展起来的,如劳动、交往、成就、友谊、权力、荣誉、道德等的需要。

2. 按照需要的对象分类

按需要的对象划分,可分为物质需要和精神需要。

物质需要是指人对与衣、食、住、行有关物品的需要,以及对劳动工具、生产资料、文化用品、科研用品等的需要。

精神需要是指人对社会精神生活及其产品的需要,如对知识的需要、对文化艺术的需要、对美的欣赏需要等。

求 知 求 实

小徐等三位同学是一个宿舍的好朋友,大家实习的时候选了同一家酒店同一个部门,也许是正能量互相吸引和传导的作用,这三名同学上岗一段时间后,适应了西餐厅客流量大、工作烦琐的高强度工作后,主动与酒店的人力资源部进行沟通,希望利用她们的休息和闲暇时间,能够到饼房学一学面点和蛋糕等烘焙技能。人力资源部刘总监十分高兴,他认为同学们有这样的学习热情和规划是特别好的事情,他不仅答应了同学们的要求,还在酒店全范围内进行了表扬。

三位同学与其他同学相比较而言,对自己的职业规划更加明确且有针对性。因此,她们的求知欲望也更加强烈,懂得用知识的力量来武装自己;学生在校期间,因为所在的学院和专业有所不同,接受的是更有针对性的教育。而每个同学因为个人的兴趣、爱好还可能对其他专业也产生浓厚的兴趣。但是,因为种种原因学校可能无法满足每个同学的具体需求。而正是因为有校企合作这样的平台,他们才能有机会来学习更多元、更丰富的知识。由于她们对自己未来的职业方向进行了规划,她们把握住了这次难得机会。

当客人出言不逊时

实习生小吴在温泉度假酒店实习时,一位无理的客人无缘无故对实习生进行言语挑衅,行为粗鲁、蛮横及无理——询问实习生薪酬,并带有歧视性地进行语言侮辱(你说你一个服务员,就赚这么点钱……)。实习生小吴一直保持冷静与克制,未与其发生言语冲突。下班后,小吴同学的心理承受能力似乎达到极限,在与实习指导教师电话沟通的时候,泪流满面,向老师倾诉着自己的委屈……

现实生活中,有的人常常有意无意做出不尊重他人的行为。例如,认为朋友关系密切,就不给对方留下足够的心理活动时间,与人交谈时,只顾自己侃侃而谈,不给对方说话的机会;在听别人倾吐心事时,东张西望,左顾右盼,心不在焉;对诚恳批评自己的人耿耿于怀,做出不文明不符合身份的举动,让对方感到难堪等,这些都是不尊重他人的表现。随着旅游业的快速发展,对客服务中不可预见的各种事和各种人都会迎面而来,因此,教师一定要多多鼓励学生,正确对待从业过程中的困境和曲折。

二、马斯洛需要层次理论

关于需要,心理学中最著名的理论就是马斯洛的需要层次理论,马斯洛本身是心理学家,但是他的这个理论在经济学、管理学、市场营销学、心理学等领域被广泛使用。马斯洛把人的多种多样的需要归纳为五大类,并按照它们发生的先后次序分为5个等级(图2-1)。

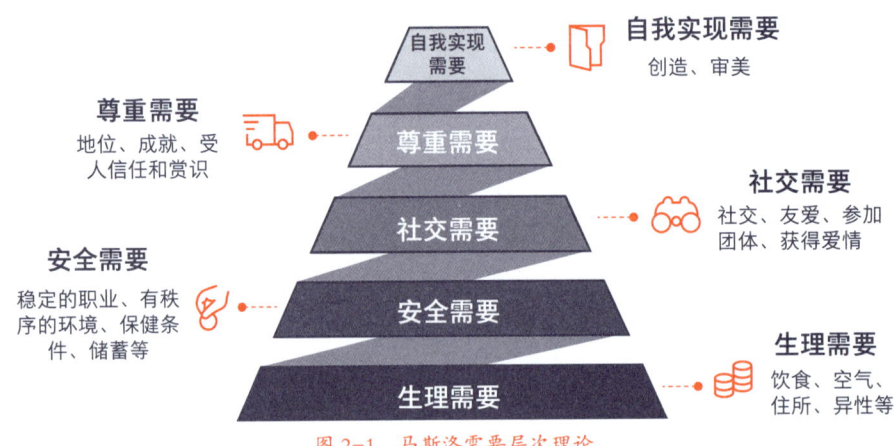

图 2-1 马斯洛需要层次理论

(一)马斯洛需要层次理论的内容

1. 生理需要

生理需要是人类最原始的也是最基本的需要,是指维持个体生存与种族繁衍的需要,包括对食物、空气、睡眠、性、母性等的需要,它是推动人们行为的最强大的动力。只有在生理需要基本满足之后,高一层次需要才会相继产生。马斯洛指出,如果所有的需要都得不到满足,那么,有机体就会被生理需要所支配。

2. 安全需要

当一个人的生理需要得到满足后,安全的需要就会产生。个人寻求生命、财产等个人生活方面免于威胁、孤独、侵犯并得到保障的心理就是安全的需要。这是人类要求保障自身安全、摆脱事业和丧失财产威胁、避免职业病的侵袭、接触严酷的监督等方面的需要。

3. 社交需要

社交需要也称归属和爱的需要。这一层次的需要包括两个方面的内容。一是友爱的需要,即人人都需要伙伴之间、同事之间的关系融洽或保持友谊和忠诚;人人都希望得到爱情,希望爱别人,也渴望接受别人的爱。二是归属的需要,即人都有一种归属于一个群体的感情,希望成为群体中的一员,并相互关心和照顾。感情上的需要比生理上的需要来得细致,它和一个人的生理特性、经历、教育、宗教信仰都有关系。

4. 尊重需要

尊重需要是指个体追求体现个人价值的需要,包括自尊和他尊两方面。自尊就是个体对自己的尊重,如自强、自信、自主、支配他人、胜任工作、取得成就等,都是自尊的具体表现。他尊是指别人对自己的尊重,如追求名誉、地位、尊严、威信、获得别人承认、引起别人注意和欣赏等,都是他尊的具体表现。

5. 自我实现需要

自我实现需要是指实现个人理想、抱负,最大限度地发挥个人的能力的需要,即获得精神层面的臻于真、善、美至高人生境界的需要。马斯洛认为,人们为满足自我实现的需要所采取的途径是因人而异的。自我实现需要是努力实现自己的潜力,使自己越来越成为自己所期望的人物。自我实现表现为对完整、完美、圆满、公正、丰富、质朴、活跃、美、善良、独特、幽默、真实、自主、人生意义的追求。

失而复得的喜悦

在人头攒动的旅游旺季里,随着游客量增加,"丢三落四"的客人也越来越多。有一次,实习生小王在撤台时,看到一个平板电脑放在桌子上,客人已经结账离开。她马上将平板电脑交到领班手中,并进行了贵重物品遗失交接单的填写。没过多久,一位气喘吁吁的外国游客跑进餐厅,他在寻找自己遗失的平板电脑。经过确认,客人顺利地拿回自己的平板电脑,并向工作人员竖起大拇指,连连点赞!

游客出门在外的心理就是求安全,在一家酒店用餐后,可以寻回失去的物品,这是最好的心理安抚。此外,路不拾遗是中华民族的优秀传统美德,在学校教育中,通常将学生的职业道德和职业素养教育作为重点。

马斯洛认为,一个理想的社会,除了应该满足人们基本的生理需要,还要使人们满足较高层次的需要,并鼓励个人去追求自我实现。我们认为,一个人只有把个人的需要和国家的需要以及社会发展的需要联系起来,才能有永不衰竭的动力,才能充分发挥个人的潜能,达到最大限度的自我实现。

两道"变质"的菜品

团队旅游客人在餐厅用午餐时,两位客人提出菜品"变质"了。服务人员刘同学是一位实习生,客人的吵嚷声太刺耳了,周边用餐的客人纷纷投来异样的眼光。刘同学第一次遇到这种情况,便马上向领班汇报了此事,领班示意撤下"变质"的菜品,马上更换两道新菜。事后,刘同学对领班说:"我看那两道菜并没有变质,可能是不符合客人的口味,也可能是客人无理取闹。"领班回答道:"在处理这样的事情时,一定要了解客人的心理需求是什么,她们是求安抚?还是求尊重?或是无理取闹?咱们的菜品'变质'的可能性极小,但客人们的表现造成的负面影响会很大,先处理再追究不失是一种方法。"

(二)各需要层次间的相互关系

马斯洛需要层次理论认为,这5种需要像"金字塔"一样从低到高,低级需要直接关系到个体的生存,需要的层次越低,它的力量就越强,潜力越大。随着需要层次的上升,需要的力量相应减弱。在高级需要出现之前,必须先满足低级需要。一个层次的需要相对地满足了,就会向高一层次发展。这5种需要不可能完全满足,越到上层,满足的百分比越小。

低级需要——生理需要和安全需要。

高级需要——社交需要、尊重需要、自我实现需要。

同一时期内,可能同时存在几种需要,因为人的行为受多种需要支配。但每一时期内总有一种需要占支配地位。任何一种需要并不因为下一个高层次需要的发展而宣告消失,各层次的需要相互依赖与重叠,高层次的需要发展后,低层次的需要仍然存在,只是对行为影响的比重减轻而已,需要一旦被满足了就不再是一股激励力量。

三、旅游需要的概念

旅游需要是指人们可以通过旅游行为而获得满足的一些基本需要,尤其是精神性和社会性的需要。现代人生活节奏快,生活压力大,周末或假期寄情山水,开阔心胸,释放压力;或者到风俗文化相异的地方游览采风,满足了其增长见识的需要;或者和不同的朋友通过旅游而增加交流和理解来满足感情的需要,等等,这些都属于旅游需要。

旅游需要是人的一般需要在旅游过程中的特殊表现,是旅游者或潜在旅游者由于对旅游活动及其要素的缺乏而产生的一种好奇心理状态,即对旅游的意向和愿望。旅游需要的主体是旅游者,包括现实旅游者和潜在旅游者;对象是旅游,包括旅游活动本身及其旅游涉及的诸种要素。凡是以旅游为对象的需要都是旅游需要,而不是仅仅限定在人们对旅游产品和旅游服务的愿望与要求。旅游心理学要探讨的是旅游行为究竟源于人们的哪些需要,以及旅游行为可以满足人们的哪些需要。

四、影响旅游需要产生的主要因素

人们产生旅游需要在很大程度上受经济因素、时间因素、社会因素和旅游对象因素的影响。

(一)经济因素

经济因素是产生旅游需要和满足旅游需要的基本前提。旅游是一种较高层次的消费行为,需要有一定的经济条件和支付能力做基础。当一个人的收入水平仅仅能够维持基本生活需要时,他就很难产生外出旅游的高级层次的需要。旅游业的发达程度已经成为一个国家人民的生活水平富裕程度的重要标志之一。

影响旅游需要产生的经济因素还包括旅游产品的价格。一般而言,旅游需要与旅游商品价格之间具有负相关的关系。在其他条件一定的情况下,人们对旅游商品的需要随着该商品价格的变动呈反方向变化,即需要随商品价格的上升而减少,随商品价格的下降而增加。但是,旅游商品目前还不是人们的生活必需品,价格对旅游需要的影响就不会以这样单一而明显的规律表现出来。旅游商品具有一定的昭示身份、地位的炫耀功能,并且某些旅游商品由于具有垄断性与文化特质,使其价格呈现出刚性的特征,会出现与一般规律相悖的情况。当旅游商品价格过低时,有人会怀疑其价值;而当旅游商品价格过高时,人们又会因为支付能力敬而远之。只有适中的动态定价才会带来最大量的需求。

(二)时间因素

时间因素是指人们拥有的余暇时间,即在日常工作、学习、生活及其他必需的时间之外可以自由支配,可从事消遣娱乐或自己乐于从事任何其他事情的时间,包括业余时间、周末时间和一段集中的短暂假期。人们可以利用余暇时间进行包括旅游在内的休闲。旅游是指离开居住地一段时间,以观光、度假、健身、娱乐、探亲访友为主要目的的休闲活动。旅游是需要时间的,余暇时间的增加,可以刺激人们的旅游愿望。例如,在新冠疫情期间,国内一些省份为提振旅游消费并促进经济增长,推出一周四天半工作制,期望民众可以在周末休闲度假,一些专家也表示,虽然四天半弹性工作制的推出是非常时期的非常手段,但是可以考虑这项政策的长期推行和全国推广。

(三)社会因素

旅游作为现代人的一种生活方式,不可能离开社会背景而单独存在,旅游需要的产生与国家或地区的经济状况、文化因素、社会风气有密切关系。一个国家的旅游发展程度同其经济发展水平成正比。由于经济的发达,才有足够的实力开发旅游资源,建设旅游设施,促进旅游交通的发展,从而提高旅游综合吸引力和接待能力,激发人们的旅游兴趣和愿望。单位经常组织旅游,或奖励旅游行为,对个体参加旅游活动有强势的吸引力,促进人们旅游需要的产生,增强旅游意识,强化旅游动机,形成旅游行为。

社会风气与旅游时尚也能影响人们旅游需要的产生。邻居、同事、朋友的旅游行为和旅游经历往往能够互相感染、互相启发,在从众心理或攀比心理的作用下,也会产生旅游冲动,形成一种效仿旅游行为。

个体的人格特质、知识与受教育程度、价值观念、生活经历与旅游阅历等、个体受社会文化因素影响的状况,都会影响人们的旅游方式。旅游需要也对政治环境和经济环境的变化特别敏感。当旅游目的地发生社会动荡或与客源国关系紧张时,旅游者会出于安全考虑,放弃旅游计划或转向其他旅游目的地。

(四)旅游对象因素

旅游对象是能使个体旅游需要得到满足的旅游客体。旅游需要里的旅游对象是主观形态的东西,是旅游需要不可或缺的内容之一。作为主观形态的旅游对象,实际上是客观存在的旅游对象刺激和诱引的结果,是客观存在的旅游对象在人脑中的反应。没有客观存在的旅游对象的刺激,旅游需要里也就没有主观形态的旅游对象;没有旅游对象作为刺激诱引条件,旅游需要也就不能产生。旅游对象对旅游者有无吸引力,取决于旅游对象被旅游者的知觉,旅游对象对旅游者有多大的吸引力,取决于它与众不同的特色。

五、旅游需要的特点

关于旅游需要的特点,应当从旅游的本质特征角度来解读,旅游需要除了具有一般需要的特征,其显著的特点如下。

(一) 暂时异地休闲性

著名旅游学专家谢彦君教授在《基础旅游学》中论述了旅游的暂时异地性特征和休闲属性。从旅游的本质属性可以反证旅游需要的特点，特点是属性的反映。暂时异地休闲性特征是区别于旅行与迁徙需要，区别于其他休闲与探索需要的标志性特点。人们无论是基于基本需要失衡并被感知所产生的变换生活环境以调节身心节律的旅游需要，还是基于好奇心的驱动所产生的认识与探索的旅游需要，都要以暂时离开居住地，到异地去休闲或"逃逸"（escaping）、探索或"逐求"（seeking）为前提。

法国学者罗歇·苏把休闲娱乐分为身体娱乐、实用娱乐、文化娱乐、社会娱乐四大类，旅游是个极其复杂的休闲娱乐探索方式，它可以包含或属于上述的其中任何一类，但其相区别的显著特点就是暂时异地性。

暂时性和异地性都是相对模糊的概念。暂时可以是"一日游"，也可能是数天、数月，如果是环球旅游或南极探险旅游，可能要花费较长的时间，但一定是相对的暂时，要按计划返回。"异地"的远近也是相对于"常住地"而言的。如果是在"常住地"的户外休闲，只能称为"散步"。休闲娱乐性或探索性指的是暂时异地心理需要，即旅游需要的愉悦审美的目的性特点。所以，暂时异地休闲性是旅游需要的基本特点。

(二) 高层次精神需要性

尽管人们在旅游中也必须有与生存相关的物质性需要和安全性需要，但这里的低层次需要是归属于高级需要的，归属于高级需要的低级需要就不是低级需要的简单重复。例如，需要品味美食就不是一般的饱腹；需要惬意的住宿体验就不是一般的休息；需要舒适安全的交通就不是一般的代步。

谢彦君教授认为，人们旅游是一种主要以获得心理快感为目的的审美过程和自娱过程，愉悦是旅游的硬核。旅游消费不同于日常消费，突出地表现在重视精神内容、追求愉悦的体验，甚至具有明显的挥霍倾向。旅游作为人生波谱的一个阶段，其需要的构成是与日常生活中的一般需要构成同型的，但又整体地处于提高的层次。旅游发展的大众化趋势是说旅游需要的普及化程度，而不是指旅游需要层次走向的降低。

(三) 伸缩性

旅游需要的伸缩性也可以称为高弹性、可变性。主要表现在是否趋向旅游、旅游心理需要标准有高有低、内容有多少、程度有强弱等方面。旅游需要不是与生俱来的需要，不是人们生活的刚性需要。在生产力不发达的时代，人们为生理需要而疲于奔命时，旅游的需要被掩蔽了。在个人收入、旅游产品价格、社会政治环境发生变化时，人们的旅游需要方向会发生转移，旅游需要强度会发生变化。就是在购买旅游纪念品时，旅游需要的伸缩性也很明显，有的旅游者以是否昂贵为选择标准，以显示其财力；而有的旅游者以商品的精致与否为标准，以满足其审美的需要；也有本来不想购买的旅游者在特定情景的影响和从众心理的支配下，也产生了购买欲望，如此等等，充分反映了旅游需要的伸缩性特点。

(四) 季节性

旅游需要具有随季节波动的特性。旅游者对旅游时间、地点的需求有明显的淡、旺季差异。旅游需要的季节性与旅游对象的季节变化、节假日的设置及风俗习惯的制约有密切关系。谢彦君教授指出,就旅游吸引物而言,除了一些人文的景观(尤其是一些建筑物)一般不会因季节或时令而改变其审美娱乐价值(不同的时令会极大地改变这些景观的背景从而改变其可感受的形象特征),大部分的自然景观和一部分人文景观都会因时而异。

例如,山地水景在四季会有不同的景象;钱塘潮在中秋时节尤为壮观;傣族泼水节只在清明前后的傣历新年举行;观赏吉林雾凇最佳的时间为每年12月底到次年2月份。如不应时,则难以满足旅游期望。就旅游者而言,由于受闲暇时间的数量和分布形式以及工作与职业特点的限制,农民一般只能在农闲时节出游,学生在寒暑假或黄金周才可以远足。一组数据调查显示,赴英国度假旅游的人数,每年7—9月份约占全年的28%,1—3月份仅占12%,可见,旅游具有明显的受季节和时令影响的特点。

六、旅行阶段的不同需求

每个人怀着不同的目的和需要参加旅游活动,由于生活环境和生活节奏的变化,心理需要也随之发生变化。旅游目的、时间阶段、环境不同都会影响游客的心理变化,在整个旅游期间,旅游者始终怀有大众常见的一些心理需要,如群体心理、求安全心理需要、怀旧心理需要、求新求奇心理需要等,但在不同的阶段,不同需要的反应也较为突出。

(一) 出行准备阶段

旅游者在出门之前,旅游的准备阶段,紧张感、风险感高涨,此时,旅行社或旅游服务企业应该为旅游者提供尽可能详尽、准确的信息,以消除他们的风险感知。例如,出境游召开行前说明会,详细介绍一下旅游目的地的天气、适合穿着的衣物、社会治安状况、当地的风土人情、禁忌语以及陪同出行的导游或领队的情况,以让旅游者更安心,以消除旅游者的未知紧张感。

(二) 人在旅途阶段

"旅宜速、游宜慢",这是旅游者的通常心理。尤其是旅途进行中,旅游者最大的需要就是求安全、求快捷、求方便、求舒适。旅游者由于是初来乍到,兴奋激动,但由于人地生疏、语言不通,因此产生孤独感、茫然感、不安全感和惶恐感,安全是游客出行最大的担心,旅游企业要保障交通工具的安全和方便、快捷。尽量使旅游者获得外出旅游的"解放感"和"轻松感",让他们轻松愉快地旅游,尽情地享受旅游给予他们的乐趣。

(三) 游览活动阶段

在游览活动阶段,旅游者的另一个突出心理特征是"探新求奇"。旅游者的注意力和兴趣转移,到处寻找刺激,以满足追新、求异、猎奇、增长知识的心理需求。这在初期阶段显得尤为突出,他们对什么都感到新奇,对旅游团队成员及导游员的依赖性较大,期望导游员自始至终对他们热情关心、周到服务;导游员也要利用这种"群体心理"从游览活动一开始就设法建立旅游活动秩序。例如,准时出发、参观游览期间集体行动等。

(四) 游览结束阶段

即将踏上归途时,旅游者的心情波动较大,开始忙乱起来。他们希望与亲友联系、购买称心如意的物品,但又怕行李超重。总之他们希望有更多的时间处理个人事务。对集体和团队的依赖明显弱化了。此时,对自我的要求和管理标准也降低了,归心似箭,希望能够快速返程,相对于游览初期的陌生感,人际关系更加熟络,自我约束也比较放松。

七、旅游动机与旅游需要的关系

旅游需要是旅游行为产生的心理基础,而动机则是使旅游行为发生的直接动力——内驱力。有旅游需要不一定就会有行为的动机,只有动机被激发产生后,才会导致行为的发生。也就是说,一个人的行为动机总是为满足某种需要而产生的。旅游需要≠旅游动机,任何旅游行为都是由旅游需要所催生的,是从人们自我意识到具有强烈的旅游需要,并下定决心要去旅游(动机)的一个心理活动的过程。

第三节 旅游动机与行为

 知识导引

逃离、寻找和获得是人类迁徙的最初动因。而这种人类最初的移动本能,作为一种集体无意识,在人类心灵深处刻下了深深的烙印。

在人类历史长河中,我们所逃离的、要寻找的和想获得的东西一变再变,但这种"逃离—寻找—获得"的生命程式却作为一种生理机制和行为范式,被沿袭和保留下来。无论是物质世界还是精神领域、自然科学还是人文科学,人类一直沿着"逃离—寻找—获得"这一路径,一直在路上。在物质生活日益满足的当下,当我们不再为逃离战争、逃离灾荒,不再为寻找一日三餐发愁,不再毕生只为获得生存权利的时候,我们开始了另一种新的"逃离—寻找—获得"——旅游。

一、旅游需要是旅游行为的源泉

现在旅游的形式百家争鸣,旅行的目的也是百花齐放。我们结合马斯洛需要层次理论和旅游活动的特征,来了解旅游活动不同层面的需要。简单来说,旅游者的一般需要就是人的各种需要在旅游过程中的反映,所以旅游者的需要也表现出多样性。我们结合马斯洛需要层次理论和旅游活动的特征,将旅游者的一般需要划分为生理性需要、社交性需要、发展性需要、尊重性需要及特殊性旅游需要6个方面。

(一)生理性需要

人要生存,要在这个世界上生活、劳作、繁衍后代,这是人的自然属性。这就需要满足人类生存的基本物质条件:空气、水、食物、住所、阳光、出行等,即对旅游中人们的饮食、衣着、住所、休息、交通的需要以及安全与健康的需要。旅游者的需要也反映了人类的生理性需要,如旅游者去名山大川避暑消夏,游览观光;在冰天雪地领略大自然的冬夏交替的美好,溜冰滑雪;大城市工作的人群,离开喧嚣的钢筋水泥的城市,到郊外或乡野寻求清新和宁静,漫步鸟语花香。旅游者为了生存得更舒适,会不断地去寻求自身更高更好的需求,以获得身心的健康发展,调节心理机能,使之恢复生机等。

旅游者会在寒冷的冬天去南方寻求春暖花开,或者是生活在南方的人会选择在寒冷的冬季来北方体验不同的风土人情,感受雪花飘落的美好,或是在酷暑时节寻求避暑胜地,这些都是旅游者生理性需要的体现。这些都属于旅游者的天然性需要。

行走的作家

英国作家毛姆的一生都在旅行,足迹遍布世界各地,远至南太平洋的海岛,也到过中国和日本。在毛姆生活的年代(出生于1874年)交通并不便利,从英国坐船到远东地区,要航行几个月。毛姆是个生性羞涩的人,还有点结巴,每次出行,他都要带他的助理——长得十分帅气的小伙子同行,这位助理主要负责在旅途中跟各种人搭讪聊天,听到的各种奇闻趣事毛姆就整理成文字。毛姆写得最好的其实是短篇小说,尤其是马来群岛和南太平洋的故事,扑面而来的热带气息都是行走的力量。

(二) 社交性需要

人们生活在这个世界上,社会交往是人的社会属性。社交性需要是旅游者对认识、名誉、权力、交往、友谊、娱乐、尊重等方面的需要,如探亲访友、结交朋友、寻根求源、故地重游等。

动画:炫耀心理

旅游者的社交性需要还表现在需要尊重方面。每个人都希望得到别人的尊重,旅游者也如此。外出旅游中,游客都希望自己得到别人热情礼貌的接待,希望异地的旅游服务可以尊重他们的民族习惯、习俗,并能重视他们在途中的各种要求,希望不受歧视和猜疑。人们还会有这样一种认知,那就是出去旅游也会显示自己的社会阅历和身份,一般会选择用旅游的方式向他人证明自己的价值,并以期获得他人的尊重。

(三) 发展性需要

社会在发展,人类也在不断进步。现代人为了寻求更好的发展契机或彰显自己的社会地位等,会不断地去寻求新的发展空间,而旅游就能实现旅游者这方面的需要。

俗话说"读万卷书,行万里路",更多的旅游者会选择通过旅行的方式来扩展自己的见闻,丰富自己的学识,以拓展更宽的发展空间。现代的人类将会更多地去关注自身的发展,关注这个世界的变化,也将会更大限度地去追求更高层次的旅游需要。旅游者在旅游途中会积极、主动地去认识各种新鲜的事物,追新猎奇以增长见闻。这一需要的旅游者,会希望参观异地的名胜古迹、博物馆及艺术馆等。除了见识当地的风土人情,还需要了解当地的政治制度、习惯风俗等。

(四) 尊重性需要

尊重性需要就是对受到重视、成为榜样、享有威望、取得成功、掌握自己的命运和名誉以及使自己和自己的志愿得到承认的需求。发达国家的下层人士到非发达国家去尽情享受,满足从未得到过的受人尊敬的愿望;能到一个知名度很高的景点去旅游本身就是一件令人羡慕的事情。

 **素养园地**

江南无所有,聊赠一枝春!

2020年初,4万多医护人员逆行出征,白衣执甲,驰援荆楚,用血肉之躯,筑起阻击病毒的钢铁长城。樱花时节身处武汉,却没能看到樱花,成了很多医护人员的遗憾。对此,武汉大学发出邀请,2021年至2023年连续3年,为抗疫人员,开赏樱绿色通道。

谢谢你,因为有你,温暖了四季。

2020年,援鄂医疗队陆续撤离武汉时,"江警铁骑"全程护送;2021年,援鄂英雄返回武汉,"江警铁骑"再次开道护航,将天南地北的援鄂医疗队员送到最美时节的珞珈山下,江城以最高礼遇欢迎着舍生忘死的他们。

这些特殊的游客,得到的就是最好的关于尊重的需要。

(五)自我实现需要

旅游是极富有象征性的活动,有的人出去旅游就是用体现自我价值来满足自我实现的愿望。

马斯洛认为,一个理想的社会,除了应该满足人们基本的生理需要,还要使人们满足较高层次的需要,并鼓励个人去追求自我实现。一个人只有把个人的需要和国家的需要以及社会发展的需要联系起来,才能有永不衰竭的动力,才能充分发挥个人的潜能,达到最大限度的自我实现。

(六)特殊旅游需要

特殊旅游需要是指不同旅游者在不同的旅游过程中各自特殊的需要。如果说旅游者的一般需要是旅游需要的共性,旅游者的特殊需要便是旅游需要的个性。

不同阶层的旅游者在旅游态度、价值观念、购买行为、审美情趣等旅游需要方面都存在较大的心理差异。中上阶层的旅游者,需要舒适优越的旅游条件和一流的旅游服务。而中下阶层的旅游者,以经济实惠为主导,重内容而不重形式。

不同性别旅游者的旅游需要也有很大差异。一般来说,男性旅游者喜欢新奇和富有刺激的旅游设施和旅游景点,讲究时髦,追求浪漫;而女性旅游者大都着眼于旅游的安全和舒适,具有明显的求美和从众心理,对于旅游交通、旅游设施和旅游服务既讲究又挑剔。

不同年龄的旅游者需要也不同。儿童的旅游需要易变动,易感染,易爆发;青年旅游者的旅游需要表现为求新、求奇、求美、求名的倾向,追求自我成熟和个性;而人到中年,希望在稳妥有序中进行;老年旅游者普遍具有怀旧的心理特征,他们害怕孤独,追求健康。

二、旅游动机的分类

人类的需要激发动机的产生。动机决定着人对现实的态度和行为的方向，促使人们寻求某种事物或参与某项活动，以满足某种需要。旅游动机就是在旅游需要的刺激下，促使人们离开居住地外出旅游的内部驱动力。旅游是复杂而具有高度象征性的社会行为，旅游者要通过旅游来满足自己的各种需要。同时受到客观环境的影响，旅游需要往往随之变化。因此，旅游行为不可能或很少出于单一的旅游动机，总会受多种需要和欲望的驱使，但就其最主要的动机而言，大致可分成以下三类。

动画：什么样的旅游能缔造美妙的经历

（一）自然性动机

自然性动机是指人们为得到身体的休养、身心的宁静，消除紧张、疲劳而诱发的动机。健康是历史最悠久的旅游动机之一。现代社会度假被认为是对健康的投资。各种度假胜地满足了人们休息、运动、游嬉、治疗等各种需要。

（二）精神性动机

精神性动机是指以精神享受和满足为目的的旅游动机。好奇心是人们求知和求理解的基本精神需要，是推动人们探索未知领域的最有力的动力。它引导游客离开温暖、安全的家外出旅游，在世界各地寻求不同的经历和体验。因此，访问其他民族和地方，体验其他文化和政治体制是旅游者的主要动机。对一般的观光游客而言，旅游就是获取知识、开阔眼界、了解异地风土人情等的一种精神享受。对一些有着特殊目的的旅游者来说，旅游是出于求理解的深层精神需要。所以他们向往和追求新奇、出乎意料、变化和不可预见性事物，有用自己的所有感官来体验世界的强烈欲望。他们把自己置于一种极端危险的境地，充分激发自己的生存本能，向极限挑战，以考验人的勇气、毅力和智慧。这种极其刺激的探索、冒险旅游就是为满足这类游客的旅游动机而设计出的特殊旅游项目。

（三）社会性动机

旅游活动是为了满足人们社交、尊重和自我完善的一种手段。社会交往是人之本性，它既是人们需要的层面，也是人们外出旅游的重要动机。它包括在异地结识新的朋友，探亲访友，摆脱日常工作、家庭事务等动机。这种动机常常表现出对熟悉的东西的一种厌倦和反感，逃避现实和免除压力的欲望。在一个激烈竞争的社会中，社交需要的人总是与有选择的人群交往。因为它最容易取得团体成员的资格，并从团体中获得信心、尊重和地位等。事实表明旅游是实现社会交往的最理想的方式之一。

心理学研究认为，人的旅游行为很少出于单一的旅游动机，总是受多种需要和欲望的驱使。所以，一种旅游行为中往往包含多种旅游动机；有时，同一种旅游动机由于个人的个性、价值观和抱负水准不同（个性决定动机指向，价值观决定动机模式，抱负水平决定动机强度），其旅游行为具有很大差异。即使是同一种旅游行为也可出自不同的旅游动机，甚至有时合理的旅游动机也可能引起不合理的或错误的旅游行为等。因此，正确地分析人的旅游动机，才能对人的旅游行为做出正确的评价。

三、旅游各阶段游客心理及行为特点

（一）旅游准备阶段

动画：心理相似性吸引

当人们有了足够的余暇时间、较强的经济支付能力，产生了旅游欲望后，人们便做出外出旅游的决定，这就进入了旅游准备阶段。这一阶段旅游者处于激动与兴奋状态，开始对电视、报纸上的旅游广告感兴趣，开始注意旅行社所推荐的旅游线路，开始打探亲戚或朋友的旅游经验，以便他们对目的地线路、旅行社、交通工具、住宿的宾馆和饭店等做出选择和决定。旅游者对目的地的选择除了与其个性有关，还与目的地本身的吸引力及旅游者对它的认识程度有关。通常，知名度越高，景观价值越大，交通及设施越完备，接待能力越强，吸引力越大。旅游目的地应具备各自不同的风格。只有旅游景区发挥其最大的吸引力，旅游者才会根据其需要和可能选择它。当选择好旅游目的地后，他们就准备出发。这时他们处于众多的想象与期盼中，对即将来临的旅游活动产生憧憬和向往。

（二）旅游进行阶段

动画：猎奇心理

当旅游者在完成准备活动后，就择定日期，乘坐交通工具踏上了旅途。在旅游途中，游客的心理活动是非常复杂的。旅游者在异国他乡进行旅游，在内心深处总隐伏着一种不安的心理：担心人身财产是否安全，他乡生活是否习惯，交通工具是否安全舒适，导游是否称职，等等。所以会因语言不通而产生孤独感、茫然感和不安全感，存在拘谨心理、戒备心理及怕人笑话的心理。如果求安全的心理得不到满足，旅游者的行为就有可能被对安全和保护的寻求所完全支配，会上升为压倒一切的主要需要。旅游者会只求安全而放弃一切，甚至整个旅游。旅游者在旅游活动中自始至终都充满着种种美好的愿望和期待，希望事事如意。这种求全的心理反映到旅游各方面，生理上的要求是可口的餐饮、舒适的住宿、方便的交通。如果这些基本要求得不到满足，就会产生强烈的反应，甚至导致过火的行为。旅游者在心理和精神上的求全心理反应在游购娱方面的高层次需要。就其心理需要而言，他们希望获得尊重、体谅和关怀，团内的和睦气氛、导游周到体贴的服务等能使心理上的高要求得到满足。精神上的需要反映在对奇异的风土人情、深刻的文化底蕴、内心的自我实现的追求上。

旅游活动本身就是变换日常内容和环境，打破常规，追求新刺激的求新活动，所以旅游者向往种种新奇独特的事物。历史悠久的名胜古迹、罕见的自然景观、传统的民俗文化等引人入胜的刺激物就能满足旅游者的求新求异心理。

随着旅游活动的不断展开，旅游者在精神上会更加轻松，个性表露有扩大的趋势。他们感到心情愉快，会产生一种平和、轻松的心态。但是正由于这种心态的左右，旅游者往往忘却了控制自己，自行其是，常常表现出自由散漫、丢三落四、时间观念差等旅游病，造成一种懒散的心态。由于处于兴奋欢悦的状态，旅游者的思考力和判断力往往减弱，表现出一种人云亦云、随大流的群体心理状态，如果没有得到正确的引导，会造成严重后果。

（三）旅游结束阶段

旅游活动后期，旅游者的心情波动较大。他们普遍关心的是购物问题。这是旅游服务体系中重要的组成部分。由于购物的动机各不相同,如为新奇、保值、馈赠等目的而购物。因此能否满足个性需求,保证购物行为的顺利进行就成为后期工作的重点。

在完成旅游活动,即将返家时,旅游者会对整个活动做一个较全面的回顾和总结。如果各方面总体需要大部分得到了满足,那么他们对此持肯定态度,会回忆、提及、留恋此次活动,可能产生再次重游的心理需要,由此激发旅游的兴趣,引发出再去别的景点旅游的动机。反之,他们会对该旅游地产生厌恶,造成极大不快的旅游心理,回去后会较长时间地记忆起此次旅游,甚至影响到下次旅游的兴趣。

心随"影"动

影片《冈仁波齐》主要讲述了普拉村村民尼玛扎堆在父亲去世后决定完成父亲的遗愿,带着叔叔去拉萨和神山冈仁波齐朝圣。正值马年,恰好是神山冈仁波齐百年一遇的本命年,小村里很多人都希望加入尼玛扎堆的朝圣队伍。这支队伍里有即将临盆的孕妇、家徒四壁的屠夫、自幼残疾的少年,每个人都有着不同的故事,也怀揣着各自的希望。为了去冈仁波齐,这支11人的队伍踏上了历时一年,长达1 000多千米的朝圣之路。身在其中的朝圣者不知疲倦地叩拜在皑皑雪山、山间冻湖间,使得观众为空灵壮丽的藏区风光着迷。不同于以往聚焦西藏的影片,《冈仁波齐》中对藏民真实简单的生活信念追求、信仰精神的细腻呈现,将藏区淳朴民众骨子里的纯净、虔诚不加烘托地白描出来。

本 章 小 结

动机是一种内在的心理过程。本章重点讲解了马斯洛需要层次理论,明确了旅游需要和旅游动机的区分。通过典型案例对游客消费需求、消费动机进行分析,有利于从业者在旅游服务中达到事半功倍的效果。

课后练习

一、基础知识问答题

1. 什么是需要?
2. 什么是动机?
3. 什么是旅游动机?

4. 旅游动机的作用是什么？

二、综合实践实训题

1. "旅游定制师"是网络环境催生出的一种新兴职业，请同学们聚焦这一岗位，进行信息收集整理，并开展集体讨论，成为一名旅游定制师应具备哪些条件？

2. 请查阅相关资料，遴选5个典型性和代表性较强的城市或景区优秀宣传案例进行分析、分享，并以小组讨论的形式进行汇报。

第三章　旅游情感体验

◆ 本章导读

喜、怒、哀、乐、忧、惧是我们每个人在社会生活中都离不开的情绪,这些心理现象是伴随着人的认识过程而产生的,它们既可以反映人的心理状况,又深刻地影响着人们的心理及其活动。美好的事物令人心情舒畅,游客在感受名山大川姿态各异、人文建筑的高超艺术之美时,就是获得从身体到精神的放松、通畅而忘我的过程。本章从游客的心理出发,展示旅游行业不同岗位从业者与游客之间的"交互",激励旅游从业者能够理性面对游客的不理解和投诉诉求,以提高游客体验感和满意度为最终目标。使旅游者体验旅游过程中的"精神的愉悦"。

◆ 学习目标

- **知识目标**
  - 熟悉情绪和情感的含义。
  - 掌握旅游服务中的客我交往心理要点。
  - 掌握旅游投诉的处理原则和方法。
  - 了解旅游从业人员的心理服务特点。
  - 了解提高旅游从业人员心理健康的重要性。

- **能力目标**
  - 能从旅游者的表情、动作、语言了解旅游者情绪状态。
  - 能利用一定的方式方法在旅游服务中对旅游者的情绪进行优化和调节。
  - 具备处理旅游者投诉的基本能力。
  - 有效安抚游客,达到投诉事件妥善解决。

- **素养目标**
  - 以正面情绪感染、服务旅游者。
  - 树立正确的价值观,友善处理客我矛盾。
  - 具有健康的心理和阳光的心态,树立专业自信。

第一节　情绪和情感

 知识导引

生活中你一定听过这样的谚语"笑一笑,十年少;愁一愁,白了头",也一定听过"白发三千丈,缘愁似个长"这句唐代伟大诗人李白的名句。这些都说明了人的情绪、情感的影响力是很大的,同学们,你了解"情绪、情感"吗?

一、情绪和情感概述

在生活中,我们通常会因为完成了某件比较困难的事情而感到兴奋,因为看到周围人的不幸而感到悲伤。在旅游活动中,旅游者看到自然界的美好景色,会感到兴奋;在体验民俗活动中取得成功,会感到自豪。这些都是一个人情绪、情感的体验和表达。

(一) 情绪和情感的含义

所谓情绪和情感,是人对客观世界的一种特殊的反映形式,是人对客观事物是否符合自己需要的态度的体验。

对上述定义,可以从以下三个方面来分析。

第一,情绪和情感是人对客观现实的一种反映形式。客观现实中的对象与现象与人们之间的关系是情绪和情感的源泉。因为人与各种事物的关系不完全一样,人对这些事物所持的态度也不一样,所以人对这些事物的情绪、情感的体验也就不同。

第二,人之所以对客观现实是否符合需要的态度能有所体验,是因为人在与客观事物接触的过程中,客观现实与人的需要之间形成了不同的关系。例如,有些对象和现象,如清新的空气、悦耳的歌声、高尚的品德、赏心悦目的景色等,一般都符合人的需要,就使人产生趋向于这些事物的态度,从而产生满意、愉快、喜爱、赞叹等情绪和情感的体验。另一些对象和现象,如卑鄙自私、庸俗虚伪、凶恶狠毒等,不符合、不满足人的需要,就使人产生背向于这些事物的态度,从而产生不满意、烦恼、忧虑、厌恶等情绪和情感体验。

第三,在现实生活中,并不是所有事物都可以产生情绪和情感。例如,我们每天要接触到很多事物,固然有很多事物引起我们的喜爱或厌恶的情绪、情感,当然也有很多事物是无所谓的,既不喜欢也不讨厌。

(二) 情绪和情感的组成

情绪和情感由三部分组成,分别是在认知层面上的主观体验、在生理层面上的生理唤醒、在表达层面上的外部行为。当情绪产生时,这三种层面共同活动,构成一个完整的情绪体验过程。

1. 主观体验

主观体验是人的一种自我觉察，是个体对不同的情绪和情感的自我感受。在社会生活中，每个人都有喜、怒、哀、乐、爱、惧、恨等自我感受，如高兴、内疚、不安、痛苦等。这些主观体验只有个人内心才能真正感受到或意识到。同一个人会因为不同的情境而产生不同的自我感受，不同的人在同样的情境下也会产生不同的自我感受。

2. 生理唤醒

生理唤醒是指因情绪和情感而产生的生理反应，是人体的一种内部生理反应过程，人对不同的情绪、情感的生理反应是不同的。例如，激动时血压升高、愤怒时浑身发抖、紧张时心跳加快、害羞时满脸通红等。

3. 外部行为

在情绪和情感产生时，会伴随情绪和情感出现相应的外部反应过程，这一过程也是情绪的表达过程。外部反应过程体现在身体姿态和面部表情上，就是情绪的外部行为。例如，人悲伤时会痛哭流涕，高兴时会开怀大笑等。外部行为经常成为人们判断和推测情绪的外部指标。

主观体验、生理唤醒和外部行为作为情绪的三个组成部分，在评定情绪时缺一不可，只有三者同时活动、同时存在，才能构成一个完整的情绪体验过程。

（三）情绪和情感的关系

情绪和情感都是对需要满足状况的心理反应，是同一类但不同层次的心理体验，既有区别又有联系。

1. 情绪和情感的区别

（1）情绪发展在先，情感体验产生于后。婴儿一生下来，就有哭、笑等情绪表现，而且多与食物、水、温暖、困倦等生理性需要相关；情感是在幼儿时期随着心智的成熟和社会认知的发展而产生的，多与求知、交往、艺术陶冶、人生追求等社会性需要有关。情绪是原始的，是人和动物所共有的，情感则是人类特有的心理体验。

（2）情绪具有情境性和暂时性，情感具有深刻性和稳定性。情绪常由身旁的事物所引起，又常随着场合的改变和人、事的转换而变化。所以，有的人情绪表现常会喜怒无常，很难持久。情感可以说是在多次情绪体验的基础上形成的稳定的态度体验，如对一个人的爱和尊敬，对祖国的热爱，可能是一生不变的。

（3）情绪具有冲动性和外显性，情感则比较内隐。人在情绪左右下常常不能自控，高兴时手舞足蹈，郁闷时垂头丧气，愤怒时又暴跳如雷。情感更多的是内心的体验，深沉而且久远，不轻易流露出来。

2. 情绪和情感的联系

情绪和情感虽然不尽相同，但却是不可分割的。因此，人们时常把情绪和情感通用。一般来说，情感是在多次情绪体验的基础上形成的，并通过情绪表现出来；反过来，情绪的表现和变化又受已形成的情感的制约。当人们做某一项工作的时候，总是体验到轻松、愉快，时间长了，就会爱上这一行；反过来，在他们对工作建立起深厚的感情之后，会因工作的出色完成而欣喜，也会因为工作中的疏漏而伤心。由此可以说，情绪是情感的基础和外部表现,情感是情绪的深化和本质内容。

二、情绪和情感的表现

人在紧张时手心出汗,愤怒时心跳加速,高兴时手舞足蹈,开心时捧腹大笑。在外界环境的刺激下,人的情绪情感会发生各种变化,同时伴有相应的外在表现,这些情绪的外在表现形式称为表情。表情在社会生活中起着很大的作用,它是人们交流思想,表达心理的重要手段。在有些情况下,表情可以表达人们无法用语言表达或不便用语言表达的心理活动,让人通过表情就能知道对方的真实心理状态。对人类来说,表情的效用是很大的。

人类的表情是复杂而细腻的,与人的情绪变化有关的表情主要有面部表情、体态表情和言语表情三种,如表3-1所示。

表3-1 与人的情绪变化有关的表情

表情	面部表情	通过眼部肌肉、脸部肌肉和口部肌肉的变化
	体态表情	通过人的身体姿态、动作变化
	言语表情	通过言语的声调、语速、强度、节奏变化

(一)面部表情

面部是人的表情表达最为集中和生动的部位。人的面部表情最为丰富,通过眼部肌肉、面部肌肉、口部肌肉来表现人的各种情绪状态。面部表情是人类的基本沟通方式,也是情绪表达的基本方式。

美国心理学家伊扎德将人们的面部分为额眉-鼻根区、眼-鼻颊区、口唇-下巴区,认为这三个区域的活动构成了不同的面部表情,表达着相应的情绪。

例如,人愉快时,额眉-鼻根区放松,眉毛下降;眼-鼻颊区眼睛眯小,面颊上提,鼻面扩张;口唇-下巴区嘴角后收、上翘。这三个区域的肌肉运动组合起来就构成了笑的面部表情,惊讶时眼和嘴张大,悲伤时双眉和嘴角下垂。眼睛是心灵的窗户,各种眼神可以表达人的各种不同的情绪和情感。例如,高兴时"眉开眼笑",悲伤时"两眼无光",气愤时"怒目而视",恐惧时"目瞪口呆",等等。眼睛不仅能传情,而且可以交流思想,因而旅游服务人员观察旅游者的眼神,可以了解他人的内心想法。

心理学家们经过研究发现,快乐、惊讶、生气、厌恶、害怕、悲伤和轻视等7种表情是世界上各民族的人都能认出的。旅游服务人员在实际工作中如果流露出不耐烦或不屑一顾的表情,旅游者是很容易就能觉察出来的。如果遇到非常尴尬的情况,也可以用一个眼神来表达此时的心情,化解这种尴尬。

(二)体态表情

身体语言是由人的身体姿态、动作变化来表达情绪的一种方式,其中以头、手、足的动作最明显。当人处于强烈的兴奋、紧张、恐惧、愤怒等情感状态时,往往抑制不住身体姿态的表情变化,舞蹈和哑剧演员则经常通过夸张的身体姿态来有意识地表达角色的情感变化。

人的身体姿态表情是丰富多样的。例如,点头表示同意,摇头表示反对,低头表示屈服,垂头表示丧气等。人正襟危坐可知其恭谨或紧张,坐立不安可知其焦急慌神,手舞足蹈可知其欢乐,顿足捶胸可知其悔恨,拍手时可知其兴奋,振臂时显得慷慨激昂,握拳时显得义愤填膺,搓手不停时表示心中烦躁不安。又如,中国人喜欢一个小朋友,我们会摸他的头,但在南亚等国家,这种做法是非常不礼貌的。

因此,旅游服务人员要了解不同民族、不同国家各异的体态表达方式,注意体态表情的运用,多使用一些具有普遍意义的体态语,如点头礼、鞠躬礼等,以表达对游客的尊重之情,但又要注意不要误用手势,以免引起一些不必要的麻烦。

(三) 言语表情

言语表情是通过言语的声调、语速、强度、节奏变化来表达情绪的,它是最为直接而且有效的情绪表达方式。悲哀时语速慢,音调低,音域起伏较小,显得沉重而呆板;激动时声音高且尖,语速快,音域起伏较大,带有颤音;说话语速较快,口误又多的人被认为地位较低且又紧张;说话声音响亮,慢条斯理的人被认为地位较高、悠然自得;说话结结巴巴,语无伦次的人缺乏自信,或者言不由衷;同样一句话用不同的方式讲出来则会表现出不同的含义。例如,"后天她不去游乐场"用不同的重音来说,意义就大不同。

后天她不去游乐场——强调后天不去,但其他时间可能会去游乐场。

后天她不去游乐场——强调她不去,但其他人可能会去。

后天她不去游乐场——强调她可能去别处,不去游乐场。

后天她不去游乐场——强调可能去别处。

言语是人们表达意愿、沟通情感、交流思想的重要工具,言语表情在某种程度上反映了一个人的文化修养和道德水平。常言道"言为心声",在为游客服务的过程中,旅游服务人员的言语不但反映的是服务质量的高低,在一定程度上也体现出一个国家、民族的风貌。因此,在进行言语沟通时,一定要注意选择适当的语速和语调。

总之,旅游者的面部表情、体态表情和言语表情构成了旅游服务中客我交往中的非言语交往。它们经常相互配合,更加准确或复杂地表达出旅游者不同的情绪和情感体验,是旅游者情绪表达的重要方式和手段。因此,作为旅游从业人员,在和游客打交道的时候,需要判断人的说话情绪和意图,就要听游客说些什么,还要听游客怎样说,说话时有什么样的面部表情,说话时有什么样的体态表情,即从游客说话声音的高低、强弱、起伏、节奏、音域、转折、速度、腔调、面部表情、体态表情中领会其"言外之意"。

三、情绪和情感分类

情绪在我们的生活中扮演着重要的角色。生活中我们会接触各种现象,面对各种现象人们会产生不同的认知,并伴随着不同的心理体验。有的现象会使人感到惊喜,有的现象会使人感到愤怒,有的现象会使人感到悲哀,有的现象会使人感到恐惧。

动画:情绪谱

(一) 情绪分类

据我国古代名著《礼记》记载,人的情绪有"七情"分法,即喜怒哀惧爱恶憎;《白虎通义》记载情绪可分为"六情",即喜怒哀乐爱恶;近代研究中,常把快乐、愤怒、悲哀、恐惧列为基本形式。

现代心理学对情绪的划分因学派不同而不同,但都认为情绪是具有多样性的。西方情绪心理学中的一派倾向于把情绪分为基本情绪和复合情绪。

1. 基本情绪

基本情绪是先天预成,不学而能的,并具有独立的外显表情、内部体验等。人类具有4种基本的情绪,即快乐、愤怒、恐惧和悲哀。

(1) 快乐。快乐是指所期待的目标得以实现或需求得到满足之后,内心的紧张状态解除时所产生的一种轻松、满意的情绪体验。引起快乐最主要的情境条件是一个人经过自己的努力达到追求的目标。快乐的程度取决于多种因素,包括所追求目标价值的大小、在追求目标的过程中所达到的紧张水平、实现目标的意外程度等。例如,旅游者从日常繁忙的工作中解脱出来,在旅游中欣赏到优美的自然风光,参加富有情趣的活动时,就会产生轻松快乐的情绪。

她是一株向日葵

小丹同学是旅游管理专业的学生,个子不高,胖乎乎的,在人群里她绝对引不起别人的关注。而她却每天出现在班级的第一排,乐呵呵的性格看起来是那样的无忧无虑。她是班级里正能量的代表,似乎所有的困难在她的眼里都可以找到解决的方法。

在她的刻苦努力下,她考取了导游证,来到一家国际旅行社实习,在老师召开实习生座谈会的时候,企业负责人说:我们最需要的,就是能够给游客带来欢乐的人,小丹就是这样的导游,她的开朗、乐观、好客、热情,影响和感染了游客,赢得了游客,就赢得了信任。

(2) 愤怒。愤怒是因受到妨碍而不能达到目标时所产生的情绪体验,是在愿望的实现受到阻碍或侵犯时,内心的紧张状态不断积累而产生的。愤怒的程度取决于对妨碍达到目标的对象的意识程度。当人们意识到有某些不合理或充满恶意的因素存在时,愤怒会骤然发生。例如,人们旅游时入住条件与合同中的不一致、用餐时菜品迟迟不能上桌,都能引起人们的不满情绪。如果旅游服务工作者不能及时地化解这种不满情绪,就可能引起旅游者的愤怒。

不合时宜的服务

小张在一次宴会结束后,待客人陆续离开后开始撤台,到最后一桌时,还有几个客人在桌旁说话,由于时间紧,桌面上又有玻璃转盘,于是,在撤餐具的过程中发出了不大不小的声音。这时,其中一位客人说:"你吓唬我呢?"小张还没来得及说话,客人又说了一句:"你这是故意的吧?!"他觉得客人说的是不合情理的,于是便没道歉,说:"这是正常发出的声音啊!"与客人争吵了几句。最后,本来心情很好的客人带着不满的情绪离开了饭店。

(3) 恐惧。恐惧是企图摆脱、逃避某种危险情景时所产生的情绪体验,是当面临危险或预感到危险时,企图摆脱险境而又缺乏能力所产生的。

引起恐惧的重要原因是缺乏处理可怕情景的能力与手段。例如,当地震发生时,每个人都会不由自主地产生恐惧感。外出探险旅游活动中,如果一个人在人迹罕至的地方迷路,又与外界失去了联系,他就会感到恐惧。

(4) 悲哀。悲哀也称为悲伤,是在失去心爱的对象或自己所追求的愿望破灭时所产生的情绪体验。悲哀的程度取决于所失去的对象或破灭的愿望的重要性和价值大小。例如,一位失联飞机上乘客的家属,从满怀希望,盼望着与亲人团聚,到得知要停止搜寻,他一定会非常悲哀。

2. 复合情绪

伊扎德把复合情绪分为三类。

一类为在基本情绪的基础上,2~3 种基本情绪的混合,如兴趣－愉快;二类为基本情绪－内驱力身体感觉的混合,如疼痛－恐惧－愤怒;三类为情绪－认知结构(特质)与基本情绪的混合,如多疑－恐惧－内疚。

依此分类,复合情绪则会有上百种之多。复合情绪有些是可以命名的。例如,愤怒－厌恶－轻蔑的复合可命名为"敌意"。愤怒是一种"热"情绪,轻蔑和厌恶均为"冷"情绪,它们的结合决定着敌意情绪中攻击性的程度。又如,恐惧－内疚－痛苦－愤怒几种情绪的复合是典型的"焦虑"。其组成中愤怒和痛苦两成分的相对强弱决定着焦虑是兴奋类型或抑制类型。

(二) 情感分类

人的情感是多种多样的,它是在人类历史发展过程中形成的。社会情感是在社会的精神和物质需要是否得到满足的基础上产生的情感。它是人类所独有的一种情感,反映着人们的社会关系和社会生活状况。人类的社会情感一般分为道德感、理智感和美感等。

1. 道德感

道德感是用一定的道德标准去评价自己或他人的思想和言行时产生的情感体验。产生道德感的基础是对社会道德规范的道德认识,缺乏这种认识,道德感就无法产生。道德规范具有社会性、历史性和阶级性。不同的时代有不同的道德标准,当自己的思想、行为符合道德标准时,会产生肯定的情感体验,感到高兴、自豪;反之,会感到自责、内疚。当别人的思想、行为符合道德标准时,会对他产生尊敬、佩服等肯定的情感;反之,则会对他产生鄙视、厌恶等否定情感。

道德感包括爱国感、集体感、责任感和正义感等。道德感具有一定的稳定性,一个人的观点、态度和道德品质,常常以情感的形式表现出来,并且长久不变。

 小故事

爱国人士钱学森

钱学森是中国航天科技事业的先驱和杰出代表,被誉为"中国航天之父"和"火箭之王"。钱学森于1935年赴美国留学,经过10年的不懈努力,他成为当时世界一流的火箭专家。当中华人民共和国宣告成立的消息传到美国,钱学森和夫人蒋英按捺不住内心的喜悦,商量着早日赶回祖国。但因为被怀疑是共产党人,并且拒绝揭发朋友,钱学森被美国军事部门突然吊销了参加机密工作的证书。钱学森感到非常气愤,他说:"我宁愿回中国老家去,也不愿在受人怀疑的情况下继续留居美国!"后来,钱学森向美国方面提出回国申请。美国海军部次长丹尼·金布尔听闻钱学森要回国的消息后,恶狠狠地说:"他知道所有美国导弹工程的核心机密,一个钱学森抵得上五个海军陆战师,我宁可把这个家伙枪毙了,也不能放他回红色中国去!"从此,美国政府对钱学森夫妇的政治迫害接踵而至。1955年9月17日,饱受迫害的钱学森携妻子蒋英和一对幼小的儿女才登上了轮船,踏上了回国的旅途。

对于钱学森的离去,他的导师、科学家冯·卡门感慨地说道:"美国把火箭技术领域最伟大的天才、最出色的火箭专家钱学森,拱手送给了红色中国!"离别时,这位导师充满深情地对钱学森说:"你现在在学术上已经超过我,回你的祖国效力去吧,科学是不分国界的。"也正是因为有钱学森等一批优秀科学家回国效力,中国的导弹、原子弹发射时间至少向前推进了20年。

2. 理智感

理智感是在认知活动中,认识和评价事物时所产生的情感体验。理智感是追求真理的精神力量,对人们的社会实践和科学研究有推动作用,理智感的推动作用发挥得如何与个体的知识水平相关联,也与个人的理想抱负有关。

例如,人们在探索未知事物时表现出的兴趣、好奇心和求知欲,在科学研究中面临新问题时的惊讶、怀疑、困惑和对真理的确信,问题得以解决并有新的发现时的喜悦感和幸福感,这些都是人们在探索活动和求知过程中产生的理智感。人们越积极地参与智力活动,就越能体验到更强烈的理智感。

3. 美感

美感是用一定的审美标准来评价事物时所产生的情感体验。在客观世界中,凡是符合我们的审美标准的事物都能引起美的体验。如对自然景色的欣赏,对祖国山河的赞美,对新人新事的喜爱,对艺术作品的鉴赏,以及对一切丑恶现象的厌恶、鄙视等,都是美的体验和表现。此外,美感还受个体的不同审美需要、审美修养所制约。对同一客观对象,不同的人会产生不同的美感。若是事物与个体审美需要不相符合时,就会产生假、恶、丑等情感体验。

旅游是一项综合性的审美活动。它融自然美、生活美、艺术美为一体,熔文物、古迹、建筑、绘画、书法、音乐、戏剧、舞蹈、风情、美食等于一炉,能够最大限度地满足人们的审美需求、尊重需求、认知需求、生理需求等。美感具有社会性和民族性。一个人对美的需要总是

反映了一定社会关于美的标准。不同民族由于文化、生活习惯、传统观念、所处地理环境、气候条件等方面都各不相同,形成了具有民族特点的不同的审美意识,形成了美感的民族差异性。

四、情绪状态

依据情绪发生的强度、速度和持续性,情绪的状态分为心境、激情和应激。

(一) 心境

心境是一种平静、持久的情绪体验,具有渲染性和弥散性的特点。当人处于某种心境时,他的语言、行为、思想、意识等都会带有比较明显的情绪倾向,会以同样的情绪体验看待周围事物,如"人逢喜事精神爽""感时花溅泪、恨别鸟惊心"等,就是心境的最佳写照。心境往往不具有特定的环境对象,但可以造成人的情绪的一般背景,来影响人的情绪体验。例如,当一个人处于喜悦、快乐的心境时,他所看到周围的一切仿佛都变得清晰明亮、赏心悦目,看什么都觉得快乐积极;反之,当一个人处于伤感、忧郁的心境时,他所看到的周围的一切都仿佛是灰暗无光的,对许多事物都会感到没有兴趣。

一个人在长期的生活、工作中形成的个人独特的、稳定的心境,称为主导心境。根据当前的情绪体验而产生的心境,称为暂时心境。例如,人们在旅游过程中欣赏秀美的风光时会产生愉快的心境;当旅游结束后,这种心境还会持续一段时间,但不会很长,随着时间的推移和其他事物在生活中的不断出现,这种心境会逐渐淡化。

心境的产生受多种因素的影响,如社会大环境、人际关系、时令季节的变化等都能引起某种心境。同时,心境也影响人的生活,积极、良好的心境会有助于人的积极性的发挥,提高人的活动效率,增强克服困难的信心。

在旅游活动中,有着快乐心境的旅游者,会对导游员的工作给予积极的配合,工作中出现一些小失误也能够体谅;但如果旅游者在游览中遇到了不顺心的事情,心境不佳,那么他对导游员的工作就会比较挑剔,甚至会小题大做。所以,旅游服务过程中,导游员要注意调整好旅游者的情绪状态,尽量使他们有一种好的心境。

(二) 激情

激情是种强烈的、短暂的、疾风暴雨式的情绪体验。激情通常是由重大的、突如其来的事件所引起的,对立意向的冲突或过度的抑制也很容易引起激情。激情的产生与个人状态有关联。

激情发生时有很明显的外部表现和生理反应,如恐惧时毛骨悚然、面如土色;暴怒时全身发抖、暴跳如雷、咬牙切齿;狂喜时手舞足蹈、热泪盈眶、眉开眼笑等。激情既有积极的,也有消极的。在积极状态下,激情与理智和坚强的意志相联系,它可以激励人们克服艰险,成为动员人们积极地投入行动的巨大动力。在消极状态下,激情对人的活动具有抑制作用,其认识活动的范围往往会缩小,使控制自己的能力显著降低。人应该善于以坚强的意志来控制自己过激的情绪,如当激情快要发生时,可以做几个深呼吸等。

(三) 应激

应激是在发生意外事件的紧急情况下所出现的情绪状态。应激是一种反应模式,当危险或突发事件打破了有机体的平衡和负荷能力,或者超过了个体的能力所及,应激状态可通过肌体生理机能的变化和调节来进行适应性的防御,以应付外界突如其来的刺激和高度紧张的环境。例如,在旅游过程中遭遇突发事故时,旅游者就可能会产生肌肉紧张、心率加快、呼吸变快、血压升高等生理反应,有时会使人做出平时做不出的大胆、勇敢的行为。

最美导游文花枝

文花枝,湖南湘潭某旅行社的导游,在一次带团过程中,意外的一场车祸改变了她的命运。那是2005年的一天,全陪导游文花枝带领游客乘坐大巴赶往下一个景点,没想到旅游大巴在高速路上发生车祸,大巴被撞得严重变形,车厢内游客血肉模糊,哭喊声一片,自己也被卡在座位里动弹不得。在这紧急关头,文花枝顾不上疼痛,艰难地打了求助电话,并大声安慰游客:"大家一定要挺住,救援人员马上就到了,我们一定要活着出去。"

一名游客回忆:"正是她的鼓励,让大家坚定了求生的欲望,但她是受伤最严重的一个,骨头都露在外面,这么坚强的姑娘不多见。"当警方赶到想要先救文花枝时,她却说道:"我是导游,先救游客。"文花枝是最后一个被救出来的,她左腿9处骨折,右腿大腿骨折,髋骨3处骨折,由于延误最佳救治时间,医生不得不为她左腿截肢。当她睁开眼睛时第一句话就是:"游客怎么样了,他们在哪里?"文花枝的举动感动了无数人,先后被评为道德模范、全国优秀导游、全国人大代表等。

应激往往有两种极端的表现:一种是惊慌失措、目瞪口呆;另一种是急中生智、力量剧增。在积极应激状态下,人们往往能做出平时难以做到的事,使人尽快地转危为安。但是应激也有很大的消极作用,当人在紧急情境中的应激状态下,会导致知觉狭窄,行动刻板,注意力被局限;过于强烈的应激情绪,还会导致心理创伤,甚至会导致人的临时性休克乃至死亡。一个人长期或频繁地处于应激状态中,会导致身心疾病和心理障碍。

情 商

情商指的是什么?情商是指情绪智商,情绪智力,又简称情绪商。1991年,首先由美国耶鲁大学心理学家彼德塞拉维和新罕布尔大学的琼梅耶创造了"情绪智力"这一术语,用来描述诸如了解自我情绪,控制他人情绪的移情作用,通过情绪控制提高生活质量一类的才能。相对于智商IQ,情商用符号EQ表示。

关于情商的定义,目前还存在一些争议和分歧,但有几点是明确的:

第一,情商是指情绪控制能力或情绪智力高低。虽然它不能像智商那样用数值尺度来测量,但可以通过一些科学的方法来了解。

第二,情商与智商不是对立的。有的人既有较高的智商又有较高的情商,有的人则只有其中之一较高或两者都很低。

第三,了解情绪智力比测试智商及其他标准化成就测试更有价值。

第四,可以用适当的方式提高人们调节情绪、控制情绪的能力。

第二节 旅游情感

 知识导引

某旅游团在长白山景区入口集合完毕后准备游览长白山,并从西坡经天梯登临天池。在爬天梯的过程中周围逐渐升起浓雾,待登到顶峰时雾气已经浓得不见天池了,而显然浓雾短时间内不会消散。游客们的表情很焦躁,不停地抱怨:真倒霉,遇到这样的鬼天气! 显而易见,游客的心情受到了影响。

旅游者是富有感情的人,旅游者在体验旅游产品和服务中,是有着情感色彩的。旅游者情绪情感影响因素有哪些? 如何有效地构建或控制旅游者的情绪和情感?

一、影响旅游者情绪情感的因素

在旅游活动中,旅游者在旅游活动中所接触到的一切,都会引起情绪和情感的变化。主要有认知评价、生理状态和环境因素等。

(一) 认知评价

旅游者的认知评价是其对旅游活动是否满足自身旅游需要的评价。旅游是旅游者在旅游活动过程中满足某种需要的社会活动,旅游者的需要是否得到满足,决定着情绪的性质;旅游需要的满足程度又决定着情绪的强度。例如,旅游者的认知评价是正面的,则说明需要得到满足,旅游者就会产生积极肯定的情绪,其情绪的强度也会随着旅游需要的满足程度从愉快到高兴再到兴奋。如果旅游者的认知评价是负面的,说明需要没有得到满足,就会产生否定的、消极的情绪,如失望、不满、愤怒等。

旅游者在办理酒店入住手续时,也许不同的酒店的服务流程有所不同,但无论办理入住的流程是怎么样的,在这个过程中能否得到酒店前台工作人员热情积极的回应,客人能否从前台服务人员的服务中体验到尊重、微笑和认同等,才是差别所在。

(二) 生理状态

生理状态主要指旅游者的身体状况。人的情绪受其生理状态的影响,生理状态的正常

是情绪正常的一个前提条件。如果个人在生理上感到不舒服、痛苦,就容易产生消极情绪。

一个人身体的健康和心境有一定的关系。一般来说,身体健康的人精神振奋,心境总有愉快乐观的倾向,凡事都感到有兴趣,对人也热情;而身体衰弱的人,精神不振,对一切事物都提不起兴趣,对人也表现得冷漠。

旅游活动需要一定的体力和精力作保证,身体健康、精力旺盛会使旅游者处于良好的活动状态,顺利完成各项旅游活动,进而产生愉快、满意、轻松等情绪体验。如果身体状况健康欠佳,积极情绪会被破坏,在旅游行动中感到不顺利,从而产生不愉快、紧张、焦虑等不良情绪。旅游从业人员应该随时注意旅游者的身心状态,以保证旅游活动的正常进行。

(三) 环境因素

旅游活动中的环境因素包括游览地的旅游资源、活动项目、旅游设施设备、旅游地的社会条件及旅游服务和旅游团体状况等。

1. 旅游资源和活动项目

旅游资源是旅游者选择旅游地的决定因素。旅游资源有特色,地理位置适中,气候条件适宜,能使旅游者产生愉悦的情绪、情感;同时,旅游活动的参与性、趣味性越强,旅游者的旅游需要也就越能得到满足,进而就会产生正面的情绪和情感。

2. 旅游设施设备

旅游设施设备是旅游活动中必不可少的条件。旅游设施设备包括旅游交通、餐饮、住宿和游览等专门设施,同时包括道路、通信、供电、停车场等旅游活动所必需的基础设施。旅游设施设备齐全、功能完善,能使旅游活动得以顺畅进行,这样旅游者就会产生舒适、满意、愉快的情绪和情感。例如,旅游地的交通要畅通,如果交通不畅,旅游者的出入就会受到影响,而旅游计划也要相应调整,这样情绪就会向负面的方向发展。

3. 旅游地的社会条件

旅游地的社会条件对旅游者情绪和情感的影响也是非常重要的。如果旅游目的地的政治稳定、治安良好、环境整洁、居民友好、好客,旅游者会感到轻松、愉快、欣喜,有积极的情绪。如果治安状况不好,环境又脏又乱,会使人厌烦、紧张、反感,从而产生消极的情绪。

4. 旅游服务

在旅游过程中,旅游者离不开旅游服务。旅游服务人员的综合素质高,服务程序规范,提供服务时亲切、细致、耐心、周到,并能根据旅游者的需要提供个性化服务,旅游者就会产生满意、愉快的情绪体验。

不良情绪引起的投诉

一天,在西餐厅有一个实习生因早班起得早,所以情绪不佳,面对客人所提出的问题做出的解答态度很强硬,没有礼貌,而且很不耐烦。大清早的,客人原本有一个好心情,被这种服务态度刺激得十分激动,找来了西餐厅的经理理论,餐厅的经理又是赔礼又是道歉,最后赠送了果盘,才足以平息这场闹剧。

最后客人走的时候路过领位台对领位说:你们是国际五星级酒店,你们的服务要对得起你们的牌子,你们的牌子是怎么来的,是靠你们的服务,靠你们最基层的微笑服务。在酒店调查客人反馈的邮件里客人更加严厉地批评服务不到位,达不到国际五星级的标准,给酒店声誉造成极其恶劣的影响。

5. 旅游团体状况

旅游者所在旅游团队的组成状况和团体内部的人际关系对旅游者的情绪也有很大的影响。因为旅游活动一般都是集体活动,团体成员之间总会产生接触,如果团队中成员之间互相信任、团结和谐,就会使人心情舒畅,情绪积极;如果互不信任,互相戒备,就会使人随时都处在不安全、不舒服的情绪之中。因此在人际交往中,尊重别人,欢迎别人,同时受到别人的尊重和欢迎,就会产生亲密感、友谊感。打造轻松、愉快的团队氛围,创造游客体验愉悦情绪的重要环境,只有让旅游者处于愉快的情绪下,旅游服务活动才能顺利展开。

二、旅游中情绪的控制

旅游者的情绪情感调控主要是指旅游从业人员管理和改变旅游者情绪情感的过程。在这个过程中,旅游从业人员通过一定的心理策略和机制,使旅游者的情绪在生理活动、主观体验、表情行为等方面发生一定的变化。对旅游者的情绪、情感的调控与激发体现出旅游从业人员,特别是导游员对整个旅游团的控制和管理,反映出其服务水平的高低。

(一) 调控旅游者消极的情绪情感

旅游过程中经常会出现一些意外事件,这些意外事件会对旅游者的情绪产生消极的影响。意外事件有突发性事故和技术性事故之分。

突发性事故,性质严重,猝不及防,严重危及旅游者的人身安全,诸如猝死、车祸等,处理较困难,也比较急迫。一旦发生必须采取措施,不惜一切代价,防止事态扩大,及时处理问题,将旅游者安排妥当,并给予合理的解释,以求旅游者的谅解,防止旅游者不良情绪的爆发。

技术性事故,多属旅行社有关部门工作失误造成的,如误机、误车等。这种事故虽然对旅游者安全危害不大,但往往造成旅游者抱怨或经济损失,并会给旅游者留下不好的印象。作为旅游组织者要尽可能防患于未然,防止旅游中意外事件的发生,把意外尽可能规避掉,把旅游活动尽量完满地完成,提高旅游者的满意度。

(二) 注意消除不同意见

消极的情绪情感会影响到旅行者对旅游行为的评价和体验,因此,调控旅游团内的消极情绪显得非常必要。旅游从业人员要多花时间和精力去关心和了解旅游者的情绪状态,特别是对那些旅游团内提出不同意见的旅游者要多加注意,因为他们的语言,往往比旅游从业人员更容易得到团内同伴的信任,在很大程度上能决定全团旅游者的消极情绪的发生和发展,所以旅游从业人员需要及时解答不同意见,以解除疑惑和抵触情绪,得到旅游者的信任和支持,以保证旅游活动顺利进行,使旅游者获得满意的情绪情感体验。

作为旅游服务人员,要多花时间和精力去关心和了解旅游者的情绪状态。面对那些有消极情绪的旅游者,服务人员应该做的不是为自己或所在的企业辩解,而是另外两件事:一是真心诚意地向旅游者道歉,不管是什么原因造成的,只要旅游者有不愉快、不满意的情绪,就应该真心诚意地道歉;二是要迅速果断地采取措施来补救给旅游者带来的不便。总之,旅游服务人员应通过各种手段,使旅游者从不满意的情绪中解脱出来,逐渐恢复好的心情。

七色情绪谱

七色情绪谱是心理学上,心理学家用来表示人不同情绪状态的一种标记。人的情绪主要在7种不同的状态之间变来变去。在心理学上,心理学家用"七色情绪谱"来表示人的不同情绪状态。

"红色"情绪——激动、兴奋

"橙色"情绪——快乐、温馨

"黄色"情绪——明快、愉快

"绿色"情绪——安静、沉着

"蓝色"情绪——忧郁、悲伤

"紫色"情绪——焦虑、不满

"黑色"情绪——沮丧、颓废

(三)激发旅游者积极的情绪情感

旅游者在出门旅游时,希望在旅游中获得日常生活中所缺少的新鲜感、亲切感和自豪感,同时希望在旅游中摆脱日常生活中的精神紧张感。因此,旅游服务人员就应该想方设法激发旅游者积极的情绪体验,具体可以有以下几条。

(1)利用人际交往中的"镜子"理论。旅游者总是把旅游服务人员当作自己的一面镜子来看待,因此,旅游服务人员要做旅游者的一面"好镜子",这面"好镜子"的特点是:"扬客人欲扬之长,隐客人欲隐之短",通过服务工作提升游客的自我形象,让游客对他自己更加满意,从而获得更多的自豪感。

(2)可以通过训练改进旅游服务人员说话的方式、速度、语调及词句的选择,让游客产生积极的情绪体验。作为服务人员,必须懂得同样的话有不同的说法,同样的意思可以用不同的方式去表达。为了让游客感到轻松、亲切和自豪,应尽可能用"柔性"的表达方式,不用或少用"刚性"的表达方式;尽可能用肯定的语气去表达,不用或少用否定的语气。

(3)培养旅游服务人员的幽默感,让他们会巧妙拒绝游客的不合理要求而不伤及游客的"面子",激发旅游者的积极情绪。

(四)掌握一定的调节和优化情绪的方法

旅游从业人员在工作和服务过程中难免会遇到不顺心的事情,在与游客、同事打交道中,可能会产生各种矛盾,在这种情况下,有的工作人员或有的旅游者控制力比较差的,就容易爆发激情,失去控制,就会产生一些过激的行为。旅游者在旅游活动中也难免遇到各种各样的事情,使旅游者产生焦虑、沮丧、愤怒、恐惧等不良情绪,这些不良情绪会影响旅游者个人和团队的活动。旅游服务人员也要采用一定的方法和技巧对其予以调节。

常用的调节和优化情绪的方法有转移法、疏导宣泄法、解脱法、自我暗示法等。

(1)转移法。在不高兴时,把注意力转移到愉快的或其他令自己心旷神怡的事情上去。这种方法的关键是尽量减少外界刺激的输入量,尽量减少它的影响和作用,如心情不好时,把注意力转移到别的地方,上街散散心,心情就会放松,痛苦就会消除。

旅游者如果准备到海边潜水,天气突变,旅游者的需要得不到满足,必然会产生不好的情绪。这时候,旅游从业人员可以帮他们在心理上寻求一个"合理"的借口,使得其心理平衡;也可以安排他们参加一些其他活动,缓解一下情绪,排解心中的不快。

狐狸与葡萄

葡萄熟了,狐狸想吃,而它又跳得不够高,吃不到。于是狐狸说:"反正这葡萄是酸的。"言外之意就是那葡萄是酸的不能吃,即使摘到了,也还是不能吃。这样,狐狸也就"心安理得"地走开了。

狐狸遇到挫折时,用一个"合理"的借口转移了注意力,使自己的心理得到了平衡。在旅游过程中,当旅游者认为自己的需要得不到满足而又无能为力的时候,旅游从业人员也不妨采用这种方式,暂缓旅游者的心理压力,调整他们的情绪。

(2)疏导宣泄法。合理的宣泄是疏导消极情绪的一条重要途径。遇到愤怒、烦躁不安情绪时,要学会主动释放心中的"能量"。旅游从业人员可以借助超量运动、哭泣和大声呐喊等方法疏导宣泄消极情绪带来的负能量;旅游从业人员如果发现旅游者情绪不好时,可以和他谈谈心,通过理性的分析,使他从另一个角度看到问题的好的方面,从而改变情绪的主观体验,解开心中的"疙瘩"。旅游从业人员要引导旅游者适当地宣泄出来,宣泄后旅游者会感到烦恼的情绪得到舒缓。

(3)解脱法。就是换一个角度看待令人烦恼的问题,从更深、更高、更广、更长远的角度来看待问题,跳出原来的思维范围,使自己的精神获得解脱。"塞翁失马,焉知非福""不幸中的万幸",都是典型的解脱用语,这样将注意力集中到对自己有利的一面,使自己保持精神愉快。

(4)自我暗示法。是有意识地将某种观念不断强化来影响自我的情绪和行为的方法。

正确的、积极的自我暗示可以增加自信心,能够克服困难。

三、旅游情感构建

人的情感是丰富多样、变幻莫测的,人们希望通过旅游活动获得愉悦、快乐、轻松的情绪和情感体验,旅游从业人员必须开发多样化的旅游产品,提高服务质量,掌握一定的调节优化旅游者情绪的方法才能更好地服务旅游者。

(一)开发多样化的旅游产品

旅游产品是否满足旅游者的需要,直接影响到旅游者的情绪。由于旅游者的需要是多种多样的,旅游者在年龄、性别、性格、体能、经济状况等各方面的差异,都会造成对旅游产品的需求差异。因此,在旅游产品的开发上就要注意多样性,坚持旅游者"需求为先"的原则,由大众化产品改变为众多的个性化产品,向产品的广度、深度发展,打造细节服务,将各种年龄、层次、性格的人的需要全部考虑进去,这样开发出来的旅游产品才能吸引更多的人,激发他们对旅游产品的良好的情绪情感。

(二)提高旅游服务质量,打造知名旅游品牌

旅游服务贯穿整个旅游行为,所以旅游服务的质量至关重要。一个旅行社或景区能提供好的旅游服务给游客,提供人性化的和细致入微的服务,对旅游者的情绪影响是很积极的,使他们感到受到尊重、感到温暖,并可由此消除其他问题所带来的不良情绪,这样旅游者对该旅行社或景区的印象就会更加好,并可能让游客发生二次旅游念头,或者经过游客的宣传,提升景点知名度。

(三)保持良好的心境

无论是旅游从业人员还是旅游者都需要保持良好的心境。旅游从业人员要善于调节自己及旅游者的消极心境,在工作中保持良好的心境状态。保持良好的心境,可以注意劳逸结合、学会自我解嘲。当一个人的追求得不到时,为了减少内心的失望,常为失败找一个冠冕堂皇的理由,用以安慰自己,就像狐狸吃不到葡萄说葡萄酸的童话一样,这被称为"酸葡萄心理"。与此相反的是"甜柠檬心理",即用各种理由强调自己所拥有的是好的。

第三节　体验的感觉

 **知识导引**

旅行是一种享受,一种体验。每个人,或者在每一天,任何时间都可以享受一场不必远走的旅行。它可以是春天吹来的一缕清风,生机盎然;夏天飘过的一阵清香,绚烂多姿;秋天凋落的一种飒爽,静谧清澈;冬天那未被破坏的一片洁白的路,凛冽傲然。因为喜欢,所以旅行。然而,人在旅途中谁又会预知是否在下榻的酒店、到访的景区,初识那些或和善或木讷的异乡人,在你们之间又会发生怎么样的故事呢?

一、旅游服务中的客我交往

人们外出参与旅游活动大多是为了扩展个人视野,感受不同的生活体验或者获取个人生活范围以外的信息。不论是传统的凭借自然资源或者历史遗产为游客提供一种游览的满足感的观光式旅游,或是后兴起的追求感官或者感受的刺激探险式旅游。

近年来,更受旅游人群喜爱的体验式旅游,正在带给游客一种异于其本身生活的体验。《爸爸去哪儿》《妻子的浪漫旅行》《中餐厅》等电视真人秀节目的出现,恰恰是对旅游体验方式最好的一种诠释。从体验的角度上看,可能会有积极的一面,也可能会有消极的一面,当然能够给旅游者留下好印象是由非常多的因素组成的。在给游客带来高质量体验的前提下旅游者们会出现自主对外宣传和重新组织旅游的倾向,这也是旅游体验的一种表现方式。如有的游客在小红书、微博、朋友圈发布自己的旅行体会或攻略,记录下自己曾经去过的地方,并通过社交平台进行分享,或是"难忘的回忆"或是"人在囧途"。这些形式都是一种感受和情绪的表达,通常也在旅游活动过程中,表现出"客我交往"关系。

中 餐 厅

在真人秀《中餐厅》第三季的节目中,有这样一个片段。晚市刚刚开业,在门外招揽客人的杨某便迅速地招徕到首桌客人。然而,正当她拿着菜单准备去点单时,四位客人却不在座位上,而是在中餐厅里四处打量,他们对有中国元素的装饰十分感兴趣,像是专业的考察队。好不容易落座,四位客人便开始"挑刺"。先是指出中餐厅菜单菜品不全,还带着浓浓的"杀气",让大堂经理小王推荐菜品,面对着小王的热情,客人似乎并不买账,自顾自地研究起了菜单,让一旁的小王陷入了职业生涯的瓶颈。好不容易点单完毕,这桌奇怪的客人依旧没有放弃"挑刺",还要求红酒必须由其中一名男子先尝试味道,合格后才能给其他三位倒酒。小王耐心且热情地服务完这桌客人,最终获得了客人的好评。

旅游服务工作从本质上说是一种与人打交道的工作,是通过人际交往实现的。旅游服务中主要的人际交往是客我交往,它是旅游服务的先决条件和存在方式。要做好服务工作就必须研究与人打交道的学问,只有正确对待和处理好旅游服务中的客我关系,才能真正实现优质服务。

西餐厅里的"细微服务"

西餐厅早餐人数较多,HR总监带客人在餐厅用餐,用餐近结束时,总监示意服务生可以撤走全部餐具,只需留下酸奶及汤勺即可。细心的服务生在撤走餐具后,又返回递给两位客人钢制的咖啡勺,微笑着说:"请您用这个咖啡勺用酸奶吧,这个方便些。"说着取走汤勺,转身离开。

在细微服务中体验用餐的愉悦,将服务做到精致是服务的极致。尽心、尽力、尽责是酒店服务的终极体现,细微服务能够感动每位客人。成功源于细节的积累,对于服务行业来说,这种积累是日常的工作程序、服务规程、服务标准的体系完善和精细化。从一点一滴做起,务求做到尽善尽美,这样才能赢得消费者的心,服务才算成功。

客我交往是旅游服务人员与客人之间为了沟通思想、交流感情、表达意愿、解决在旅游活动中共同关心的某些问题而相互施加影响的各种过程。"客我交往"的形式分为直接交往和间接交往两种。

直接交往是指运用人类自然交际手段(语言、面部表情、肢体语言),面对面的心理接触。在旅游服务中,直接交往是比较常见的,它也是影响服务效果的主要因素。例如,为了能让顾客完整地说出他们的"故事",迪士尼乐园专门设立了"客我关系"部门,对体验不满意甚至愤怒的客人可以通过这个部门寻求最终的解决办法,在一间独立的房间里有饮料、点心和舒缓的环境,专门的演职人员会倾听客人的"故事",即便是一些比较荒谬的说法,如"昂贵的迪士尼旅行被大雨影响了""在鬼屋里的演员没有对游客微笑"。

 **小案例**

您今天还是喝红茶吗?

小微在某五星级酒店行政酒廊工作,陈先生是酒店的SVIP,他每次来都习惯入住该酒店商务楼层,闲暇时在行政酒廊与朋友见面、聊天。小微刚入职不久,这一次陈先生在酒店要住7天,连续3天他都在行政酒廊见客户,而且每次都点红茶。细心的小微记在心上,第四天,陈先生又来此见客人,小微轻声地征询陈先生说:"陈先生,您今天还是喝红茶吗?"陈先生开心地对朋友说:"这儿的服务就是不错,都知道我爱喝红茶了。不过,今天换一下口味,这位朋友习惯喝咖啡。"

SVIP的接待工作最为强调客我交往中的细节服务。收集并运用客史档案是做好个性化服务的一个重要手段。但是在实际工作中,服务员往往会掌握不好尺度,熟悉客人,牢记客人的习惯爱好,并不等于可以替客人做主。本案例中的小微很细心,捕捉到陈先生的喜好信息,但是没有擅自决定为客人泡上红茶,因为客人的喜好也会改变,所以我们在服务中要处处做个有心人,熟悉客人喜好却不忘记尊重客人。

间接交往是借助书面语言、大众传媒、通信技术等手段所形成的心理接触。随着市场的需求日新月异,旅游行业要想在群雄逐鹿的市场中脱颖而出,对品牌、模式、环境等创新是必不可少的。尤其是在年轻一代成为主流消费群体的背景下,掌握人们的实际需求,创造理想的体验场景,塑造满意的体验更是极为重要的。上海有一家餐饮企业"听画火锅",

正是抓住了消费者的需求的心理变化,以VR场景体验带来吸引力和冲击力,通过丰富的空间和主题场景,让用餐的客人产生一种身临其境的感觉,不断刷新的体验式场景充分把握住了消费者的忠诚度。

首问负责制

一位女士办理完住店登记后,直接拉着行李箱走向电梯,这里她突然意识到,手里的房间卡显示的是2908,这是29层吗?此时,在零点餐厅咨客岗位上工作的实习生小慧当班,这位女士见旁边有酒店的员工,便直奔小慧走来,小慧工作在餐饮部门,对房间的状况并不了解,正当她准备求助时,餐厅主管走了过来,她接过女士的房卡,十分清晰而准确地告诉这位女士:"您的房间是2号楼的908房间,您左手边的4部电梯,均可直达9层客房,祝您入住愉快。"

小慧很不好意思地和经理说:"经理,谢谢您的帮忙,我真怕客人投诉我,看来,我真要好好了解一下酒店的相关信息,不能仅做好自己岗位上的这点工作,您常说的'首问负责'真的太重要了!"

不一样的工作体验

上海迪士尼乐园的员工招聘和管理十分严格,让我们来看一看吧!

1. 员工的微笑要始终挂在脸上

在迪士尼乐园中的员工绝对不可以露出疲态,员工随时要保持最完美的状态,游客进乐园就是来寻找欢乐的,员工绝对不被允许皱着眉头扫兴。就算是正午的太阳直射眼睛,白雪公主和小矮人们也必须迎着阳光微笑。除此之外,迪士尼还禁止员工在上班时用手机、嚼口香糖、做奇怪的动作,更不要提抽烟了。

2. 严格的外貌礼仪

迪士尼员工除了要面带笑容,更不能有任何刺青暴露在外,且不能涂鲜艳的指甲油或留过长的指甲,所有员工不能有一对耳洞以外的穿孔,男员工也不能蓄胡、留鬓角,如果有戴眼镜或太阳眼镜的员工,眼镜也必须是中规中矩的造型。而女性员工的头发必须整齐地披散在耳后或绑起来。

3. 特殊的捡垃圾技巧

下到普通员工,上到CEO,迪士尼乐园每个雇员都有职责捡垃圾。但是,被要求永远兴高采烈的员工,怎么能苦着脸,弯腰捡垃圾。他们必须做一个特殊的动作,类似把自己的身体晃过去,迅速弹起间,把目标物捡起,当中不能有明显的停顿、蹲下动作。

当一项服务满足目标顾客的期望时,服务质量就可认为是达到优良水平。娱乐大咖迪士尼长年以来,一直不断地创新着服务的形式,从上述案例中提及的"捡垃圾""微笑""严格的礼仪形象"等细节中可以看到,企业的服务提升与员工的满意度和幸福度是分不开的。好的服务来自企业的一线员工,员工的归属感强了,职业忠诚度高了,才会发出源自心底的真诚微笑。

二、旅游从业者的职业心理特点

目前,大学生职业生涯规划教育课程已成为必修课程进入全部专业的人才培养方案,其目的是尽早帮助在校大学生根据其个人的兴趣、性格特点、内在潜能来确立个人的职业发展目标,并根据自身情况对未来职业生涯中的短期目标、中期目标和长期目标进行设定,根据设定的这些目标来规划不同阶段需要完成自我提升的通道。研究也发现,一部分大学生在选择职业的时候常常对职业发展和目标定位不明确,对从事相关职业的心理准备不充分,导致"干一行、厌一行",缺乏专业忠诚度和专业发展了。

小案例

敲门中的心理学

在酒店服务中,规范操作和服务是尤为重要的。以敲门为例,服务人员应轻按门铃1次,并自报身份,如果门铃未响,或三四秒钟后客房内没有人回答,再轻敲3下门并报身份。重复3次仍没有回答时,用钥匙将房门打开推至一拳距离,以视线看不到房内为标准,再自报身份,将房门敞开再进房间。若是空房和维修房,则应用中指敲房门3下,并报身份。

这里我们提到了"敲门"。其实,透过敲门的动作和习惯,还能够看出一个人的心态和个性心理特点。美国著名心理学家艾伯特·赫拉别恩曾提出过一个公式:信息交流的效果=7%的语言+38%的语调语速+55%的表情和动作。人动作的轻重缓急与内心力量的强弱和控制是息息相关的,敲门的强度、节奏、时间等,能从侧面反映一个人的性格、此时的情绪和期望等。

从强度上来说,敲门声响亮,这种人一般比较自信、内心力量强大。而敲门声细若游丝、生怕吓着门前蚂蚁的人,相对不自信、谨慎,在交往中比较消极、被动。敲门声的响度还跟敲门用的部位相关,要是用手掌把门擂得"乒乒乓乓"响,甚至拳脚相加,这种人不是来寻仇或打架的,就是以财势自恃,居高临下,看不起屋主。

从敲门时间的长度来说,房内主人不应答时坚持敲很久,这种人一般意志力强,做事不折不挠,但也可能偏于固执,不善变通。敲两下,停一阵又敲一阵,这种零零落落的敲门者一般心思缜密、很能考虑外在环境中的各种条件,但也可能因为思虑太多而遇到无法决断的问题。

从节奏上说,均匀地敲两三声,这种人一般有良好的修养和习惯,在平时也非常懂得自律和自我控制。这种情况也常出现在求人办事或表示敬意时,如下属来敲上司的门,或者推销员敲屋主的门,此时对敲门声的控制就是印象管理的一部分,所以会尽量显得有礼有节、不逾矩。还有人能敲出带"花"的、音调欢快的"鼓点",这种人基本属于乐天派。另外,敲门声缓慢、敲两声就停下了,敲门者可能是比较疲惫或沮丧。看来敲门确实能反映一个人的心理状况!请同学们多多观察身边的事物,相信会有更多的发现!

 **知识链接**

冰 山 模 型

冰山模型是美国心理学家麦克利兰于1973年提出的一个著名的模型,所谓"冰山模型",就是将人员个体素质的不同表现划分为表面的"冰山以上部分"和深藏的"冰山以下部分"。其中,"冰山以上部分"包括基本知识、基本技能,是外在表现,是容易了解与测量的部分,相对而言也比较容易通过培训来改变和发展。而"冰山以下部分"包括社会角色、自我形象、特质和动机,是人内在的、难以测量的部分,它们不太容易通过外界的影响而得到改变,但对人员的行为与表现起着关键性的作用。

高等职业院校学生在校期间有许多次接触岗位和行业的机会,如"教学认知、跟岗实习、顶岗实习"等实践教学环节,这些为学生们提供了岗位认知的机会,有利于学生们进一步树立岗位自信,培养专业的认同感和职业心理态度的养成。与其他行业相比较,对从业人员提出了更多基本的职业心理要求,具体如下。

(一) 惯常心理动机

1. 能够为个人发展提供平台

旅游工作是一项具有挑战性的工作。选择旅游工作的人,大多数都喜欢迎接挑战、不安于按部就班,在不同程度上都怀有在这一工作中发挥和表现个人能力的动机,他们希望通过自己的努力在工作中发挥潜能、做出成绩,得到社会各界的认可。

2. 能够提供良好的工作环境

旅游活动是富有文化内涵和高消费的社会活动,为了适应旅游者的需要,旅游业必须创造良好的环境条件,这也在客观上使旅游工作具备了较好的工作条件和工作环境。例如,文博系统从事讲解服务的专业讲解员,每天与文化历史打交道,不仅饱读上下五千年历史,工作环境的舒适和规范化管理也赢得学生青睐。国际邮轮上的服务人员,一口流利的英语,与来自世界各地的伙伴们共事,他们彬彬有礼,工作张弛有度,依靠岸边仿如游人"周游各地",过着许多年轻人"向往的生活"。也许,这些都能够成为吸引大家从事旅游职业的基本动机。

3. 能够接触涉外性工作岗位

与其他工作相比较,旅游工作是一种具有涉外性特点的工作,与其他地区、境外、国外各类人士接触的机会较多。在现实生活中,人人都有接触新鲜事物的愿望,特别是在人际交往方面,通常情况下与其他地区、境外人士交往的机会较少,而与外国人士接触更会使人产生新奇感。因此,旅游工作的涉外性往往也是吸引人们选择这一职业的心理因素之一。

4. 能够获得相对较高的劳动报酬

旅游业是一种具有较高经济效益的行业。尤其从事出境旅游业务方面的工作人员,其工作报酬往往略高于其他行业。例如,因工作原因带旅游团赴境外考察或游玩,既是员工的工作内容,也是一份额外的带薪奖励旅游活动,真正实现了许多人梦寐以求的愿望"游山玩水不花钱"。

(二)自我弱化心理

旅游工作是人们所羡慕的职业之一,旅游工作者会对自己的职业具有相当的优越感和自豪感。但是,旅游工作本质上是一种服务性的工作,尤其是第一线的员工直接面对游客提供接待服务,由于受社会环境的影响,人们对旅游行业的认知度受限,旅游行业给从业人员的"幸福感"不强,面对在旅游过程中易产生"道德弱化"现象的极个别游客时,在处理相关问题时,极其容易产生职业弱化的自卑心理。

携程大调查

携程曾调查了全国各地超过500位导游与领队人员。人员主要来自传统旅行社、在线旅行社、社会导游等。其中,1/3工作年龄达2~5年,近两成从业超过10年。80后从业者占比超过60%,90后占比超过20%;女性和男性分别占比56%和44%。虽然劳动强度大,但导游、领队认为受到游客尊重的比例并不高。此次调查发现,有47%的人认为,他们的工作得到了游客的普遍尊重和认可,但也有18%的人对此表示很失望。还有35%的人"说不清"。在被问及如何缓解工作压力以及委屈情绪时,有56%的人表示已经习惯了,30%的人可自我调节,还有少部分人选择"找人倾诉"和"用大哭来发泄"。由此可见,这一群体需要得到旅游企业和整个行业更多的关怀和支持,同时需要游客们对导游、领队等旅游从业者多一分理解,像携程这样的旅行社已经实施导游、领队职业规范和定期培训课程,有急救红十字培训,还会外聘心理医生给领队进行心理辅导和心理建设。

挑剔的老先生

一天晚上,中餐厅来了一位老先生,服务人员立即拿着菜单为老先生服务。

老先生:你们这里有什么面啊?

服务员（礼貌地）：先生，我们这里有云吞面、蕨菜时蔬面、红烧牛腩面……

老先生点了一碗云吞面，面上来之后，这位老先生就开始说："你们这个面不怎么好吃嘛！"

"你们的服务也不是那么到位！"

"你们经过岗前培训了吗？"……

服务员依旧耐心细致地为这位老先生作答，但老先生仍然坚持："我要投诉你们，服务不到位。"

事实证明，难缠的客人有他难缠的道理。宾客至上是硬道理。哪怕客人再无理，也不要不耐烦，都要微笑地为客人继续服务。因为服务工作不能有一丝一毫的懈怠，旅游服务人员要学会察言观色，真正了解游客的需求，要善于分析游客的不同性格，以提供有针对性的、符合游客期望的有效服务。

（三）能够对所从事的工作做好心理准备

多数旅游行业从业者在进入岗位前，通常将焦点放在工作环境、薪酬回报、发展空间等十分主观和现实的问题上，但对旅游工作的艰辛缺乏必要的了解和心理准备。例如，五星级酒店宾客服务中心经理的薪酬待遇很高，出入高星级酒店，环境优越。但是，24小时电话接听，遇到刁难的客人还忍受委屈并梳理员工心理。这种心理状态往往使他们在工作中对遇到困难时容易产生消极情绪，精神不振、工作拖沓，这是影响工作质量、工作效率和产生事故的消极心理因素。

在某旅行社的一次座谈会上，旅行社工作人员在被问及如何缓解工作压力以及委屈情绪时，有人说"用大哭来发泄"。其实，旅游从业人员需要很强的服务意识，在工作中难免会遭遇委屈，加上高强度的工作，通常需要很强的心理承受能力，现有一些大规模的旅游企业为员工开设了心理援助中心，十分重视员工心理健康过程管理。与此同时，也呼吁游客们对旅游从业者多一分理解和支持。

探索实验

哭一哭更健康

哭泣是人类的一种本能情绪，也是喜、怒、哀、惧4种基本情绪之一，从心理学上来说，人的情绪受到外界的刺激，作用于内心，当这些情绪积累到一定程度，必然呈现出情感的自然表达。

美国心理学家威廉·佛莱曾经从生理心理学的角度对流泪行为进行了研究。在5年时间里，他研究了数以千计的流泪受试者。结果表明：在一个月内，男人流泪的次数很少超过7次，而女人则在30次以上。根据流泪的动机，他把流泪分为反射性流泪（如受到洋葱刺激）和情感性流泪。情感性流泪就是平常说的真哭。例如，我们常常看到婚礼现场新人会哭、与人争执时会落泪、葬礼上会泣不成声。

从心理健康上来说,如果一个人不会哭,那么他就存在着情绪障碍,需要进行治疗。而且从生理上来说,泪液的分泌会促进细胞正常的新陈代谢,不让其形成肿瘤。

心理学家认为:哭一哭是有好处的,爱哭的人并不一定都是脆弱的人。那些看书或电影都会掉泪的人,在关键时刻比那些"有泪不轻弹的人"意志要坚定得多。会哭的人并不代表着他不幸福,反而,不会哭的人其实是一些不幸的人。

三、旅游从业者应提高心理健康水平

1946年,第三届国际心理卫生大会提出:所谓心理健康,是指在身体、智能以及情感上与他人的心理健康不相矛盾的范围内,将个人心境发展成最佳状态。具体表现为:身体、智力、情绪十分协调;适应环境、人际关系中彼此能谦让;有幸福感;在工作和职业中,能充分发挥自己的能力,过着有效率的生活。

除此定义表述外,人们还从不同的方面来进行解释。较为普遍的观点认为心理健康是能够充分发挥个人的最大潜能,以及妥善处理和适应人与人之间、人与社会环境之间的相互关系。具体来说,包括两层含义:一是与绝大多数人相比,其心理功能是正常的,无心理疾病;二是能积极调节自己的心理状态,顺应环境,能有效地富有建设性地发展完善个人生活。

2020年春节前突然来袭的新冠疫情,让从事旅游行业的人们十分"敏感"地意识到旅游业要进入"困难期"了。餐饮酒店、文化场所、旅行社、景区等纷纷政策性关闭,机票和酒店大量退订。"假日黄金经济"憧憬计划都被疫情打乱了……许多旅游从业者情绪上表现为烦躁、紧张、焦虑、恐惧……躯体上表现为心慌、头痛、失眠、没有食欲……行为方面表现为爱发脾气,不停查阅各种关于疫情的信息,反复关注疫情变化……

以上信息也提示大家,这些反应均是危机状态下的正常反应,是自我保护功能的一种启动,程度适当的话不会危害到心理健康。然而由于获得的疫情信息不完整,我们往往会表现出过度的自我保护,严重的话甚至可能出现心理问题。同样,一份来自携程的官方调查表明,身体健康、家庭关系、财富积累、自我价值实现、工作职场相关、社会认同度依次为影响旅游从业者幸福度的六大因素。旅游从业者们对健康、家庭甚至自我价值的重视程度都高于工作,期望获得家庭和工作的完美平衡。可见,保持一种良好的心理功能状态是让生活更有品质的前提和保障。

知识链接

中国人心理健康标准

中国心理卫生协会2018年首次公开"中国人心理健康标准",即智力活动基本正常;适应环境,应对现实;人际关系和谐良好;认识自我,悦纳自我;情绪稳定有安全感;心理活动和谐一致;社会角色功能良好;具有同情心和爱心;具有独立性、果断性、坚持性和自制性(意志健康);人生态度现实积极。

 探索实验

心理放松训练法

肌肉放松训练是指使有机体从紧张状态松弛下来的一种练习过程。

放松有两层意思,一是肌肉松弛,二是消除紧张,通过利用感受肌肉松弛反应来抵制焦虑和恐惧,具体步骤如下。

第一步:深呼吸。

第二步:伸出前臂,攥紧拳头,用力攥紧,注意手上的感觉,然后慢慢放松,体验放松后的感觉,你可能感到沉重、轻松或温暖。再做一次。

第三步:弯曲你的双臂,用力弯曲绷紧双臂的肌肉,然后慢慢地放松,再做一次。

第四步:绷紧你的双脚,用脚趾抓紧地面,用力一点儿,再用力,再抓紧,放松。再做一次。

第五步:放松小腿部位的肌肉。将脚尖用力向上翘,脚跟向下向后紧压地面,绷紧小腿上的肌肉,保持一会儿,再保持一会儿,放松。再做一次。

第六步:放松大腿部位的肌肉。用脚跟向前向下压紧地面,绷紧大腿肌肉,放松。再做一次。

第七步:头部肌肉放松。

(1) 皱紧额头的肌肉。皱紧、皱紧再皱紧,放松。再做一次。

(2) 紧闭双眼,用力紧闭,保持一会儿,放松。再做一次。

(3) 转动你的眼球,从上到左,到下,到右,加快速度;朝相反的方向转动你的眼球,加快速度;停下来,放松,彻底放松。再做一次。

(4) 咬紧牙齿,用力咬紧;停下来,放松。再做一次。

(5) 用舌头顶住上腭,用劲上顶保持一会儿,放松。再做一次。

(6) 用力把头向后靠向椅子,用力压紧,再压紧一会儿,放松。再做一次。

第八步:注意躯干上的肌肉群。

往后展双臂,用力往后扩展,再用力,放松。再做一次。

第九步:向上提起双肩,尽量使双臂接近耳垂,用力向上提双肩,放松。再做一次。

第十步:向内合紧双肩,放松。再做一次。

第十一步:抬起双腿,弯曲腰,用力弯曲腰部,用力保持一会儿,放松。再做一次。

第十二步:绷紧臀部,上提会阴,用力上提,用力,保持一会儿,放松。再做一次。

练习时,躺着或坐着都可以。每块肌肉收缩5~10秒,然后放松20~30秒。做完全过程后可重复一遍,如发现仍有紧张的部位可反复练习2~5次。每天练两次,每次20分钟,1~2周即可掌握渐进松弛技术。练习时为提高松弛效果,应微微闭眼,注意力逐渐从一条肌肉移向另一条肌肉。不要用意志努力,也不需要想象,可以在放松时设想以下语句:丢开紧张,我感到平静和安逸,肌肉已经开始松弛柔软,紧张消融了,紧张离开了。

第四节　旅游投诉

随着智能技术的不断革新、产品内容的不断丰富,以及世界各国人文交流、互动日益频繁,签证政策便利程度正在不断提升,人们的旅游消费习惯已养成。新浪调研数据显示,一年内2~3次旅游的国内游在调研用户中占比最高。旅游正成为国民首选消费必需品,随着出游人数的增长,需要正视的一个问题,即旅游行业的相关投诉量的暴增。

一、旅游投诉的定义

旅游投诉是指旅游者、海外旅行商、国内旅游经营者为维护自身和他人的旅游合法权益,对损害其合法权益的旅游经营者和有关服务单位,以书面或口头形式向旅游行政管理部门提出投诉,请示处理的行为。旅游消费者在主观上认为由于旅游服务工作上的差错损害了他们的利益,而向有关人员和部门进行反映或要求给予处理的一种状态和过程。

在旅游服务过程中出现偏差是在所难免的,旅游者的投诉是旅游企业做好旅游工作、补工作中的不足、提高管理和服务水平的一个重要促进因素。研究表明,旅游企业通过积极解决旅游者的投诉,有利于消除旅游者的不良情绪反应,巩固与游客的关系。同时,运用适当的方式方法,高水平地解决旅游投诉,也将为旅游业赢得良好的社会声誉。

人们都习惯去哪儿投诉?

网络时代,在旅游投诉的问题上,网友们总能熟练运用"人多好办事"的技能。例如,利用微博、微信朋友圈、抖音等新媒体平台的先天优势,据统计,94.8%的普通旅游投诉用户充分发挥了新媒体平台的"快速传播"功能,以引起更多相关部门机构的注意。从新媒体平台的传播效应来看,政府官方机构十分关注网络舆情的处理。此外,部分消费者也会通过12315消费者维权投诉、人民网旅游投诉渠道专区等反映问题。当然,求效率和问题的解决,最好的方法就是与商家"面对面"沟通。

二、旅游投诉产生的原因

旅游者在旅游活动中的不满与投诉,是其对旅游企业提供的各种设施及服务比期望值低的认知,也是对购买公平与不公平的认知所产生的情绪体验。旅游投诉既可能是旅游服务工作出了问题,也可能是旅游者本人出现误解。引起旅游者心理不适,最终导致旅游者投诉的因素很多,主要有以下几种。

1. 合同未按标准执行

因旅游经营单位未能履行合同或协议,给旅游者带来经济上的损失和心理上的不适,进而导致旅游投诉。目前,随着网络预约旅游行程成为新常态后,导致了部分消费者对旅游合同相关内容关注不高,从而出现旅游过程中,因部分合同要约不具体、不明确,导致合同不能执行,进而引起旅游者的不满而导致投诉。

2. 服务设施损坏或功能设备陈旧

因旅游服务设施损坏或功能设备陈旧等给旅游者造成了经济损失和心理不适,甚至人身伤害,导致旅游者投诉。例如,房间空调失灵;淋浴器、抽水马桶损坏;汽车行驶中突发事故;餐厅座椅不牢固摔倒游客;电梯未进行及时检修,导致游客被困电梯等。这类投诉属于因旅游企业过失或故意而造成的旅游投诉。

3. 出现欺诈行为

因旅游经营单位欺诈导致旅游者的经济损失和心理不适而进行投诉。有些旅游经营单位缺乏法制观念,不能很好地端正旅游经营态度,坑蒙拐骗,给旅游者造成经济上的损失和精神上的损失。例如,强迫游客购物等旅游欺诈事件,再如风靡一时的"零、负团费"旅游,以及旅游经营单位职工私自索要"小费"等,诸如此类旅游过程中旅游企业相关人员的欺诈行为伤害了旅游者利益,从而造成旅游者的投诉。

4. 旅游经营单位没有提供与价值相符合的旅游产品或服务

在所有的旅游投诉中,涉及旅游服务的投诉最多、最为复杂、最难处理。

(1) 旅游者自尊心受伤害。旅游者外出旅游,都有被人尊重,受人尊敬的强烈的心理愿望。然而,在旅游实际过程中,由于服务人员不能正确对待服务工作或由于旅游服务人员工作处理上的不当,旅游者有意或无意间觉得自己的自尊心受到伤害。例如,有的旅游从业人员不愿主动与旅游者打招呼或者对不同年龄、不同国家、不同性别、不同身份的旅游者礼遇有别,严重的甚至冲撞旅游者,从而引起部分旅游者的反感和不适,他们觉得自尊心受到伤害,忍无可忍,便决定进行投诉。

(2) 人格受到侮辱。因人格受到侮辱而进行的投诉很多,如旅游者被无端怀疑取走物品、被诬陷没有付清账目就离开、旅游者因种族或身体和生理上的缺陷而遭到歧视等,都可能会引发旅游者的投诉。

(3) 旅游服务水平低,旅游服务态度差。在旅游投诉中由于旅游服务水平低,旅游服务态度差引发的投诉所占比率较大。例如,服务人员言语粗鲁,工作马虎了事,不认真,卫生习惯差,服务工作不热情、不规范等,这些都是旅游者经常投诉的内容和原因。

(4) 收费不合理。旅游者在消费过程中发现旅游产品和服务的质量不好,收费又很高。

小建议带来大价值

一位在酒店入住数日的客人在他离店的前一天,在电梯里遇到进店时送他进房间的行李员小陈。两人打过招呼后,小陈问他这几天对酒店的服务是否满意,客人直率地表示,酒店各部门的服务都比较好,只是对餐厅的某道菜不太满意,觉得现在菜的味道不如从前,因为他在几年前曾多次入住该酒店。

当晚这位客人再到餐厅用餐时,餐厅经理专门准备了这道菜请他免费品尝。原来,客人说者无心,但是行李员小陈听者有意。与客人分开后,他马上向餐厅经理汇报了这一情况。当客人了解事情的原委后,非常高兴,他没有想到随便说说,酒店居然如此重视,他真诚地说:"这件小事充分体现出贵酒店员工的素质及对客人负责的态度。"

几天后,一个公司的秘书给该酒店的服务台打来预订电话,准备在该酒店召开研讨会,预计消费价值20多万元。秘书还说,上次在酒店下榻的那位客人是他们集团公司的总经理,他回到公司后,高度赞扬了酒店员工的素质,并决定将研讨会从另一家商务酒店更改到这家酒店。几乎是不费吹灰之力,酒店就得到了一笔可观的生意。真可谓"小建议带来大价值"。

课堂讨论

请以小组讨论的形式,谈一谈关于"旅游投诉产生的主观、客观原因"的观点,建议大家讲讲"旅游投诉的真人真事",引以为戒。

动画:色彩心理

三、旅游投诉心理分析

(一)求尊重心理

人的内心都渴望得到他人的尊重,但只有尊重他人才能赢得他人的尊重。常言道:送花的人周围满是鲜花,种刺的人身边都是荆棘。天底下没有两片完全相同的树叶,同样,也没有完全相同的人,但人们在人格上都是平等的。这种平等决定了我们不能把自己的意志强加于人,而是要容纳个性,允许差异。在旅游活动进行中,游客常常抱怨排队时间过长,也可能因为服务人员回答不及时产生投诉,甚至做出一些过激的不文明行为。但是,对于从事旅游服务的工作人员来说,应最大限度地满足游客对尊重的渴求和需要,善于站在他人的角度,感同身受,推己及人。

素养园地

尊重的力量

一个富商在散步时,遇到一个瘦弱的摆地摊卖旧书的年轻人,他缩着身子在寒风中啃着发霉的面包。富商怜悯地将8美元塞到年轻人手中,头也不回地走了。没走多远,富商忽又返回,从地摊上捡了两本旧书,并说:"对不起,我忘了取书。其实,您和我一样也是商人!"两年后,富商应邀参加一个慈善募捐会时,一位年轻书商紧握着他的手,感激地说:

"我一直以为我这一生只有摆摊乞讨的命运,直到你亲口对我说,我和你一样都是商人,这才使我树立了自尊和自信,从而创造了今天的业绩……"不难想象,没有那一句尊重鼓励的话,这位富商当初即使给年轻人再多钱,年轻人也断不会出现人生的巨变,这就是尊重的力量啊!

(二)求宣泄心理

当游客的诉求得不到满足或达不到心理预期时,往往通过一定的行为或语言等方式,来减缓或释放心理压力,这就是人们常说的"宣泄"。宣泄的表现方式及表现途径多种多样,因投诉而宣泄,极易造成负面的影响,如打架、谩骂、破坏等。正面宣泄情绪,如"倾诉一下委屈和不满意"让服务人员获知游客的心情,给予最快的回复。

(三)求补偿心理

在旅游服务过程中,如果由于旅游工作者的职务性行为或旅游企业未能履行合同,给旅游者造成物质上的损失或精神上的伤害,他们就可能利用投诉的方式来要求有关部门给予经济上的补偿。这也是一种正常的、普遍的心理现象。

(四)求平衡心理

在旅游活动进行中,不如意的事总是难以避免的,如果不能处之泰然,很容易引起心理不平。例如,杨女士通过一家旅行社报名参加赴日旅行团,在行程中她发现,同团有游客团费比她少300元。杨女士向旅行社提出疑问:同样的旅游线路,一样的旅游服务,为何"同团不同价"?众所周知,影响旅行线路产品报价的因素有很多,因报名渠道不同,不排除是尾单、促销或其他补贴等,具体的价格要以合同约定价格为准,杨女士不问为什么,她就是认为自己不能比别人多花钱,所以通过投诉的方式来解决问题。可见,"同团不同价"打破了游客的心理平衡,也预警旅行社在推出线路产品时应尽量体现"公平",以避免无谓的旅游投诉。

(五)求关心心理

说到"求关心",最好的反义词就是"漠不关心"。漠不关心通常是对人对事感情冷漠,淡然处之,不放在心上。旅游过程中,游客期盼一种"宾至如归"的心理感受,下雨天希望导游问一下有没有带雨具,用餐时希望服务人员问问餐饮喜好,求关心和关注是游客的需求,旅游从业者应该热情、礼貌、周到、耐心,将关注点全身心投入到对客服务过程中来。

四、旅游投诉处理原则

(一)突出一个"情"字

古人云:"晓之以理,动之以情"。告诉人们要学会用感情去打动别人,然后再结合语言讲道理,就能达到事半功倍的效果。"情不通,则理不达。"你要想打动别人,不讲感情是不行的,人本来就是情绪化的感情动物。我们只有找到情感诉求,学会用真情实感去打动别人的内心,打出感情牌才能实现心灵的交流和感情的共鸣,如此才能高效地说服一个人。"先处理游客情绪,再处理游客问题",在处理旅游投诉的时候,要善于运用感情打动别人的心,说话想要让人听从,就必须要与人情感共鸣,心意相通,所以只有感情相投的人才会有说服力,才会让人接受。

(二)突出一个"早"字

凡事皆宜早,唯有早方能赢得主动,只有早才能占据先机。这也就是我们经常能听到,"早行动、早解决、早沟通、早落实"。对于旅游投诉事件来讲,如果不能及早、赶早、尽早,极容易使旅游企业处于被动方,会让游客产生被拖延和不重视、不尊重的心理,尤其是旅游企业和旅游行政管理部门,也会因旅游投诉而产生诸多的负面影响,当游客的诉求得到不快速反馈和解决时,网络舆情负面效应一旦形成,将会产生不可预想的后果,导致步步落后。

(三)突出一个"诚"字

"诚"是诚实,指表里如一,说老实话,办老实事、做老实人;"信"是信用,指说话算数,言行一致。"诚信"即诚实守信用。诚信是人与人交流的重要纽带,是人们心灵间彼此相通的大桥。中国古代伟大的思想家、教育家孔子曾经说过:"人而无信,不知其可。"旅游企业诚实守信,将诚信经营作为企业的发展目标和标准,将有利于改善客我关系,变被动服务为主动服务,能够在处理投诉和纠纷时,使游客看到旅游企业良好的企业形象和企业文化。

(四)突出一个"快"字

"在一个有效的时间内,让游客满意而归",这是投诉游客最为期待的结果。"快"就是指旅游企业能够以最快的速度解决问题,这需要办理投诉的人员具有较强的时间观念,办事节奏快、效率高、熟悉业务,工作程序科学,工作方法灵活。当然,"快"字当前,还要注意"严谨",处理投诉问题时,还应具有认真、严肃、细致、求实的工作态度和作风。因为严谨是快速高效的保证。

(五)突出一个"恒"字

Williams(1999年)通过对旅馆业的实证研究,验证了消费者对服务品质的评价是基于顾客的期望与感知。例如,当你走进一家刚开张的饭店用餐,正在犹豫店内饭菜是否卫生的时候,突然看到了店内透明的厨房,以及内部一目了然的制作流程,于是你的顾虑很快被打消了;当游客在恭王府景区排队购买门票时,发现有多位"美团"工作人员正在现场指导游客进行网络购票,不仅有购票的折扣优惠,还可以节约时间,不用排队,于是游客毫不犹豫地选择了网络购票。

在生活中,无数提升消费者感知体验的典型案例告诉我们,好的做法和理念会让消费者形成"惯常性信任和依赖"。"勤勉之道无他,在有恒而已。"旅游企业就是要秉持"持之以恒"的精神和"理念创新"精神,保持好的做法和企业文化,自觉遵守企业经营行为,不断提高服务质量和服务品质,加强员工综合服务水平能力提升。

五、旅游投诉处理技巧

(一)旅游投诉人群类型

1. 理智型

理智型游客在投诉时情绪显得比较压抑,他们力图以理智的态度、平和的

动画:出现投诉时如何处理

语气和准确清晰的表达,向受理投诉者陈述事件的经过及自己的看法和要求,善于讲事实和摆道理。这类人的个性处于成人自我状态。

2. 火爆型

火爆型游客很难抑制自己的情绪,往往在产生不满的那一刻就高声呼喊,言谈不加修饰,一吐为快,不留余地。动作有力迅捷,对支吾其词、拖拉应付的工作作风深恶痛绝,希望能干脆利落地彻底解决问题,马上有投诉反馈结果。

3. 失望型

失望型游客的情绪起伏较大,时而愤怒,时而遗憾,时而厉声质询,时而摇头叹息,对事件深深失望,对自己遭受的损失痛心不已。这类游客投诉的内容多是自认为忍耐到了极限,无法再忍耐才投诉,自己是最大的受害者,在无路可走的情况下,希望通过投诉能达到某种程度的补偿。

(二) 投诉处理技巧

(1) 企业诚意致歉。
(2) 讲究批评策略。
(3) 容忍双方倾诉。
(4) 降低游客期望。
(5) 单独说服游客。
(6) 促成双方让步。

模拟实训

张女士一行 4 人在某平台网站上报名的俄罗斯之旅专属 VIP 独立成团,总共花费 10 万余元,远远高于市面上普通的俄罗斯旅游产品。这可真是"囧途",地接女导游接火车居然走错了车站,找错了酒店,而且全程没有讲解服务,使游客完全体会不到俄罗斯的历史文化。4 人入住的是莫斯科伊兹麦罗瓦阿尔法酒店,条件和国内的经济型酒店差不多,由于出现了单男单女,因此报名时补了每间房 500 元/晚的房差,也就是每人每间的房费是 1 000 元人民币/晚。但实际上,这家酒店网上预订房价为每晚每间 300 多元人民币。预订时写的全程含餐,但临出发前给到的行程却变成了不含餐。返程后,张女士向该平台提出了投诉。

实训任务:

1. 梳理出张女士一行本次旅行遇到哪些问题,导致旅游投诉的产生。
2. 梳理出旅行社在履行合同过程中有什么问题。
3. 以角色扮演的形式,小组为单位,分别饰演"游客"和"旅行社投诉处理人员",模拟现场投诉纠纷处理过程。
4. 小组互评,老师总评。

知识链接

处理客人投诉的50条建议

(1) 对待任何一个新接触的人像对待客人一样。

(2) 没有无关紧要的接触和不重要的客人。

(3) 投诉不总是容易辨认清楚的。

(4) 没有可以忽视的投诉。

(5) 一份投诉是一次机遇。

(6) 发牢骚的客人并不是在打扰我们,他是在行使他的权力。

(7) 处理客人投诉的人一定被认为是企业中最重要的人。

(8) 迅速判明投诉的实情。

(9) 用关键词限定投诉内容。

(10) 每当无理投诉出现高峰时,应当设法查明原因。

(11) 在采取纠正行动之前,应立即对每份投诉做礼节性的答复。

(12) 要为客人投诉提供方便。

(13) 使用提问调查表以方便对话。

(14) 组织并检查答复投诉后的善后安排。

(15) 接待不满的客人时,要称他的姓,握他的手。

(16) 处理投诉应因人制宜。

(17) 请保持轻松、友好和自信。

(18) 在解决问题之前,让客人说话。

(19) 要做记录,可能时使用一份印制的表格。

(20) 告诉客人他的问题由你负责处理,并切实去办理。

(21) 要答应采取行动,还要设法使客人相信你的许诺。

(22) 要证明投诉登记在案后,你立即开始行动。

(23) 告诉客人他的投诉是特殊的。

(24) 不谈与客人无关的私事。

(25) 防止露出烦躁或偏执等情绪。

(26) 既要让人说话,又要善于收场。

(27) 学会有效地发挥电话的功用。

(28) 要像对待你的老主顾那样对待不是你的客人的人。

(29) 绝不要在地位高的客人和棘手的问题面前胆怯。

(30) 要核实别人向你传递的消息。

(31) 要让别人听你的话,但扯着嗓门叫喊是徒劳的。

(32) 切忌轻率地做出判断。

(33) 复述事实莫带偏见。

(34) 想一想有没有立即答复的可能,问一问客人希望你做些什么。
(35) 别急于在电话中商讨解决问题的方案。
(36) 请留下你向客人所做的任何诺言或保证的书面记录。
(37) 如果你当场爱莫能助,不妨先宽宽他的心。
(38) 在对话时,对方未说完之前,切莫打断。
(39) 对话完毕,应立即采取行动。
(40) 写一份意见书,投给你作为顾客的某个企业。试探一下别人对待你的方式。
(41) 千万别对客人说:"您应该……"
(42) 凡是收到和寄出的一切都得签注日期。
(43) 要结识那些多次不满的客人。
(44) 除非万不得已,不用电话答复书信。
(45) 尽快索取你可能需要的补充信息。
(46) 如果情况允许,就用幽默致歉。
(47) 受过你服务的客人,可能成为你的朋友。
(48) 表面上总是由客人说了算,但要学会引导客户思考。
(49) 用典型模式提高速度。
(50) 时刻为客人着想,为客人工作,如同你是客人一样。

心随"影"动

影片《国王的演讲》讲述了1936年英王乔治五世逝世,王位留给了患严重口吃的艾伯特王子,而新国王因口吃,每当用麦克风演讲时,便被憋得满脸通红,痛苦万分,后经过语言治疗师莱纳尔罗格的治疗,克服了心理上的重重障碍,最终在第二次世界大战前发表鼓舞人心的演讲。这部电影也是一部励志片,正因为是国王克服内心困境的努力,励志的力量就显得更大,本片传递了正能量,也告诉所有人,这个世界没有所谓的困难,只要能够勇敢挑战和战胜自我,必会赢得胜利!

本 章 小 结

旅游的真正意义即达到"身心愉悦"的目的。本章明确了情绪与情感的含义。重点要掌握旅游服务中的客我交往心理要点,对旅游投诉处理的原则、方法,以及旅游从业人员的心理特点等方面进行了全面的总结,旨在增强旅游者的情感体验价值。

课后练习

一、基础知识问答题

1. 什么是旅游投诉？
2. 旅游投诉产生的原因是什么？
3. 什么是情绪和情感？
4. 旅游者的情绪情感对旅游者的行为有什么影响？
5. 简述如何进行旅游者情绪情感的激发与控制。

二、综合实践实训题

1. 恰到好处的赞美训练。

适当而得体的赞美会让游客体验到愉悦的情绪。因此，赞美是旅游从业人员必须具备的好习惯，我们必须掌握适当而得体的赞美方法，以便我们更好地和游客交流。

方法：学生分为若干组，相向站立。每人向对面站立者作"发现对方优点，给予适度赞美"的交流。

赞美完成后要求被赞美者评价：① 能否打动自己；② 能够打动自己的地方和让自己觉得不够真诚的地方。然后角色互换进行。

2. 登录某网络投诉平台，遴选10个典型性和代表性较强的"互联网平台"投诉案例进行分析，并以小组讨论的形式进行汇报。

第四章 旅游态度

◆ 本章导读

用好的心情和态度去看世界,我们会发现世界原来有如此多的美好,因为我们看世界的心态变了,我们的世界也会随之改变。当我们面对学习和生活时,常常会遇到一些困难和挫折,抱有什么样的态度十分重要。从事旅游类专业学习的大学生应以坚定乐观的态度,逆境中奋发图强、逆风飞翔,面对不同需求、不同肤色、不同年龄的旅游者,处理好客我关系,体验旅游带给游客们的身心愉悦。

◆ 学习目标

- 知识目标
  - 理解态度的构成因素、特征及形成和发展的规律。
  - 理解并掌握旅游者态度与旅游偏好、旅游决策形成的关系。

- 能力目标
  - 具备引导和影响旅游者的消费态度和消费行为的能力。
  - 具备引导和影响旅游者旅游态度的能力。

- 素养目标
  - 态度决定一切,树立良好的价值观取向。
  - 用有态度的服务,成就有温度的旅游工作。

第一节　态度的基本概述

《把信送给加西亚》这部书堪称经典之作,它表达了一种健康阳光、积极向上的人生观和人才价值观,成功铸就了一座不朽的精神雕像,永远存放在每个渴望成功的人心中。做一个送信的人,说起来容易,做起来难,做一名罗文那样的送信人就更难!难就难在罗文历经千难万险,甘愿冒生命危险去完成一项任务,不计荣誉、奖赏和回报。在他的身上充满了忠诚勇敢、认真负责、足智多谋和坚持不懈的敬业精神。用什么样的态度去看待人生,就会得到什么样的人生。境由心生,你的心境决定了你的处境,决定了你的命运,这正是我们应该学习的地方。

一、态度的概念

态度是指一个人对某一对象所持有的评价与行为倾向。人们对某一对象会做出赞成或反对、肯定或否定的评价,同时会表现出一种反应的倾向性,这种倾向性就为人们的心理活动提供了行为的准备状态。态度是社会主体能动地对人、对事物比较稳定的反应的心理准备状态。

具体解读:

(1) 稳定性。态度是态度主体对态度对象的较为固定和一贯的心理反应。

(2) 客观性。态度是社会主体在后天的社会生活中获得的心理反应倾向。

(3) 综合性。态度是一种综合性的心理反应倾向。

(4) 具向性。态度是针对一定对象的心理反应倾向,每种态度都针对特定的态度对象。

态度来源于人们基本的欲望、需求与信念,从认知过程来说是道德观与价值观,从行为过程来讲其由低到高可分为个体利益心理、群体归属心理和荣誉心理三个层次。在人们的日常理解中,态度往往是很具有感情色彩的。平时的日常生活中可以通过态度了解一个人的爱好、兴趣以及厌恶的事情。当然,有的时候态度也成为不良情绪的代言。心理学上对态度的释义为自我道德观念及价值观念的事物评价。不同的角度对于事物的认识及了解的差异性非常大,如果加有主观的情绪,其反应更是非常强烈的。

二、态度的结构

态度影响一个人的心理状态,进而引导相应的行为。态度的表现主要是通过外界事物而进行的内在感受和体验。态度是由情感、认知行为意向构成的综合体。态度的心理结构主要包括三个因素,分别是认知因素、情感因素和意向因素。

(一) 认知因素

个人对态度对象带有评价意义的叙述,包括人对态度对象的所有思想、信念和知识,给个体提供了有关信息的印象。例如,每到冬季,大量游客会前往海南省度假,美丽的沙滩、旖旎的阳光、宜人的气候和滨海的风光,使当地成了最热闹的度假胜地。冬季到海南休闲度假就是人们对海南的普遍性认知。

(二) 情感因素

情感因素指个体对态度对象的一种内心体验,是对态度对象所做出的情感判断,即对态度对象持有的好恶情感。在态度结构中,情感因素是态度形成的核心。例如,个别游客对海南做出了自己的评价,形成相应的印象后就会认为"海南是一个美丽的、可爱的、值得一游的地方",这里就显示出旅游者积极的情感因素。喜欢海滨度假的旅游者之所以获得这种情感上的评估,其理由也许相当不合情理。他可能出生或生活在海边,也许他的初恋就是在海滨沙滩上开始的,这些因素使其对海滨和沙滩持有特别的感情。他可能并不那么喜欢度假旅游,但是让他表示对海滨度假旅游的态度时,情感的作用就使他做出了积极肯定的评价。

(三) 意向因素

意向因素具有外显性,指个体对态度对象的反应倾向,它是行为之前的心理准备状态,即准备对态度对象做出什么反应的思想倾向。有些旅游者想去香港迪士尼乐园游玩,有些旅游者想去日本大阪体验环球影城的紧张与刺激,而有些旅游者很想在法国尼斯的海滩上享受浪漫的地中海风情等。意向只是一种行为的可能性或倾向性,既可能表现为实际的行为,也可能永远不会成为现实。

认知成分是态度形成的基础;情感成分是构成态度的核心;意向成分是构成态度的准备状态。态度的这三种成分密切相连、相互影响、相互制约,共同构成一个完整的有机体。在一般情况下,构成态度的认知、情感和意向三个因素是协调一致的。

态度与一致性的关系

小张认为北京是个好地方,名胜古迹很多,去北京旅游会使人增长见识,因此,满怀期待憧憬着旅行的到来。

小林同样认为北京是个好地方,深厚的文化历史底蕴及现代化的城市发展,中国的政治、文化的中心,让他也充满向往。然而,小林是一个宅男,想到北京之旅可能要面对拥堵的交通和熙攘的人群,他放弃了出游的想法。

为什么两个人都对北京的印象是肯定的,但最后的行动不一致呢?小张对北京的态度中,认知、情感和行为意向三方面是一致的,所以态度的稳定性较好,这也决定了他的旅游行为的产生。而小林在态度中认知、情感和行为意向出现了分歧,认知和情感不一致,即使有机会去北京旅行,他的态度也决定了不去旅行的结果。

三、态度的特征

你会闯红灯吗?

有这样一项调查,"在日常生活中,你会有闯红灯的行为吗?"大家的回答有很多种答案,有人说:"有急事时,我会不自觉地闯红灯,但是如果现场有交通警察在,我一定不敢闯。"还有人说:"我很遵守交通规则,但有时候看到大家都在闯红灯,我偶尔也随波逐流"。也有一小部分人的回复十分肯定:"我在任何情况下都不闯红灯。"

一般来说,态度具有以下5个方面的特性。

(一)后天习得性

态度不是生来就有的,是一个人在已有经验的基础上,通过后天学习获得的。一个人的经验来源于直接和间接两个方面。例如,从旅行的意义来看,对年轻的群体而言,外面的世界就像是一本奇书,旅行是一种打开眼界、认识世界的全新方式。每个人在旅行中,可以更好地阅历生活和积累人生体验,旅行也是"95后"人群开始从"二次元"、书本、别人传授的"二手"经验,转变为用自己的脚步丈量收获一手体验的过程。

(二)对象性

态度总是指向一定的对象,反映了主体和客体的相对关系。只有针对特定的对象,才能产生具体的态度。对象可能是具体的,如具体的人、事件、事物、团体、组织等,也可能是一种现象、状态或观念。态度总是针对一定对象而言的,属于主体与客体之间的关系范畴。例如,"热爱和平、反对战争""赞成改革,反对守旧",就是主体对于战争与和平、改革与守旧所持的态度。又如,旅游者对旅游景点的态度,就将态度指向某一旅游地,指向具体的游览目标,具体的服务设施等,没有对象的态度是不存在的。

(三)内隐性

态度是一种内在的心理结构,是由某一对象引起的一种内部的心理体验。个人的这种主观体验是不能被他人直接观察到的。但是,某个人持有什么样的态度,可以通过对其行为(包括言语、表情、动作等)的观察与分析,加以推测了解。例如,从某位员工一贯兢兢业业、踏踏实实工作的行为中,推测出他对工作抱有热爱、积极、认真负责的态度。

(四)规律性

人的态度是在社会生活实践中逐渐形成的,并与人的理想、信念、世界观紧密联系。这种与人的个性倾向性相联系的态度形成后比较稳定而持久,在行为反应上表现出一定的规律性,使个体易于适应社会生活。例如,酒店服务中经常会有"回头客"光顾,"回头客"的多少反映了客人对酒店服务的态度,长期稳定的肯定态度是经常光顾的客人重要的心理因素。一般来说,态度形成初期不够稳定,这时如果加强正面宣传教育容易收到转变态度的效果。但是态度形成并巩固之后,将持续一段时间,不易被改变,会逐渐成为个性的一部分。这种情况并不意味着态度就是一成不变的,它会随着人们社会互动的对象及互动范围和生活环境的变化而变化。

(五) 价值性

价值是态度的核心。个体认为某一对象有价值时,就会持有肯定态度;认为没有价值时,就会采取否定态度。价值大小决定态度的强弱程度。人们对于某对象的态度及其程度,往往取决于该事物对自身价值(包括实用价值、理论价值、道德价值和社会价值等)的大小。态度作为一种行为倾向,与人们较深层次的价值观有着密切的关系。对同一事物,由于价值观的不同,人们会产生不同的态度。

人力总监寄语

海风徐徐,美丽的三亚湾喜来登饭店,迎面走来一位身材魁梧,身高约一米八五的年轻男士,他一身白色亚麻制服工装,黑色的眼镜,外表儒雅,或许是因其个子高、略微发福,总显得有些霸气。

与他握手互递名片,看到了这位"80后"人力资源总监的名字——刘祎。落座交谈之后得知,小伙子来自北京,北方人,性格外向,健谈。看到老师们千里迢迢看望实习生,非常欢迎,更亲自主持实习生座谈会。进入培训教室后,淡蓝色的背景上写着企业文化与职业生涯规划图,同学们穿着各自岗位的制服,期待着人力资源总监为他们解决"各种问题"。

未等同学们提出问题,刘总监开始的一番话,便让同学们哑然了,刘总问:"同学们,谁能告诉我,刚刚入职十几天的你们能做什么?想做什么?目前都是怎么做的?"这番话下来,现场没有任何回应。于是,刘总开讲了!从17岁的中职生,一直到今天的人力资源总监,他放弃过,改过行,但最后还是回归并背井离乡来到这里。如今,他身兼数职,负责人力资源、工程安全等三个部门,业主与外方经理对他十分信任,他从没抱怨没有额外的收入,因为每份工作都是成长,都会让自己受益一生。

似乎刘总的现身说法起到了很大的作用,一些同学在思考、在反思,最后,刘总另一番话更让我印象深刻,他说:"要想取得事业上的成功,要具备两点:一是严格自律;二是心胸宽广。做到以上两点就会走向未来,获得收获。这番话,作为老师的我铭记在心中。

四、态度的功能

(一) 适应功能

适应功能是指人的态度都是在适应环境中形成的,形成后起着更好地适应环境的作用。人是社会性的生物,一些人和群体对我们都是很重要的,适当的态度将使我们从重要的人物(双亲、老师、雇主及朋友等)或群体那里获得认同、赞同、奖赏或与其打成一片。对不同的人应学会有不同的态度。许多大学生发现,如果他们以对父母的态度去跟朋友打交道往往就不适应;反之亦然。所以适当的态度是为适应社会生活的一种功能。

(二) 自我防御功能

人们常说:"怀有偏见的人往往是心理不健康的"。态度有时也反映出一个人的人格问题,如不能明说的秘密和生怕丧失身份等。态度作为一种自卫机制,当人受到贬抑时用来保护自己。例如,一个知识分子看到商人赚很多钱并在生活中拥有许多物质享受,为了恢复被损伤的自尊,他常会显示出自命清高和鄙视"为富不仁"者的态度,以保持心理平衡。

(三) 价值表现功能

在很多情况下,特有的态度常表示一个人的主要价值观和自我概念。例如,你参与了某种群众性运动,手持某个政治人物的标语牌,这表明你赞同这一运动主题,并拥有这方面的价值观及与某些人物认同的自我价值概念。

(四) 认识功能

一种态度能给他人提供一种作为建构世事手段的参照框架,因此它能引起意义感。例如,在选举中某一个人的态度可为评价其他候选人提供一种参照框架。假如这些候选人支持争论朝你所持肯定态度的方向进行,你就会做出比他们反对这种争论更为偏袒的反应。

上述4种功能的前两种是为实际的需要服务的,它们能帮助我们调整或纠正自己的行为,以使我们受到奖赏而不是受到惩罚。后两种功能与追求自我实现相连的高层次需要有关。因为我们要从表达的价值观,即表达自己所赞同的观点中获得满足;此外,我们有了解世界及我们在这个世界中所处地位的需要。

五、态度的形成过程

心态创造行动,行动创造结果。什么样的工作态度成就什么样的工作结果,树立一种能够激发行动的心态很重要。做同一件事,有人觉得做着有意义很有趣,有人觉得做着毫无意义。以主动、努力的态度工作,即使从事简单平凡的职业,也一样可以找到事业的突破口,从而能绽放自己的光彩人生。

态度的形成与一个人的社会化过程是一致的。当婴儿诞生在某一特定的家庭环境之后,家庭对他的各种刺激,对他的成长都会有非常重要的影响作用。例如,父母的举止言行,父母对他的要求和期望,往往对他形成某种固定的行为习惯具有决定性意义,从而使他按照一定的规范形成自己对待各种事物的态度。

态度的形成总是要经过一段相当时间的孕育过程的。心理学家凯尔曼提出了态度形成的三阶段理论,即"服从—认同—内化"。

(一) 服从阶段

服从是指人们为了达到某种物质或精神的满足或为了避免惩罚而表现出来的行为。例如,刚进学校的儿童为了避免老师的惩罚而循规蹈矩就是一种服从行为。服从行为并非出于个体的内心意愿,并且是暂时性的,只是为了达到自己一时的目的而被迫表现出来的表面行为。

（二）认同阶段

认同是指个体自觉自愿地接受他人的观点、信念、态度和行为，并有意无意地模仿他人，使自己的态度和他人要求相一致。例如，当一个人被置身于一个特定的社会位置，获得新的社会角色时，他的自我同一性自然就需要与新的社会身份和社会角色相一致，此时他就需要采纳新的态度。认同与服从的不同之处在于认同不是在环境的压力下形成或转变的，而是出于个体的自觉或自愿。

（三）内化阶段

态度改变进入内化阶段以后，个体就完全从内心相信并接受了他人的观点，从而彻底改变自己的态度，并自觉地指导自己的思想和行动。内化意味着把他人的观点、态度完全纳入自己的价值体系中，成为自己人格的一个组成部分。态度的形成从服从到认同再到内化，是一个复杂的心理过程。并不是所有人对所有事物的态度都要完成这个过程，人们对一些事物的态度的形成可能完成了整个过程，但对另一些事物可能只停留在服从或认同阶段。

第二节　旅游者态度与行为

知识导引

很多时候，我们很难改变人们的态度，但是了解这些态度依然很重要。态度就像是"一条湍急的河流"，难以改变河水流动的方向，可是了解它的流动模式，知道哪里有漩涡，则会帮助我们在河流中顺利前行，以实现我们的目标。茨威格曾经说过："旅行不仅仅是出于对远方的热忱，更是因为对离开家和抛弃原本自我的向往。"踏上行程，做一次远足，更要了解促成这次旅行背后的"旅游态度"。

一、态度与行为的关系

多数学者认为，消费者首先形成对产品或服务的某种态度，然后决定是否进行购买行为。但也有部分学者认为，消费者可能受到外界环境的影响，先采取购买行为，再形成对产品或服务的态度，这些外界因素包括购买动机、购买能力、情感因素、社会压力等。可见，消费者的态度与购买行为之间并不一定是一种必然的决定与被决定的关系，很多情况都是态度与行为出现不一致。

动画：从众心理

人们一般都试图使所持态度的认知、情感和意向相互协调一致。例如，一个酷爱清洁的人，绝不可能对一家又脏又乱的饭店抱有强烈的、积极的情感，也不可能选择入住这家饭店。他对清洁的需要和他关于这家饭店脏乱的看法，使他对这家饭店持否定的态度，并对这家饭店产生回避的意向。尽管存在态度的认知、情感和意向各部分趋于一致的倾向，但不一致的事例还是很多的。态度与行为的完全一致不符合人类的特性,因为每个人都有程度不同的好奇心与冲动,这些特性会促使人们产生不一致的行为。人类不同于计算机,人们可以在不完整的信息基础上做决定,有时是因为人们忘了重要的信息,有时只是因为要求多样性而做出异乎寻常的事。例如,比较喜欢某种品牌的产品的消费者,在实际购买中,买的却是另一种品牌的产品,这是屡见不鲜的事。

在对住宿业市场的旅游决策的一次研究中,发现通常投宿于商业饭店的汽车度假者中,只有10%的人经常光顾那些他们对之持有强烈肯定态度的汽车旅馆和联营饭店。此项研究所调查的汽车度假者中,有55%的人常常去他们对其持不是很肯定态度的汽车旅馆与联营饭店。这种态度和行为在一定程度上的不一致性是人的本性的组成部分,优柔寡断的态度或否定的态度使人们先倾向于避免某些情况,但并不妨碍人们做意外的选择。

产生不一致行为的另一根源是人们在同一时间必须扮演两种不同社会角色的情况。当一个公务员带着家属进行业务与娱乐兼顾的旅行时,就可能出现角色冲突的典型例子。他需要同时扮演行政官员与家庭成员的角色,会造成紧张。在这类情况下的角色冲突,可以用旅行业务与娱乐相结合的办法来缓和。例如,旅游代理人可以鼓励此人在指定的日程内完成业务,如在工作地工作3天,然后在某旅游胜地与其家属会合。

态度和行为不一致的最后一个根源来自人们称为"强迫依从"的情况。在这种情况下,一个先倾向于买头等舱机票的人,会被迫依从其服务的公司关于雇员只准买二等舱机票的规定。尽管如此,我们必须承认,态度与行为之间确实存在非常密切的关系,通常情况下,旅游者的消费态度对购买行为的指示作用通过以下几个方面表现出来。

首先,态度影响对事物的评价。例如,游客如果形成了对某个景点的肯定态度,那么即使旅游的价格很高,他也可能选择去该地旅游。

其次,态度对学习的影响。态度能起过滤的作用,与消费者态度相符合、相一致的对象容易被学习;相反,与消费者态度不一致的对象很容易被曲解。例如,某一游客对九寨沟有着非常好的印象,那么在旅游过程中,遇到令他满意的事物就更容易加深他对九寨沟的好印象,即使遇到令他不满意的事物,他也会为自己在心里做出倾向于固有态度的解释。

最后,态度影响购买行为。这一点很容易理解,通常情况下,持有积极态度的消费者怀有明确的购买意图,持有消极态度的消费者对是否购买意图不明确。

二、旅游态度和旅游行为的关系

态度可支配或决定人们的行为。旅游态度是影响旅游行为的重要因素之一。旅游者态度虽然不是旅游行为本身,也不是旅游行为反应的现实,但包含和预示着人们做出的旅游行为反应的潜在可能性。态度一旦形成就会产生旅游偏爱,社会因素对这种偏爱施加影响,形成旅游决策并导致最终的旅游行为。了解一个人的态度,不能只靠直接观察,还要通过他的外显行为去推测,才能了解其复杂的心理活动倾向。

旅游行为是旅游态度的外显,是在旅游态度的影响下表现出来的对态度对象的具体化。旅游态度在多数情况下与行为是一致的,但在某些情况下也会出现不一致。

 **小案例**

微笑的重要性

某国际连锁五星级酒店每日早餐接待客人500人次左右。小欣是餐厅实习生,由于表现好,工作细心,经理将其从服务员岗位调整到收银岗位。每天要遇到形形色色的客人,无论心情如何,小欣都要向客人展露出最美丽的笑容。因为她知道,在酒店,无论客人是什么样子的,作为服务人员,都要以饱满的热情、周到的服务为客人创造良好的用餐环境,给客人好的心情。

一天,一对韩国夫妇到餐厅用早餐,小欣在领位的位置上,每天都主动与客人们打招呼,并且主动向他们问候,脸上当然少不了真诚的微笑。韩国夫妇离开中国的那天早晨,他们用英语表达了对小欣的感谢。他们说,这是我们在中国的最后一天,感谢你这几天的微笑服务。听到这番话,小欣有一种被认同、被理解、被尊重的感觉,这句话也成为她工作的动力。

(一)态度和行为的关系

个体和社会都是复杂的,态度与行为之间也不是表现为简单的一一对应的关系的,很多情况下,态度与行为是不一致的。

1. 态度和行为一致

心理学的传统观点认为态度与行为相互一致,有什么样的态度,就有什么样的行为。态度是行为的准备状态,因而可以通过态度来预测行为,也可以根据个人的行为表现来推断人的态度和心理需要。

在旅游行业的实际工作中涉及旅游者的态度和行为时,也往往从态度和行为一致的观点出发。喜欢旅游的人,只要有机会、有条件就会去旅游。喜欢参与性活动的旅游者,在可能的条件下就会跃跃欲试。如果旅游者对某个导游的评价高,在旅游过程中就乐于与之交往,并可能在旅游活动结束后继续交往,甚至成为好朋友。

2. 态度和行为不一致

虽然大量的研究证实态度与行为一致,但越来越多的人体验到,在生活与工作中,态度往往和行为有不一致的关系。心理学家从简单的自身经验出发,对态度与行为不一致的问题进行了深入研究和探讨,得出了态度和行为之间有时存在很大的不一致性的结论。

态度和行为不一致有以下几个原因。

(1)态度构成要素之间的矛盾和冲突。态度由认知、情感、意向三个要素构成,当三者之间发生矛盾和冲突,特别是认知与情感之间发生矛盾和冲突时,将导致态度与行为的不一致。

(2)对同一对象的态度冲突。态度对象通常是由多个部分构成的统一体。个体可能对其中某些部分持有肯定态度,而对另一些部分持有否定态度,从而使个体的态度和行为有时一致,有时不一致。

（3）当时情境的影响。情境中存在着各种无形的压力,这些压力往往会压倒态度,约束人的行为,成为行为的决定因素。例如,强有力的群体舆论压力与个体已有的态度不一致时,将会较大程度地破坏态度和行为之间的一致性。

（4）个体的经验。个体的经验分为直接经验和间接经验。直接经验获得的信息量大,使人的经验更为丰富,使态度更为健全稳定,所以基于直接经验形成的态度能更好地预示一个人的行为,更多地表现出态度与行为的一致。而基于间接经验形成的态度更多地表现出态度与行为的不一致。

人们从传媒中获得了有关某旅游景区的宣传信息,可以对该景区形成肯定的态度。但这种基于间接经验形成的态度内容是笼统的,可能和具体的旅游行为无关。只有亲自到过该旅游景区的旅游者形成的态度才是直接的、生动的、具体的、稳定的,和旅游行为之间的关系才更为密切。若态度是否定的,他们有机会也不会旧地重游;若态度是肯定的,没有机会他们也要创造机会去该地旅游。

（二）影响态度与行为一致性的因素

态度是行为的准备状态,也就是说,态度提供了行为的一种心理上的可能性,并不是决定行为的全部因素。这种心理上提供的可能性要变成现实,即形成具体的行为,还必须在特定的社会环境中,依据一定的社会关系和规范来实施或表现。

1. 态度指向的目标和行为目标是否一致

态度指向的目标与行为目标不一致造成了态度与行为的偏差。另外,情境也会制约态度行为发生,旅游者一般在自己独立做决策时,其行为会和态度一致;当某种其他因素对其施加压力或干扰时,态度和行为就会出现不一致的情况。

2. 态度内部认知与情感成分的一致性

认知与情感成分高度一致的态度可能预测行为。个体对某一事物所持有的态度,如果在认知上的看法与在情感上的体验是保持一致的,那么这种态度与行为能保持较高的一致性;但如果认知与情感并不一致,甚至相互矛盾,那么态度与行为之间的关系常常是不一致的。

3. 态度的强度

个体对某一事物所持有的态度强度非常大,意味着该态度的支持力量越多越充分,就会形成一致的行为。例如,某旅游者非常喜欢旅游,即使当时工作很忙,没有时间,一旦条件成熟就会付诸行动。如果一个人的态度是通过自己对某一事物的亲身体验和了解形成的态度,那么根据这种态度来预料和推测有关的行为表现,会有较高的准确性;反之,如果个体所持有的态度是通过获取间接经验的方式而形成的,那么这种态度很难准确预测行为。

4. 单一行为与多重行为

个体对某事物持有某种态度,但在表露这种态度时所采取的行为方式可能是多种多样的。换句话说,态度与行为之间的关系未必是一对一的。因此,在考察态度与行为的关系时,如果仅着眼于某一种行为,就可能得出态度与行为不一致、无关联的结论,但如果着眼于多种可能与态度保持联系的行为,就不难得出态度与行为一致或有关联的结论。

三、态度与旅游决策

旅游决策是对可供选择的对象进行选择,一个供选对象必须经过三个阶段,才能成为可行的选择对象。

首先是意识。旅游决策者首先必须意识到一个可能的选择对象,才会对它认真加以考虑。例如,在圣淘沙被看作新加坡的一个旅游景点之前,旅游消费者必须意识到它的存在;在考虑把飞机作为从厦门到新加坡的交通工具之前,旅游消费者必须意识到飞机能够承担这两个城市的客运任务。

其次是可行性。意识到某个供选对象之后,旅游决策者必须做出判断,它是否真正可行,这可能要根据旅游消费者承担这个供选对象的能力来考虑。例如,时间和金钱因素、能否得到出国签证、旅游高峰期间能否订到飞机票等。

最后是初步筛选。意识到某个供选对象,并判断该供选对象是否可行后,该不该对此供选对象做更仔细的考虑?旅游决策者根据上述的旅游偏好形成过程做出初步决定,这个阶段可看作初步筛选阶段。

有些供选对象在初步筛选的过程中,一开始就很快被否定了。旅游消费者经过考虑,对这些供选对象能否实现预想的旅游目的,迅速形成否定态度。另一些供选对象既没有立即被否定,也没有立刻被接受,便形成既不肯定也不否定的中性态度。还有一些供选对象被列为可行的供选对象。这就是说,旅游消费者可能在经过进一步的评估后,会从这些供选对象中选定一个对象。在旅游消费者决策的过程中,那些被仔细评估的供选对象是被加以周密考虑的。

需要注意的是,当人们做出旅游决策时,并不总是在各种问题被意识与被辨别后,才去寻求解决办法的,即决策者并非总是以一种有条不紊的方式做出决策的。某些旅游消费者是根据已有的旅游经历和知识储备来做出决策的。另外,旅游消费者认真评估的、可行的供选对象的数目是不同的,它取决于旅游者本身。当人们做出一个旅游决策时,也意味着要承受错误决策的风险。

第三节 旅游者的态度形成与改变

知识导引

英国游记作家莫里斯说:"意大利人吃得最富感官刺激;英国人吃得最不健康;西班牙人吃得最有节制;斯堪的纳维亚人吃得最挑剔;希腊人吃得最单调;比利时人吃得最难消化;法国人吃得最做作;德国人吃得最多。"但这种饮食习惯代代相传大部分靠的是环境和文化,而不是基因。

一、旅游偏好

态度是一种复杂的心理现象,是个体人格的重要组成部分,是旅游行为、旅游消费的重要影响因素。旅游者生活在不同的社会条件下,经济地位、民族、受教育的程度、职业、知识和经历各不相同,因而除了形成各自不同的需要和动机,也形成各自不同的态度,旅游者的态度不仅会影响其旅游决策,也会形成旅游偏好,而旅游偏好很大程度上会影响旅游活动的体现。

(一)旅游偏好的含义

旅游偏好是指旅游者趋向于某一旅游目标的极端肯定的心理倾向。人们对旅游的态度一旦形成,就会产生一种对旅游的偏好和行为倾向。这种偏好和行为倾向会直接影响人们的旅游行为。

(二)旅游偏好的形成

旅游者在进行旅游决策时,会考虑旅游产品能够使他获得哪些利益,即评估该旅游产品所提供的旅游体验能够满足其旅游需要的程度。旅游产品吸引力的大小决定着旅游者能否对该旅游产品形成偏好。如果旅游者对某项旅游产品提供的每项旅游利益的能力和每项利益对自己的相对重要性的评估结果都好,那么他就会形成对该旅游产品的综合肯定态度,进而产生相应的旅游偏好。

当然,态度具有一定的复杂性,如旅游态度的强度对旅游偏好的形成也会有一定的影响,一般来说,态度强度越大,态度就越稳定,改变起来就越困难。人们对态度对象所掌握的信息量和信息种类越多,所形成的态度就越复杂。偏好是在态度的基础上形成的,持有特定偏好的人,其行为处事往往因受偏好的影响而表现出一贯性。

当我们提到火锅时,北京人想的是热气腾腾的铜锅涮肉;无辣不欢的重庆人想到的是鸳鸯锅……海南人习惯了夜里12时开始一天的生活;武汉人吃面喜欢端着走;东北人认为自己的烧烤最正宗。总之,一方水土养一方人,这些都是人们的偏好,归类在旅游活动要素中的"饮食"板块时,即为旅游偏好。

二、旅游者态度的改变

透过照片看到什么

有这样一个观察研究:向两组大学生分别出示同一个人的照片,出示之前,对甲组说,这是一个德高望重的学者;而对乙组说,这是一个屡教不改的惯犯。然后,让两组大学生分别从这个人的外貌说明其性格特征。结果,出现了截然不同的评价。

甲组的评价:深沉的目光,显示思想的深邃和智慧;高高的额头,表明在科学探索的道路上无坚不摧的坚强意志。

乙组的评价：深陷的眼窝，藏着邪恶与狡诈；高耸的额头，隐含着死不悔改的顽强抵赖之心。从这里可以看出，在得到别人的第一印象时，会伴随产生一定的态度，从而影响产生进一步的知觉。

(一) 旅游者的因素

个体态度的形成受到社会生活环境中各种因素的影响和制约。因此，态度的形成实际上是一个社会化的过程，是个体在后天的社会生活环境中通过学习而逐渐形成的。同时，随着社会环境的不断变化，个体也会不断调整和改变已有的态度，形成新的态度，以适应新的人生观和社会价值观。在这个过程中，影响态度形成的因素主要有以下几点。

1. 个体需要

人们对一个认知对象是否能形成满意的态度，主要取决于该认知对象对个人欲望、个人需要和动机的满足程度。对那些能够满足个人欲望、个人需要和动机的对象，人们容易产生好感，形成满意的态度；否则，就容易产生厌恶感，形成不满意的态度。

例如，如果旅行社提供的服务质量好、收费合理，能够满足旅游者的需要，旅游者就会对其持满意的态度；如果服务质量差、收费又高，无法满足旅游者的需要，旅游者就会对其持不满意的态度。

2. 个体经验

个人的经验是态度形成的重要因素。在旅游活动过程中，对山水的体验、对人文的感悟及人与人之间的交往等，都可能使旅游者获得一定的经验或感受到在日常生活中无法感受的心理波动，进而形成相应的态度。例如，一个去过某地旅游的旅游者，通过与旅行社工作人员的接触与交往，对当地的旅游服务形成了一个态度，即愉快的交往经验带来肯定的态度，痛苦的交往经验导致否定的态度。

3. 从众心理

一个人生活在一定的社会群体之中，他对于认知对象的态度在很大程度上会受到外界的影响。在旅游团队中，同一群体的成员之间产生从众的现象十分明显。在旅游线路的选择、旅游商品的购买等方面，群体的态度是个人态度的重要参照系。例如，在团体旅游过程中，对额外增加的旅游景点，团队游客意见不一致时，个体游客的态度极易受到团队选择结果的影响。

同学们，在我们周边，你是否留意观察过班上的同学，很要好的一群男生可能拥有一套颜色和款式都相同的足球衫，而很要好的几个女生则可能拥有一样的发式或相同的饰物，这种惊人的相似现象就是从众效应。确切地说，从众是指当个体受到群体的影响（引导或施加的压力），会怀疑并改变自己的观点、判断和行为，朝着与群体大多数人一致的方向变化。它主要是指个体受到群体的影响而怀疑、改变自己的观点、判断和行为等，以和他人保持一致，也就是通常人们所说的"随大流"。

 **小故事**

错误的乐谱　正确的判断

日本一位著名指挥家有一次去欧洲参加指挥家大赛,在进行前三名决赛时,评委交给他一张乐谱。演奏中,这名指挥家突然发现乐曲中出现了不和谐的地方,以为是演奏家演奏错了,就指挥乐队停下来重奏一次,结果仍觉得不自然。

这时,在场的权威人士都郑重声明乐谱没有问题,是他的错觉。面对几百名国际音乐权威,他不免对自己的判断产生了动摇,但是他考虑再三,坚信自己的判断没错,于是大吼一声:"不,一定是乐谱错了!"他的喊声一落,评委们立即向他报以热烈的掌声,祝贺他大赛夺魁。原来,这是评委们精心设计的"圈套",以试探指挥家们在发现错误而权威人士又不承认的情况下是否能坚信自己的判断。

从众是一种普遍的社会心理现象,从众效应本身并无好坏之分,其作用取决于在什么问题及场合上产生从众行为。

在校园中,看见身边一群人看书、健身,做各种各样积极向上的事情时,你会受到他们的影响,开始慢慢尝试这些对自己有益的事情。这样可以学习他人的经验智慧,扩大视野,克服固执己见,避免盲目自信。积极的从众效应会激励群体中的每个个体,从而让每个个体都做出对自己、群体有益的事情,逐渐形成一个正反馈,久而久之,群体中的每个个体都会进步,群体也会不断进步。在旅游过程中,当身边人乱扔垃圾,闯红灯,摘花踩草时,一些没有自我约束力的游客也许就受到了影响。辩证地说,对于个人而言,任何行为的产生都具有两面性,既要从众,适应环境,学习知识和经验;又要不从众,发挥个性,开阔思维,培养创造力。

 **知识链接**

有趣的心理学效应——从众心理

从众心理即指个人受到外界人群行为的影响,而在自己的知觉、判断、认识上表现出符合于公众舆论或多数人的行为方式,而实验表明只有很少的人保持了独立性,没有被从众,所以从众心理是部分个体普遍具有的心理现象,通俗地说就是"随大流"。

从众心理到底是如何产生的?

第一,少数服从多数思想的支配。"人多"本身就是具有说服力的一个证明。很少有人能够在"众口一词"的情况下还坚持自己的不同意见。从众行为是相信多数人判断的一种体现,即"少数服从多数"。例如,在不了解实际的情况下人们总是选择人数多的商店去买东西,在不知道哪家店好吃的情况下人们总是偏向选择排队更长、上座率更高的餐厅去吃饭,等等。这是因为任何人都是自我利益的最佳判断者和最佳追求者。一个人从事某种行为肯定需要符合效用最大化法则,而在自己无法判断的前提下,多数人的判断往往被认为是值得信任的。

第二,团体压力的支配。在一个团体内,谁做出与众不同的行为,谁就会引来"叛徒"的嫌疑,从而被其他成员孤立,甚至受到严重的惩罚,因而团体内成员的行为往往高度一致。美国霍桑工厂的实验很好地说明了这一点:工人们对自己每天的工作量都有一个标准,完成这些工作量后,就会明显地松弛下来。因为任何人超额完成都可能使管理人员提高工作量定额,所以没有任何人会试图打破日常标准。这样,一个人干得太多,就等于冒犯了众人;但干得太少,又有"磨洋工"的嫌疑。因此,任何干得太多或太少的人都会被提醒,而任何一个人冒犯了众人,都有可能被抛弃。为了免遭抛弃,人们就会采取"随大流"的做法,而不会去"冒天下之大不韪"。

第三,恐惧心理的支配。在群体中,为了不让自己因为标新立异、与众不同而被孤立,人们通常会刻意让自己的行为、态度、意见同别人一致,这样也能让他们产生"没有错"的安全感。正所谓"人怕出名猪怕壮""枪打出头鸟",这些言语似乎都在告诉别人,如果你偏离大众过多,那么很可能会面临群体的压力乃至严厉制裁。因此,所有偏离大众的行为都要冒一定的风险。

在生活中,从众效应对于我们既有消极影响,也有积极影响。消极影响是会让我们盲目从众,没有主见;积极影响是有利于个人养成良好的品德和行为习惯,有利于社会的稳定。

在大学生活中,大学生出现从众效应现象也很普遍,如学习从众、消费从众、恋爱从众、作弊从众等。从众心理也使得大学生没有独立意识,不能根据自己的情况来规划自己的生活和学习。

4. 个体差异

每个人的态度都反映了个体的个性特征;反之,人们在能力、兴趣、气质等个性特征上的差异也影响态度的形成。个体对有兴趣的事情容易形成肯定的态度。例如,一个喜欢历史的人,对人文历史景观就会产生肯定性的态度,会想方设法地游历人文古迹;而一些希望探险娱乐的年轻人,对此往往持否定态度。

5. 兴趣

兴趣是人们力求认识某种事物和从事某种活动的意识倾向,它表现为人们对某种事物、某项活动的选择性态度和积极的情绪反应。兴趣与好奇心不同,好奇心是天然的内在的产物,而兴趣是一种具体的心理倾向,它必须存在具体的对象,兴趣是产生态度的前提,是认知过程的保证。

兴趣对旅游者态度的影响是兴趣能促使旅游者易于做出旅游决策,兴趣有助于旅游者为未来的旅游活动做准备。兴趣的个体差异影响旅游者的购买倾向,兴趣的变化促使旅游者购买倾向的变化。

(二) 态度本身的因素

态度的强度、态度的价值性、构成态度的三种成分之间的关系,以及原来的态度与要求改变的态度之间的距离等都能对旅游者态度的改变产生影响。

1. 态度形成的时间

态度形成的时间越长,越不容易改变。例如,一个人在幼儿时期就对去北京旅游持肯定的态度,久而久之,这个态度就会定型不会轻易改变。

2. 态度的极端性

一般来说,旅游者受到的刺激越强烈,态度就越极端,其改变的可能性就越小。例如,旅游者在某地旅游的途中遭遇重大车祸,这会使他产生强烈的恐惧,因而对该地的交通状况和某种交通工具产生强烈的否定情绪。这种态度一旦形成就难以改变。

3. 态度的繁杂性

如果一个人的某种态度只依赖于一个事实,那么只要此事实被证明是假的或不正确的,其态度就容易改变。而所依赖的事实越多、越繁杂,态度就越不容易改变。例如,某位旅游者对某旅馆的否定态度如果只依据一个事实,那么只要证明这个事实是纯属偶然因素造成的,旅游者的态度就容易改变过来;而如果态度是建立在很多事实的基础上的,那么想要改变就比较难了。

4. 态度的一贯性

对于某事物对象前后持一贯的态度而已经成为习惯的反应,则态度不易改变。例如,旅游者在某景点购物时被骗,他对该地旅游购物就产生了否定的态度。之后如果又有朋友在那里被骗,那么这种态度更不会轻易改变了。

5. 态度的强度

旅游者态度的强度是指旅游者对某一旅游对象赞成或反对、喜爱或厌恶的程度。一般来说,旅游者受到的刺激越强烈、越深刻,态度的强度就越大,因而形成的态度越稳固,也越不容易改变。例如,旅游者在旅途中发生重大车祸,或者在投宿过程中贵重物品被损坏或丢失,会使旅游者产生强烈的恐惧或不满,因而对某种交通工具或某家旅馆产生强烈的否定态度。这种态度一旦形成就难以改变。

6. 协调一致性

构成态度的三种成分(认知成分、情感成分、意向成分)一致性越强,越不容易改变;如果三者之间直接出现分歧、不一致,那么态度的稳定性较差,就比较容易发生改变。

(三) 旅游态度的改变形式

1. 态度的强度改变

态度的强度改变即改变原有态度的强度,而方向并不改变。这种情况实质上是态度的强化,它又分为两种,即正强化和负强化。例如,由对旅游活动有兴趣到变得非常喜欢旅游,这是对旅游活动从一般的积极态度变为非常积极的态度,属于正强化。

2. 态度的方向改变

态度的方向改变即一种新的态度取代旧的态度,改变了态度的性质和方向。态度方向的改变实质上就是另一种态度的形成过程。这包括两种形式:一是积极的态度转变为消极的态度;二是消极的态度转变为积极的态度,如由反对旅游变为赞成旅游。

当然,态度的强度改变可能引起态度的方向改变,而方向改变中也包括强度变化,两者是彼此关联和互相包容的。同样,态度的形成与态度的改变之间也存在这种辩证关系,因为态度形成就意味着有改变的可能,而态度改变也意味着新态度的形成。

三、改变旅游消费者态度的策略

态度虽不能必然决定具体的决策和行为结果,但是影响行为的重要因素。因此,可以通过引导和改变旅游消费态度,进而影响人们的旅游消费决策。首先,旅游企业和经营者应了解旅游消费态度。其次,在分析旅游消费态度的基础上,确定引导和改变旅游消费者态度的方法。方法通常有以下几种。

(一)提高旅游产品形象

旅游产品形象是旅游产品的特征与服务在旅游者和潜在旅游者心目中的反映。好的形象会产生好的感受,对增强或改进旅游者和潜在旅游者的态度起重要作用,对促进旅游者和潜在旅游者接受和使用该旅游产品或享受该服务产生重大影响。

旅游产品形象包含多种因素,如一目了然的饭店建筑风格、客房的装饰、交通技术设备状况、娱乐设施、档次规模、菜肴品位、卫生环境和旅游从业人员的仪表、着装、态度、语言表达能力、技术水平、队伍规范等,以及能够表明旅游业精神、风格、凝聚力、实力、效率等内在因素。要想使人们对旅游产生肯定的态度,就必须努力改变和提高旅游产品的形象,使之成为人们乐于接受的事物。旅游产品具有无形性,不像有形产品仅从物理特性上便可以改变形象,旅游产品形象的改变更多的是通过旅游工作人员的改变完成的,如对服务人员进行专业的训练、提高人际交往的技巧、改进服务人员的服装、培养良好的服务态度、改进服务价格、提供便利的服务等,从而产生良好的产品形象,进一步促进人们态度的改变,从而接受这种产品和服务。

(二)提升旅游者的活动参与度

俗话说"百闻不如一见""眼见为实"。实践之所以能够改变一个人的态度,主要是因为通过实践,人们得以相互了解,能够认识新的事物,吸收能够削弱现存态度或导致原有态度改变的新的信息。特别是当人们离开家,离开工作岗位,摆脱了个人在家中的义务和工作岗位上的责任,以及束缚自己的行为规范去旅游时,就更容易接受新事物,结交新朋友,吸收能改变现有态度的新信息。

态度的改变并非瞬间可以完成,要使一个对旅游或某个旅游目的地或某类旅游产品持强硬否定态度的人转变态度去旅游并非容易之事,而是需要一个过程。旅游经营者要为持否定态度者提供体验旅游产品的机会,使其在接触旅游实际的过程中激发积极情感,从而引导其态度发生变化。

(三)输送新的知识和信息

向人们输送新的知识,是改变人们态度最有效的办法之一。在一般情况下,掌握信息有限的人最容易改变态度,因为信息有限,一旦遇到矛盾就会动摇。在旅游市场上常见到对旅游知之甚少的人,特别是儿童和文化程度不高的成年人,只要提供有关旅游的一些信息,这些人就容易接受而改变态度;相反,文化程度较高的人往往在许多问题上拥有较多的知识和信息,欲改变他们的态度就比较困难。要想改变他们的态度,就必须向他们输送确实能够帮助他们解决旅游中的问题的有关知识和信息,才有可能使他们改变态度。目前,旅游业向人们输送新知识和信息常采用的方法是宣传与促销,如广告、专栏报道、举办讲座、开办展览、发行小册子、旅游杂志、专刊地图、广告画、旅游卫视、电影片、旅游专题片、旅游信息网站、短视频等。采取这些形式向人们输送新知识,对改变人们的态度起了很大作用。

测试你的行为习惯和生活态度

在生活中,如果一个人太注意自己,就会忽略别人的感受,从而陷入尴尬的境地,有可能会被别人指责。和好友吃饭,你是怎么点菜的呢?不同的点菜方式,代表了不同的行为习惯和生活态度,一起来做个测试吧!

当你和朋友一起吃饭,在点菜的时候,你会怎么做呢?

A. 只点自己最喜欢的菜,别人喜欢不喜欢就不管了

B. 看朋友点什么就是什么

C. 先把自己的想法表达出来

D. 主动点菜,再询问朋友的意见,然后进行调整

E. 点菜的时候犹豫不决,迟迟拿不定主意

F. 先让饭店的服务员介绍一下再点菜

选择A:在生活中,你的态度积极向上,很少会发愁,是个典型的乐天派,不愿拘束于细节。你做事很果断,但是通常都不会考虑后果,看似潇洒的行事风格,却有可能留下隐患。遇到问题,你通常不会犹豫,会很快做出选择,在你心里,觉得反复掂量、想来想去的人多少都有些吝啬。

选择B:你的性格是典型的从众性格,做事小心谨慎,习惯于听从别人的意见,很少有自己的想法,通常都是别人怎么说你就怎么做。你往往会忽视自我的存在,对自己没什么信心,有些事情明明自己就可以独立完成,做出抉择,但是你已经习惯于征求别人的意见。缺乏独立性的你,经常立刻赞同别人提出的看法,而不会认真思考加以分辨。

选择C:你是一个性格直爽、胸襟宽广的人,很多别人可能觉得不好张口的事情,你都可以很平常地说出来。在和别人交往的过程中,你为人不拘小节,光明磊落,如果不喜欢某个人的做法,你会毫不犹豫地指出来,即便有时说话可能会刻薄一些,但大家都明白你是出于公心。

选择D:在生活中,你习惯小心谨慎,轻易不会做出决定,一定都是深思熟虑之后才拿定主意的,这会给人留下犹豫的印象。大多数人都觉得你有点软弱,很少会有强硬的表态。你的想象力很丰富,讲究细节,导致考虑问题不够全面,无法从全局的角度思考问题。

选择E:你做事讲究规章制度,即便没有人监督,你也能很好地遵守。做事有板有眼的你,注意安全至上,但有时会显得有些过于谨慎,过于在意考虑别人的感受,而让自己受委屈。其实在听取别人想法的同时,不要忘了自己的想法,两者结合起来才是最好的。

选择F：你是一个拥有强烈自尊心的人，心里最反感的事情就是别人来指挥你。无论你做什么事情，都想做出成绩，追求卓越的你会坚持己见。因此，你会努力奋斗，生活态度积极向上，在和别人交往方面，你善于维护双方的尊严，让彼此都不尴尬。

心随"影"动

影片《人生遥控器》讲述了一名年轻建筑师麦可·纽曼努力工作希望成为老板的合伙人，以争取更多的时间陪她太太和两个孩子的故事。一日他从古怪工程师莫提手中拿到了一支万用遥控器，发现该遥控器不仅能遥控电视，还能遥控附近的环境。之后遥控器给他带来了种种欢乐与灾难。影片向人们传递了一种态度，一种选择。名利会让一个家庭的物质生活更加充裕，但是对于一个承担家庭职责的男人来说，在工作和家庭之间取得平衡很重要。

本 章 小 结

本章对态度的构成因素、特征、功能、形成过程及发展规律进行了详细介绍。着重突出旅游偏好、旅游决策在旅游活动中的重要性，并提出改变旅游消费者态度的相关策略。

课后练习

一、基础知识问答题

1. 什么是态度？
2. 态度的基本特征有哪些？
3. 什么是旅游态度？
4. 谈谈改变游客态度的有效策略。

二、综合实践实训题

得到和失去

训练方式和步骤：

1. 学生分成小组，每组4~5名同学。
2. 每人发一张卡片（详见表4-1），时间安排在30分钟。

表4-1 最重要的5件事情及缘由

写出你当下生活中最重要的5件事情及缘由。
1.
2.
3.
4.
5.
训练得到的最大启示:

3. 请结合个人现状总结出当下生活中最重要的事情,逐一写下来,并思考为何是这样的顺序。然后小组内交流分享,分析原因,再按照重要程度逐一删除不太重要的项目,每删一项,都需要讨论交流,以帮助同学澄清、梳理自己的人生观、价值观,表明自己对待重要事情的态度,在不得不失去中懂得珍惜和拥有。

4. 最后汇总5条小组全员认可的最重要的事情,分别谈谈取舍之间的感受。

第五章 旅游从业者的社会认知

◆ **本章导读**

社会认知是指旅游从业者对职业相关的信息进行加工、组织、提取和利用,以形成对自我、他人及群体的印象、看法与评价。例如,在抗美援朝时,面对敌人的优势火力兵力,志愿军将士在敌人的挑衅和伤害面前,斗志昂扬,激发出强烈的爱国主义精神,表现出极强的战斗意志,自我效能感得到极大的提升。在日常的工作中,一项平时可能根本不敢接受的任务,在同事和领导的鼓励下,欣然接受挑战,实现自我超越。旅游业是一门与人打交道的职业,从业人员在认识自我、认识他人和认识人际关系的同时,还被游客所认知着。本章侧重于介绍社会认知的概念、内容、印象形成原因、管理策略及提升自我认同的方法,从而引导大学生更好地认识自身职业。

◆ **学习目标**

- **知识目标**
  - 掌握社会认知的基础概念和职业认同的特点。
  - 掌握旅游从业者印象形成中的心理学效应。
  - 了解旅游业从业者印象形成的规律。

- **能力目标**
  - 了解认识自我的方法。
  - 运用心理学的原理剖析自身专业刻板印象形成的原因。

- **素养目标**
  - 形成积极正确的职业观和价值观。
  - 培养对自身专业的认同感,干一行、爱一行。

第一节　社会认知概述

再笑请你出去

2021年1月24日,在四川阿坝汶川县映秀镇映秀震中遗址,几名游客在参观过程中不停地说笑。导游看到后怒怼道:"大家请文明祭奠,我刚刚已经听到你笑了几次了,如果再笑请你出去,不要在这里参观!这是什么地方!"

事后,导游讲述了整件事情的来龙去脉:"当时,我正在给一家人进行讲解,这家人有小朋友也有成年人,小朋友非常专心,大人的眼睛也湿润了。这时,旁边来了一波游客,有说有笑。当时我看了他们一眼,但是他们还是笑。实在忍不住,我才怼了他们,后来被怼的游客也感到自己的行为不当,悄悄离开了。"网友将该视频发布到网上后,不少人纷纷点赞支持导游。

相信很多人都看过相关报道。试想,如果新闻的标题为"导游怒怼游客",那么不了解整件事情的公众,第一反应会是什么?脑海中会如何评价导游?是点赞支持,还是一致声讨?人们知觉到什么?是什么影响人们的认知判断?

人们对特定社会事件的理解并不完全相同,因为会受到自身的目标、情感、观念、价值判断和思维方式的影响。在某种程度上,每个人都带着不同的"有色眼镜",这会造成对同一社会事件产生完全不同的理解。例如,当看到"导游怒怼游客"的新闻标题时,有的人可能会一味地指责导游对待游客的态度恶劣;有的人可能会认为"一个巴掌拍不响",双方都存在一定的过错;有的人可能会认为不应该急于下结论,等了解整件事情的经过后再做出判断。人们不仅会对他人的心理状态、行为动机和意向做出推测和判断,还会存在对自我的理解。

我　是　谁?

你是如何看待自己的?是温文尔雅,还是鲁莽冲动?是聪明睿智,还是稍显迟钝?是慷慨大方,还是自私自利?是谦虚谨慎,还是狂妄自大?一个人对自我的认知始终处于动态变化之中。那么你是否真正地认识自己?你对自我的认识是相对准确,还是存在较大偏差?现在我们一起来做一个小训练,来了解一下你对自我的认识,以及别人眼中的你是怎样的？

首先，请拿出一张纸写上自己的姓名。

其次，请以"我是谁"进行造句，至少完成10个句子。例如，我是一个爱运动的人。我是一个脾气暴躁的人。我是一个性格开朗的人。

造句：1. 我是一个_____。

2. 我是一个_____。

3. 我是一个_____。

4. 我是一个_____。

5. 我是一个_____。

6. 我是一个_____。

7. 我是一个_____。

8. 我是一个_____。

9. 我是一个_____。

10. 我是一个_____。

再次，在所有同学完成造句后，教师会将纸条收齐，随机抽取其中一张，并念出纸中的句子。询问：请大家猜猜这张纸条描写的是谁呢？原因是什么？

最后，请各位同学思考如下问题：

1. 你认为，哪句描述的话最能代表你？

_____。

2. 你认为，还有没有别的形容词可以代表你？

_____。

3. 你认为，大家对你的认知是否准确？

_____。

4. 你认为，大家对你的了解和你对自己的了解是否一致？原因是什么？

_____。

一个人如何认识世界和认识自我是最重要的哲学命题。"斯芬克斯之谜"是一则古希腊神话，反映人们对自我的认知。由于庇比斯城的人得罪了天神，天后赫拉指示人面狮身的女妖斯芬克斯前往城外的悬崖。路过悬崖的人，都需要猜一个谜语："什么东西早晨用四只脚走路，中午用两只脚走路，晚间用三只脚走路。"凡是回答错误的人都会被斯芬克斯吃掉，这很快令庇比斯城人陷入恐惧之中。直至名为俄狄浦斯的青年路过此地，猜中其中奥秘："谜底是人！小时候在地上爬就是四条腿走路，长大后能站立行走就是两条腿走路，到了晚年需要借助拐杖就是三条腿走路。"古希腊德尔菲神庙墙壁上的一句名言被世人所熟知："认识你自己"，这句话也被苏格拉底视为自己的哲学原则。

一、社会认知的定义

一个人是如何认识社会、认识自身及认识所处环境的,正是社会认识研究的范畴。每个人就像是一个"朴素的科学家"一样,在努力寻找、解释、确定外界事件形成的原因及其变化规律,以期达到预测和控制的目的。社会认知是一切社会活动的前提和基础,也是心理学研究最重要的领域之一。在我国文化中,存在着丰富的、完整的、系统的社会认知思想。例如,庄子提出"知天之所为,知人之所为者,至矣(《庄子·大宗师》)"。也就是说,知道自然的作为,并且了解人的行为规律,就会达到认识的最高境界。东汉刘邵的《人物志·自序》云:"夫圣贤之所美,莫美乎聪明;聪明之所贵,莫贵乎知人。"在《封神演义》中写道:"自古人心难测,面从背违,知外而不知内,知内而不知心,正所谓'海枯终见底,人死不知心'。"

对于社会认知的研究在社会心理学的研究中始终占据着重要地位。1947年,美国心理学杰罗姆·布鲁纳(Jerome Seymour Bruner)在对知觉研究中提出了社会认知的概念,用于说明知觉的社会决定性。也就是说,社会认知不仅受到知觉对象客体本身的影响,还取决于知觉主体的目的、态度、价值观和过去的经验。社会认知是一个复杂的概念,目前学术界并未有统一的界定。美国社会心理学家苏珊·菲斯克(S.T.Fiske)和谢利·泰勒(S.E.Taylor)指出,社会认知就是人们对自己的思考。社会心理学家罗伊·鲍迈斯特(R.F.Baumeister)和凯瑟琳·福斯(K.D.Vohs)则认为社会认知是利用认知心理学和社会心理学中的材料来检验基本认知操作与基本社会问题之间的关系。我国学者钟毅平将社会认知定义为人们对社会性世界进行意义构建的过程。

简单而言,社会认知是指个体对信息进行加工、组织、提取和利用,以形成对自我、他人及群体的印象、看法与评价。

初见自我

寺庙里新来了一个小和尚,他积极主动地去见方丈,殷勤诚恳地对方丈说:"我初来乍到,可以先做些什么呢?请方丈多多指教。"

方丈微微一笑,对小和尚说:"你先去认识和熟悉下寺里的众僧吧"。

第二天,小和尚又来见方丈,殷勤诚恳地说:"寺里的众僧我都认识了,接下来我该做些什么呢?"

方丈微微一笑,洞明睿犀地说:"不对,肯定有遗漏,接着去了解、去认识吧。"

三天过后,小和尚再次来见方丈,蛮有把握地说:"这次寺里的所有僧侣我都认识了,绝对没有遗漏的了。"

方丈微微一笑,因势利导地说:"还有一个人,你没认识,而且这个人对你特别重要。"

小和尚满腹狐疑地走出方丈的禅房,一个人一个人地寻问着、一间屋一间屋地寻找着。

在阳光里,在月光下,他一遍一遍地琢磨着、寻思着。

不知过了多少天,一头雾水的小和尚,在一口水井中忽然看到自己的身影,他豁然开朗,赶忙跑着去见方丈。

1. 你认为,方丈想让小和尚了解和认识谁呢?

_____

2. 你认为,认识"众僧"和认识"自我"哪个更重要?

_____

3. 你认为,可以通过什么方式认识自我?

_____

二、社会认知的研究对象

社会认知就是对客观现实的建构。人们生活在一个感知多元的世界中,需要处理形形色色的信息。作用于旅游者的客观事物是丰富多彩的,给旅游者的感知刺激也是不尽相同的。无论我们走到哪里,都会被颜色、声音、气味、线条等信息所包围。人类的一切心理活动都是以认知过程为基础的,感知觉是认知过程的最初阶段。旅游者对旅游目的地的认知和审美判断,也同样是以感知觉为基础的。人们通过感官对外界环境形成整体的认知,并在此基础上产生了归因、推理和判断,这就是社会认知的形成过程。当前,根据认知对象的不同,可以将社会认知分为自我认知、人际认知、群际认知及社会事件认知。

(一) 自我认知

自我认知是一个人对自我的认识和评价,是由自我概念、自尊、自我监控与调节等部分构成的。正是因为人具有自我认知,才能对自己的思想和行为进行控制和调节。增强自我认知,是自我完善的重要途径,也是实现人生目标的桥梁。对于自我的探索,一直是哲学的重要命题。正如《道德经》所言:"知人者智,自知者明"。在《度心术》中指出:"知世而后存焉,识人而后幸焉"。也就是说,知人与知物是同等重要的,都是一个人生存处世的基础所在。

自我认知并不是先天的,而是在社会环境中逐渐形成和发展的。通常情况下,可以将自我认知分为生理自我、心理自我和社会自我。

生理自我是指个体对自己的生理属性的认识,如身高、体重、外貌。

心理自我是指个体对自己的心理属性的认识,如能力、气质、性格、脾气秉性等。

社会自我是指个体对自己的社会属性的认识,如自己的职业、社会地位、扮演的角色、掌握的权利等。旅游业作为规模最大的行业和最主要的就业机会的提供者,其从业人员来自航空公司、旅行社、酒店、保险公司、投资公司、餐饮公司与景区管理的各个领域。旅游业从业人员是如何看待自身职业的社会地位及对自身职业的态度的,都属于社会自我的范畴。

约哈里之窗理论

约哈里之窗(Johari Window)是由美国心理学家约瑟夫·勒夫(L.Joseph)和哈里·英格拉姆(I.Harry)在20世纪50年代提出的,故以他俩的名字合并为这个概念的名称。

这个理论把自我分为4个方面,具体如图5-1所示。

	自知	自不知
他知	A. 公开的我 公开:自己知道,他人也知道	B. 盲目的我 盲目:自己不知道,他人知道
他不知	C. 秘密的我 隐私:自己知道,他人不知道	D. 未知的我 潜能:自己不知道,他人也不知道

图5-1 约哈里之窗理论

A:公开的我。就是自己知道,他人也知道的信息,如名字、发型、穿着等。人与人之间交往的目的就是扩大公开区,实现这一目的的主要做法是提高个人信息的曝光率、主动征求反馈意见。

B:盲目的我。就是自己不知道,他人知道的盲点,如下意识的行为习惯。其他人对你的评价或感受等。可以将这部分称为"当局者迷、旁观者清",这是一个人最容易忽视,也是最需要探索的部分。

C:秘密的我。就是自己知道,别人不知道的隐私,如秘密、希望、心愿以及隐藏的好恶。任何人都不会把自我的信息完全公开,有些信息只能自己知道,尤其是创伤、缺陷、错误的观念与行为。

D:未知的我。就是自己和别人都不知道的事情,如潜能、潜质。这是一个人尚待挖掘的"黑洞",会对其他区域存在潜在的影响。

这4个部分并不是静态的,而是处于动态的过程。在人际交往中,会随着双方关系的发展而逐渐增加公开的我,减少秘密的我,并且通过双方的互动,了解盲目的我,探索未知的我。

你了解自己吗?

下面是有关个人对自我看法的陈述。请你仔细阅读每句话,判断是否与自己相符,并在"是"或"否"上打"√"。由于每个人对自己的看法都有其独特性,因此答案是没有对错的,你只要如实回答就可以了。

1. 你每天要照3次以上镜子吗?
2. 你一点也不在乎别人对你的看法吗?
3. 你是否感到你其实并不了解自己?
4. 你很留意自己的心情变化吗?
5. 你常把自己与其他人进行比较吗?
6. 你常在晚上反思自己一天的行为吗?
7. 做错一件事后,你常弄不明白当时自己为什么要那样做吗?
8. 你比较注意自己的外表吗?
9. 你做事情的随意性很大吗?
10. 在做出一个决定时,你通常很清楚这样做的理由吗?
11. 你总是努力揣摩别人的想法,并按别人的要求与暗示行事吗?
12. 你是否总是穿着比较得体的衣服。
13. 你弄不清自己是脾气好还是脾气坏的人吗?
14. 你弄不清自己的能力是比其他同学强或弱吗?
15. 你对自己将成为一个怎样的人没有一点把握吗?
16. 你总是担心自己能否给其他同学留下好印象。
17. 你对自己的外貌有自知之明吗?
18. 在遭受一次挫折后,你总是要对自己的行为进行反思吗?
19. 你常控制不住自己而发火吗?
20. 有时,你自己也不知道自己为什么没有情绪吗?
21. 考试前,你通常不知道自己能否顺利过关吗?
22. 不少事情,在开了头以后,才发现你是没能力完成的。
23. 当你遇到不愉快时,你是否设法把自己从低沉的情绪中摆脱出来。
24. 考试完毕,在老师批改完之前,你常弄不清楚自己是否考得好。
25. 在大多数情况下,你知道自己行动的动机吗?
26. 你觉得别人应该对你留下好印象吗?
27. 你常感到莫名的烦躁吗?
28. 你不知道自己与班上哪些同学谈得来吗?
29. 你清楚自己的长处和短处吗?
30. 一般而言,你很清楚自己吗?

计分方法:

题目4、5、6、8、10、12、17、18、23、25、26、29、30题答"是"记0分,答否记1分。其余各题答"是"记1分,答"否"记0分。各题得分相加,统计总分。

① 总分为0~9分,说明你很有自知之明,你对自己的长处和弱点有着较清楚的认识。

② 总分为10~20分,说明你对自己的了解不太全面。虽然你已经对自我有一定的认识,但是需要通过各种途径,增强对自我的了解。

③ 总分为21~23分,说明你对自我的了解程度比较低,尚处于"当局者迷"的状态。

(二)人际认知

动画:认知失调

人际认知主要体现在个体对人际关系、人际信任与人际冲突方面的认知。人际关系是人们在生产或生活活动中所建立的一种社会关系,反映人与人在交往中建立的直接的心理上的联系。具体而言,人际关系包括亲子关系、配偶关系、朋友关系、同学关系、师生关系、雇佣关系、战友关系、同事关系以及上下级关系等。关系的双方存在相互影响、相互依赖。人具有强烈的社会属性,每个个体均有其独特的思想、情感、背景、态度、个性、行为模式及价值观。存在鲜明差异的个体在人际互动的过程中,不可避免地会产生冲突与矛盾,这会对个体的情绪、生活、工作产生消极影响,也会对组织的气氛、沟通、运作、效率及组织关系产生不利影响。

旅游业作为典型的服务业,从本质上而言就是一种与人打交道的工作。要做好服务工作就必须研究与人打交道的学问,只有正确对待和处理好旅游服务中的客我关系,才能真正实现优质服务。服务业的双方处于不对等的关系,服务人员需要满足客户提出的要求。这可能会令旅游业从业人员难以理解和接受不对等的关系,而产生逆反、对抗或自卑的心理。不容忽视的是,旅游业是一个高投诉的行业,也是人际冲突频发的行业。有关导游、酒店服务人员、餐饮服务人员及景区管理者与游客冲突事件的相关媒体报道,对旅游业造成深远的负面影响。

一 杯 茶

暑假里闲来无事,小贺同学到朋友开的茶馆里帮忙,也算体验生活。

一天,店里来了位顾客点了杯红茶。忽然他粗声大气地说:"服务员,你来看!"他指着面前的杯子,满脸怒气地说,"看看!你们给顾客喝劣质的牛奶,把这杯红茶都糟蹋了!你说怎么办吧。"小贺低头一看,客人把柠檬和牛奶一股脑儿地加进红茶里,不结块才怪。"先生,您搞错了……"小贺正要向客人解释的时候,店主朋友走了过来,对客人说:"先生,真对不起,我立刻给您换一杯。"小贺十分不解,心想,这样做生意不得赔钱吗?

一杯新红茶很快就端来了,茶杯跟前仍放着新鲜的牛奶和柠檬。店长朋友把红茶轻轻地放在那位顾客的面前,又轻声地说:"先生,给您一个建议,如果您在茶里放柠檬,就不要加牛奶了。牛奶和柠檬混在一起会结块。"顾客的脸一下子红了。

1. 你在生活中是否遭遇过类似不公平的指责或埋怨?
_____。
2. 作为服务业的从业人员,为什么不能"理直气壮"?
_____。

3. 如果你是茶馆老板,还可以如何应对上述事件?
_____。

 小游戏

你是我的眼

1. 活动目的

(1) 帮助学生更好地进行人际沟通,培养学生做到准确表达、用心聆听、思考质疑以及澄清确定的能力。

(2) 帮助学生从多角度寻找问题原因,使学生能够主动承担责任。

2. 活动时间

需要10~15分钟。

3. 活动步骤

(1) 第一轮请一名学生上台担任"传达者",其余人员作为"倾听者"。

(2) 教师将事先准备的一张图片给"传达者",仅供其一人观看。"传达者"需要指挥"倾听者"在纸上画出图形。在整个过程中,"倾听者"不许提问,不许交流,只能根据"传达者"的指令画出样图上的图形。

(3) 教师邀请代表性的"倾听者"上前分享自己画的图,以及自己是如何思考的、为什么画出的图与原图不符等。可以选取自愿分享的人、画得比较准确或画得特别离谱的人进行分享。

(4) 在第二轮中,教师将另一张图片给"传达者",并重复上述过程。与第一轮不同的是,在此轮"倾听者"可以不断提问。

(5) 邀请"传达者"和部分"倾听者"分享自己的感受。

4. 活动总结

通过大家的尝试为什么第二轮画出来的图比第一轮要准确些呢?在人际沟通过程中汇总双向沟通的效果要比单向传达效果明显。在沟通过程中要求表达准确、声音洪亮,倾听者要集中注意力、看着对方、不时地予以反馈和回应,这样才能高效沟通。

(三) 群际认知

群际认知包括刻板印象、歧视与偏见等。刻板印象反映了个体对某一人群所持有的一种概括而固定的看法。偏见是一种情感体验,是人们依据错误的、概括的和不全面的信息,而形成的对某一人群的敌对或负面态度。歧视则代表了一种负面行为,是在刻板印象和偏见的作用下,而对某一群体产生的一种不公正的消极行为。个体具有社会认同的倾向,人们能认识到自己属于特定的社会群体,同时也认识到作为群体成员能带给其情感和价值意义。因此,人们会依据自己的职业、兴趣爱好、民族等特征将自身归属于特定群体。社会认

同可能会引发圈内人偏袒效应,也就是会对圈内成员给予更高的积极评价,对其他人群给予消极评价,从而引发群际冲突,导致刻板印象、歧视与偏见的形成。

小测验

工作幸福感不仅与员工的积极情感体验、高工作投入、职业认同有着紧密的联系,还对组织氛围的营造、企业竞争力的提升以及持续成长具有重要价值。下面是有关员工幸福感的一个调查问卷(表5-1),请根据自己的真实感受,对每个语句的符合程度进行判断。答案无对错之分。

表 5-1　员工幸福感问卷

序号	题目	非常不同意	不同意	比较不确定	不确定	比较同意	同意	非常同意
1	我对自己的生活感到满意	1	2	3	4	5	6	7
2	我生活中的大多数方面与我的理想接近	1	2	3	4	5	6	7
3	在大部分的时间内,我有感到真正快乐的时刻	1	2	3	4	5	6	7
4	我的生活状况良好	1	2	3	4	5	6	7
5	我的生活非常有趣	1	2	3	4	5	6	7
6	如果有来世,我几乎不会改变目前的生活方式	1	2	3	4	5	6	7
7	我对我的工作内容感到基本满意	1	2	3	4	5	6	7
8	总体来说,我对从事的工作感到满意	1	2	3	4	5	6	7
9	我的工作非常有趣	1	2	3	4	5	6	7
10	我总能找到办法来充实我的工作	1	2	3	4	5	6	7
11	对于我来说,工作会是很有意义的一场经历	1	2	3	4	5	6	7
12	我对从目前工作中获得的成就感到基本满意	1	2	3	4	5	6	7
13	随着时间的流逝,我感到自己成长了很多	1	2	3	4	5	6	7
14	我对日常生活中许多事物都处理得很好	1	2	3	4	5	6	7
15	总体来说,我对自己是肯定的,并对自己充满信心	1	2	3	4	5	6	7

续表

序号	题目	非常不同意	不同意	比较不确定	不确定	比较同意	同意	非常同意
16	人们认为我是一个肯付出且愿意和他人分享自己时间的人	1	2	3	4	5	6	7
17	我善于灵活安排时间,以便完成所有工作	1	2	3	4	5	6	7
18	我很喜欢与家人或朋友进行深入的沟通,彼此了解	1	2	3	4	5	6	7

计分方法：

问卷分为3个部分,其中生活幸福感为1~6；工作幸福感为7~12；心理幸福感为13~18。各条目得分之和即为总分,得分越高说明个体的生活幸福感、工作幸福感和心理幸福感水平越高。

（四）社会事件认知

社会事件认知包括社会归因、社会推理与社会决策。在通常情况下,为了获得安全感和控制感,人们会有意或无意地对外界事物的发展进行预测、归因和推理。当出乎意料和不寻常的事情发生后,人们会努力寻找原因并给出"合理化"的解释。社会决策是归因与推理的最终结果,是对社会事件的判断取舍,也是社会认知的终极结果。需要注意的是,人并非总是理性的、讲究逻辑的,也并不能完全客观地评价和利用各种信息。正如《流浪地球》中,空间站的人工智能Moss在计算出救援计划将失败,决定放弃地球时,对试图反抗的刘培强所说："让人类永远保持理智,是一种奢求"。正因为如此,人们的归因和推理经常会出现错误和偏差,所做出的决策也并非是完全理智的。

 小案例

我们是购物团

一段"不达购物标准不给游客房卡"的视频在网上引发热议。据知情人称："该旅行团团费为398元,大部分游客年龄在70岁左右,报名时工作人员虽然告知大家这是一个购物团,但未提到有最低消费标准。直到旅途第二天,导游才宣布每人必须消费满400元,否则不给房卡,因此与团内一游客发生冲突。"

对此,该旅行团的导游称："是因为对方仅消费了100元,消费金额过低导致的。"并且还补充强调：游客们所交团费甚至不足以承担酒店一晚的费用,因此行程表中虽未明确标明有"最低消费标准",但游客们应该是"心知肚明"的。

在本案例中,导游强制游客消费的事件被曝光后,大多数的公众将矛头指向了导游,而

忽略了外在因素的影响。不可否认的是,这名导游存在严重违背职业道德的行为。同时,不容忽视的是,随着旅游市场竞争的日益激烈,旅行社普遍采取低价竞争的策略。为了吸引游客,旅行社采取了"低价游",甚至是"负地接"的策略。旅行社仅向导游支付微薄的薪水,甚至不仅不支付任何报酬,还要求其缴纳"人头费"。导游为了能获得更多收入,可能会采取欺骗、威胁或擅自变更目的地、增加旅游购物店等方式,诱导或强迫游客购物。因此,在某种程度上,导游还承担着"替罪羊"的角色。我们应该更加全面地对导游这一行为进行归因。政府部门不仅要加强对导游的监管,还要关注其根本问题所在,从根源上杜绝此类事件的发生。

第二节 刻板印象的形成与管理

把常州古今说给更多人听

2022年,第三批全国特级导游名单新鲜出炉,共16名导游获评,史剑锋作为江苏代表荣登金字塔尖。史剑锋身形颀长、气质儒雅,与谁说话都带着淡淡的笑意。在他身上既有走过大山大河的俊逸,又有阅遍群册的书卷气。性情上不仅思虑细致、能说会道,还有着极高的共情能力,在不少同行看来,史剑锋天生就是吃开口饭的。

史剑锋每次带团都要做足功课,不仅对目的地如数家珍,还要对参团游客有大概的群体画像。年龄大一些的游客,他会全程用常州话带队、解说拉近距离;高中教师在暑期出游,他会从人文景点讲到相关高考作文题引起共鸣;戏曲发烧友组团,他会浅浅唱上几句锡剧投其所好……有一次他带团远赴黔南,一位游客水土不服、饮食不适,吃饭的时候自顾自地念叨了一句"要是有碗咸泡饭就好了",被史剑锋无意中听到,他当即转身进了餐厅厨房沟通,当地的厨师不明白,史剑锋就要来了食材挽起袖管自己做了一大份。当这份带有常州口味、热乎乎的咸泡饭端上桌时,游客们又惊又喜,从此都成了史剑锋的"忠粉"。

"从游客的角度考虑所有问题,让他们惬意地享受旅程,这是我每次努力要做到的事情。"在史剑锋看来,在旅游大巴上跟游客互动、在景点上为游客讲解、在酒店帮游客安排,这些地方都是一个导游施展自己的舞台,认真对待每个团队,沉浸其中,就会寻得乐趣与成就。这些年,史剑锋接待过大大小小800个团队,而站在这近千个舞台上的他,整个人都是熠熠生辉的。

时隔20多年,全国特级导游考评工作的重启,很重要的一个目标便是树立行业标杆,展示导游职业形象。各行各业都重视职业形象的建设和宣传,这些优秀的特级导游员给游客们留下的共同印象,即"专业、精业、敬业、乐业"。同样,被誉为"技能奥林匹克"的世界技能大赛,是世界各国展示和交流职业技能的重要平台,也是塑造职业形象的重要途径。在世界技能大赛中与旅游业相关的项目包括酒店接待、餐厅服务、烹饪(西餐)等,其中,在餐厅服务项目中,我国分别在第44届、第45届世界技能大赛中荣获优胜奖。在相关赛事中,都重视参赛者所展现出来的职业形象。例如,酒店接待项目要求从业人员具备较高的综合职业素养。比赛中对选手的技能要求主要包括沟通表达艺术、社交技巧、旅游文化信息、当地情况知识、职业形象、礼仪修养、宾客公关关系、销售技巧、良好的口语和书面英语沟通、解决问题的能力、计算机应用技能、预定程序、收银知识、接待问询、入住退房等业务知识和技能的熟练应用,正确完成酒店客人的接待服务。

在日常工作中,我们难免会遇到各类困境,或许是游客的不理解和投诉,或许是工作的不顺利,或许是来自同事和上级的批评与指责。此时,对自我而言或许是场"危机",然而,任何危机即时转机,积极的应对和有效的处理反而更能彰显自身的职业素质。这也是一个合格旅游从业者必备的技能之一,也是世界技能大赛重点考核的内容之一。

探索实验

两难的抉择

你开着一辆车,在一个暴风雨的晚上,你经过一个车站。

有三个人正在焦急地等公共汽车。一个是病重的老人,他需要马上去医院;一个是医生,他曾救过你的命,你做梦都想报答他;还有一个女人/男人,她/他是你做梦都想嫁/娶的人,也许错过就没有了。但你的车只能再坐下一个人,你会如何选择?

我不知道这是不是一个对你性格的测试,因为每个回答都有你自己的原因。

老人快要死了,你应该先救他。

你也想让那个医生上车,因为他救过你,这是个报答他的好机会。

还有就是你的梦中情人。错过了这个机会,你可能永远不能遇到一个让你这么心动的人了。

在200个应征者中,只有一个人被雇用了,他并没有解释他的理由,他只是说了一句话:"给医生车钥匙,让他带着老人去医院,而我留下来陪我的梦中情人一起等公共汽车!"

每个我认识的人都认为以上的回答是最好的,但没有一个人(包括我在内)一开始就想到。是否是因为我们从未想过要放弃我们手中已经拥有的优势(车钥匙)?有时,如果我们能放弃一些我们的固执、狭隘和优势,我们可能会得到更多。

我们每天都会与形形色色的人打交道,如朋友、同学、老师、家人、邻居等。同时,我们每个人也都在扮演着不同的角色,如学生、子女、顾客或游客。你在认识他人的同时,别人也在认识你。然而,任何人都不可能完全、充分地认识到每个人。为了能快速、有效地处理各类信息,我们会按照年龄、性别、职业等信息将人分成不同的社会群体。在通常情况下,一个人不可能也没有必要把每个人都当成一个独立的个体来评价,而是会将社会群体的整体印象赋予到个人身上。你认为酒店管理人员或景区服务人员都具备哪些特征,那么就可能认为相关从业人员都具备这类特征。旅游服务者应该重视自身的职业形象,主动进行管理。

一、印象的形成

如果需要你描述一下你初中的一位好朋友,你会用哪些词汇呢? 是乐观、开朗、真诚、幽默、宽容、果断、聪明,还是自负、易怒、不可靠、优柔寡断、笨拙呢? 这些词汇都反映了你对这位朋友的印象。为了对他人形成一个整体性的认知,人们需要将各种零散的信息加以整合。印象一旦形成就很难改变,即使发现最初的印象是错误的,我们也可能会固执地保持这类印象。

那么,印象的形成会受到哪些因素的影响呢?

(一) 中心特质效应

不同特征在印象形成中所发挥的作用并不相同。在认识他人时,人们会根据自己认为最重要的特征形成刻板印象。刻板印象内容模型是刻板印象研究领域最具影响力的理论模型。该理论认为,受到功能主义和实用观点的影响,个体在群际互动时,会本能地想要了解交往对象的行为意图和能力水平。刻板印象存在两个核心维度:分别为热情和能力。热情体现友好、亲和、善良、诚实、正直和值得信赖等方面;而能力主要体现才华、自信、能干、高效、聪明和技能等方面。该理论认为热情和能力是影响刻板印象最重要的因素。

(二) 一致性原则

在形成对他人的印象时,人们会把关于该对象的各种特征组织起来,以形成一个统一的印象,也就是人们倾向于把某个人知觉为"内部一致"的人。受到一致性原则的影响,个体会认为乐观的人无论是在何种情境下都会保持快乐,认为冷漠的人对任何人都应该是冷冰冰的态度。人们会根据已有印象去推论他人的行为和性格特征。然而,人是复杂的,在不同的情境下人的行为会表现出多样性。当观察到"快乐"的人在哭泣这类与印象不符的事件时,为了保持印象一致性,人们通常会重新整理或歪曲信息资料,以消除或减少不一致性。

(三) 综合性原则

如果要形成一个较为完整和准确的印象,就需要将相关的知觉材料综合起来。如果获得的相关材料不太全面,或者信息贫乏和模糊,就可能产生"以偏概全"的倾向,导致印象的偏差。正如"盲人摸象"的故事,如果仅仅触摸到大象的耳朵或腿,可能会认为大象就是蒲扇或柱子。值得注意的是,具有不同重要性的信息,对印象的形成具有不同的贡献率。中心特质效应在印象形成中往往起着主导作用,也就是说,我们对一个人的印象很难是完全准确的,很大可能性是以偏概全的。

意外走红的丁真

2020年11月,一段视频让丁真意外走红,迅速成为"新晋顶流"。视频中,丁真不仅长相帅气,笑容青涩,更为吸引人的是清澈又纯真的眼神。11月18日,丁真与理塘县国资委下属的一家国有公司理塘仓央嘉措微型博物馆进行签约,成为理塘县的旅游大使,为当地旅游贡献力量。不仅如此,丁真还受聘四川文旅宣传推广大使,担任首批四川生态环境保护大使。2020年11月25日,丁真为家乡拍摄的宣传片《丁真的世界》正式上线。

丁真的走红,也带动了家乡理塘的改变。理塘位于四川甘孜藏族自治州的西南部,曾经几乎是整个四川发展最落后的国家级贫困县。纪录片《无穷之路》理塘篇有这样一句话:"这里是全国最后一批,也是最难攻克的一个深度贫困堡垒。"理塘天高地寒,气候恶劣,不适宜发展农业;交通不便利,甚至很长一段时间不通水电,工业基础过于薄弱,更没有大型的工业企业。然而,现在的理塘已经发生了翻天覆地的变化。仅在2021年十一黄金周期间,理塘县共接待游客137967人次,实现旅游总收入1.52亿元,同比增长72.4%;五大景区及赛马会、文娱活动共计接待游客7.9万余人,同比增长14.2%。旅游人数暴增的同时,民宿、餐饮、出租车等行业都得到质的飞速发展。为此,有网友戏称"丁真用一己之力,带火了自己的家乡。"

《人民日报》评价道:"四川甘孜藏族小伙丁真出名了。他没有趁势"出圈",而是为家乡代言。与其说打动网友的是颜值,不如说是赤子之心。这也说明流量如水,引而导之,善利万物,便有生命力。绚烂过后,也许终归平淡,但深厚情怀不会老去。唤醒内心深处的真善美,爱家乡,爱斯土斯民,便能塑造美好时代。"

二、印象形成的心理效应

(一)首因效应

首因效应是指认知者在与他人初次接触时,首先接触到的关于他人的信息,会给认知者留下强烈的印象,并影响到认知者的判断。人们往往更加重视先得到的信息,并据此对他人做出判断。当一个人第一次进入一个新的旅游地,第一次和当地人接触,第一次品尝地方风味,第一次游览某一名胜古迹,都能留下深刻印象,形成一种心理定势而难以改变。首因效应具有鲜明而深刻的特点。首因效应就是所谓的第一印象,起着先入为主的作用。

导游、餐饮和酒店服务人员及景区管理人员,应该重视与游客的第一次接触,这可能会给游客留下深刻的印象。为此,旅游从业人员需要注意自己的仪表要美观大方,态度要自信友好,办事要稳重干练,要以周密的工作安排、良好的工作效率、端庄的仪表、和蔼的问候、温柔的笑容、热情的态度给旅游者留下美好的印象。作为旅游工作者,要时刻牢记:"良好的开端,是成功的一半"。

(二)近因效应

信息出现的先后顺序对印象形成所发挥的作用并不相同。最初出现的信息影响最大,被称为首因效应;最新获得的信息在时间上距离认知者最近,对其影响也比较大,被称为近因效应。近因效应的作用不如首因效应那样明显。近因效应和首因效应并不矛盾,是在不同条件下分别起作用的。一般来说,当认知者连续获得某人的信息时,会对最先获得的信息印象更为深刻,首因效应的作用更大;而间隔一段时间获得不同的信息,则最新获得的信息对印象的影响也更大。此外,在对陌生人形成印象时,首因效应更明显;在对熟人进行认知时,近因效应更明显。

赞美的力量

每个人都期待获得别人的夸赞和肯定,赞美也是人际交往的助推剂。赞美他人是每个服务业从业人员应该掌握的基本交往技巧,也是给游客留下美好印象的重要举措。下面通过一个小游戏,让我们一起感受一下赞美的力量。

1. 活动目的

学习赞美,收获快乐。

2. 活动时间

大约15分钟

3. 活动步骤

第一,将全班学生分成若干小组,每组人数为8~10人。

第二,每个学生将获得5张标签纸,需要在每张纸上分别写1个最符合自己性格特征的积极词汇,如真诚、聪明、幽默、阳光等。完成后要将标签纸贴于左手手臂上。

第三,每个人将获得若干张新的标签纸,需要每人写下赞美组内其他成员的词汇,并贴在其右手手臂上。

第四,所有学生可以随意走动,需要与其他组内成员进行沟通交流,进行"赞美置换"。也就说,需要寻找贴在其他成员左手手臂上的符合自己特征的积极词汇,并且用贴于自己左手手臂上的积极词汇进行兑换,完成后将其贴在右手手臂上。

第五,将左手手臂上自己赞美自己的词汇全部兑换完毕后,仔细审视别人赞美自己和自己收集的新的赞美词汇。

完成上述环节后,请大家思考如下问题:

(1) 你是如何评价他人对你的赞美的?

(2) 自己赞美自己的词汇,与他人赞美你的词汇是否相同?如果存在不同,你是如何看待这些赞美的?

(3) 你都兑换回来哪些新的词汇？为什么要兑换这些词汇？

_____。

(4) 你是如何赞美别人的？是真诚,还是虚于表面？

_____。

(5) 当你收到他人的赞美时,有什么样的感受？

_____。

4. 活动总结

在这次活动中,我们在赞美自己的同时,也赞美了他人。值得注意的是,很多人似乎并不会赞美:在赞美自己时感觉难以开口,在赞美他人时可能会流于表面。无论是被别人赞美,还是赞美别人,都能给双方带来愉悦,提升自信。无论是在学习、生活,还是未来的工作中,都应该积极发现别人的优点,学会赞美,经营好自己的人际关系。

（三）光环效应

光环效应又称为晕轮效应,是指人们一旦对认知对象的某种品质形成倾向性印象,就会用它评价认知对象的其他品质。这种倾向性就像是一个光环,使其他品质也因光环的影响而带有类似色彩。光环效应的产生是由于不同特质间存在密切联系的,而不是孤立的。例如,我们往往认为,一个热心的人,可能会是真诚的;一个爱冒险的人,可能同时是强壮、敏捷、适应能力强的人。人们常说的"一叶障目、一白遮百丑、一黑毁所有",这都是光环效应导致的。

另眼看世界

俗话说:"金无足赤,人无完人",世界上本来就没有十全十美的人,任何人都可能存在缺点和错误。不仅如此,"塞翁失马,焉知非福",任何事情都有好与坏。伤心、痛苦、难过可能只是因为我们将关注点过多地放到损失方面。我们受到光环效应的影响,可能只会看到自己的恋人、亲人或朋友好的一面,而忽略了可能存在的缺点。这个小游戏以"人际冲突"为例,帮助大家以全新的视角看待矛盾。

1. 活动目的

学会转化视角,看到人或事的两面性,以中立的态度面对客观世界。

2. 活动时间

约10分钟

3. 活动步骤

首先,请仔细回忆最近发生的一起与朋友或家人发生争吵的事情,并将其记录下来。在写的过程中要仔细回忆当时自己所思所想及情绪感受。

其次,以下面的句型为模板,写出5句话,列举这次矛盾带来的好处。例如,因为我和朋友吵架了,所以我获得了一次机会,一次化解过去积压的矛盾的机会。

(1) 因为我和_____吵架了,所以我获得了一次机会,一次_____的机会。

(2) 因为我和_____吵架了,所以我获得了一次机会,一次_____的机会。

(3) 因为我和_____吵架了,所以我获得了一次机会,一次_____的机会。

(4) 因为我和_____吵架了,所以我获得了一次机会,一次_____的机会。

(5) 因为我和_____吵架了,所以我获得了一次机会,一次_____的机会。

最后,请以下面的句型为模板,写出5句话,列举再次出现类似矛盾时,你可以采取哪些措施。例如,如果再次发生矛盾,我会告诉自己每个人都不是完美的,可能都会存在各种缺点。

(1) 如果再次发生矛盾,我会告诉自己_____。
(2) 如果再次发生矛盾,我会告诉自己_____。
(3) 如果再次发生矛盾,我会告诉自己_____。
(4) 如果再次发生矛盾,我会告诉自己_____。
(5) 如果再次发生矛盾,我会告诉自己_____。

4. 活动总结

冲突,意味着一段关系暂时陷入困境,往往会带来伤心、无助、生气等情绪感受,但是这件事情也有好的一面;反之,你认为完美的一个人,最亲近的人,同样可能存在着不足和缺点。尝试从不同角度来看待人和事,学会不论遇到的是福还是祸,都要调整自己的心态,要超越时间和空间去观察问题,要考虑到事物有可能出现的极端变化。这样,无论是福事变祸事,还是祸事变福事,都有足够的心理承受能力。任何事情带来的福和祸在一定条件下都可以互相转化,要以辩证的态度去看待,不要一叶蔽目,不然可能就会"失之东隅,收之桑榆"!

(四) 刻板印象

刻板印象也称为类属性思维,是指人们通过整合有关信息及个人经验形成的一种针对特定对象的既定认知模式,即人们对某一类人或事所持有的共同的、固定的、笼统的看法和印象。这种印象不是一种个体现象,而是一种群体的共识。例如,人们认为"德国人严谨,法国人浪漫,中国人含蓄",就是典型的刻板印象。

受到刻板印象的影响,人们会不经意地、简单地把某个人归入某个群体中。一般来说,"物以类聚,人以群分",生活在同一地域或同一社会文化背景中的人,在心理和行为方面总会有一些相似性;同一职业或同一年龄段的人,他们的观念、社会态度和行为也可能比较接近。人们会自然地概括这些特征,并把这些特征固定化,这样便产生了社会刻板印象。因此,刻板印象虽然并不能完全反映知觉对象的特征,但是有助于简化认知过程,为人类迅速适应生活环境提供一定的便利。

旅游中的"刻板印象"

"和我在成都的街头走一走,直到所有的灯都熄灭了也不停留,你会挽着我的衣袖,我会把手揣进裤兜,走到玉林路的尽头,坐在小酒馆的门口……"一首歌曲,让许多人知道了成都的玉林街,也激发了对成都的向往。"少不入川,老不出蜀",人们对于成都最主要的"刻板印象"可能是悠闲、恬静和慢生活。为了吸引更多的游客,各个省份或旅游城市都在不断挖掘文化符号。在展示城市的人文内涵,突显自然风貌的同时,塑造独属于自己的"刻板印象"。下面让我们一起看看各省市旅游宣传口号,看一下哪个"刻板印象"最能激发你的旅行意愿。

1. 北京:魅力北京
2. 贵州:山地公园省,多彩贵州风
3. 山东:好客山东
4. 福建:清新福建,全福游、有全福
5. 青海:大美青海
6. 江西:江西风景独好
7. 山西:华西古文明,山西好风光
8. 湖北:灵秀湖北
9. 湖南:锦绣潇湘,伟人故里
10. 云南:七彩云南
11. 新疆:新疆是个好地方
12. 海南:阳光海南,度假天堂
13. 宁夏:塞上江南,神奇宁夏
14. 甘肃:交响丝路,如意甘肃
15. 内蒙古:祖国正北方亮丽内蒙古
16. 浙江:诗画浙江
17. 河北:京畿福地,乐享河北
18. 上海:发现更多,体验更多,四季上海
19. 江苏:水韵江苏
20. 辽宁:乐游辽宁,不虚此行
21. 广西:秀甲天下,壮美广西

22. 陕西:山水人文,大美陕西
23. 安徽:美好安徽,迎客天下
24. 广东:魅力广东
25. 西藏:地球第三极
26. 河南:心灵故乡,老家河南
27. 吉林:温暖相约·冬季来吉林玩雪,清爽吉林·22℃的夏天
28. 天津:天天乐道,津津有味
29. 重庆:山水之城,美丽之地
30. 四川:天府三九大,安逸走四川
31. 黑龙江:北国好风光,尽在黑龙江
32. 澳门:安全宜游,魅力澳门
33. 香港:再遇,就在香港
34. 台湾:The Heart of Asia

(五)罗森塔尔效应

印象具有稳定性和渗透性,是构成人们推测和判断他人行为的基础。印象能影响我们对后续所获得的信息的解释,从而保证印象的一致性。同时,我们对他人的印象一旦形成,就会产生相应的期待,而这种期待又会引导我们采取相应的行为以证实这种期待。这种自我实现的预言被称为罗森塔尔效应,又被称为"皮格马利翁效应"。

皮格马利翁是古希腊神话中一个主人公的名字。皮格马利翁是塞浦路斯国王,擅长雕刻。他雕刻了一尊精美的少女雕像,并且深深地爱上了这个雕像。他真诚地期望自己的爱能被"少女"所接受,每天都凝视着它。他的真诚期望感动了阿佛洛狄忒女神,女神决定帮他,将雕像赋予了生命。心理学家利用这个故事,阐述了期待和赞美的重要作用。

 **知识链接**

罗森塔尔效应

美国著名心理学家罗森塔尔和助手来到一所小学,在事先和校方没有任何沟通的情况下声称要进行一个"未来发展趋势测验",并且向校方索取了一份全部学生的名单。他们煞有介事地对校方说回去要对这个名单里的学生的测试结果进行分析,然后选定辅导对象。

经过几天所谓的"研究",罗森塔尔的团队将一份"最有发展前途者"的名单交给了校长和相关老师,叮嘱他们务必要保密,以免影响测验的正确性。实际上,这份名单里的学生完全是随机选出的,并没有进行任何测试。然而8个月后奇迹出现了,凡是上了名单的学生,个个成绩都有了较大的进步,并且各方面都很优秀,这些学生在上了名单前后明显表现出两种完全不同的精神状态。在上名单之后,这些学生更加自信、活跃和富有主动精神。

你知道这是为什么吗？

在教育心理学中，人们把对某人或某事始终怀着憧憬、期待、热爱、关怀之情而发生意想不到的效果的现象称为罗森塔尔现象。罗森塔尔效应告诉我们，人是需要鼓励和鞭策的，给对方多一些认同，他就能够体现出更多的自信和主动性，就会把这种认同当作是一种奖励和荣誉，他们在日后也会更加努力和主动地捍卫这份荣誉。

第三节　旅游从业者的社会认同

文旅局长"为家乡代言"

2022年，放眼全国，各地文旅局长们"集体出道"，为家乡代言而"火出圈"。新疆伊犁哈萨克自治州文旅局副局长红衣策马、气势拉满；湖北省随州市文旅局局长在银杏树下扮演侠客，因"认真丑出圈不惧嘲"，意外走红；四川省文化和旅游厅更是推出"文旅局长说文旅"系列短视频，有上百位文旅局长参与，甘孜州道孚县文旅局局长化身为宇航员、唐明皇、格萨尔王，用中英文无缝切换为大家介绍道孚县美景……有人感叹：这要没点才艺，还真当不了文旅局长。相关数据显示，在几位局长出圈之后，当地的旅游数据有较为明显的提升。

职业价值观是人们所追求的与工作有关的目标，也就是个体在从事满足自己内在需求的活动的同时所追求的工作特质或属性，是人生价值观在职业问题上的反映。职业价值观虽然无法实际观察到，但深藏于内心，是正确做出抉择的准绳和重要依据，能够影响对职业的选择、态度与价值的评判和认识。

对于每个旅游从业人员而言，热爱自身的职业，从内心认为职业是有价值、有意义的，能够从中寻找到乐趣，并积极主动地从事这项工作，是自我成长和发展的前提与保障。那么到底什么是社会认同呢？让我们一起来学习一下。

我的职业价值取向

人们的职业取向纷繁复杂，即使选择同一职业的人，也可能出于截然不同的理由。下面我们简单地将其分成几种。

（1）能推动社会发展；

(2) 助人或为社会服务；

(3) 热门；

(4) 受人尊敬；

(5) 赚钱多；

(6) 工作稳定；

(7) 兴趣所在；

(8) 自我成长；

(9) 其他_____。

请所有人保持安静，认真思考你为什么会选择当前的专业。根据自己的价值判断，对这几种取向进行排序，找出在选择职业时最为关注的3个价值取向。

最看重的：_____；

次　　之：_____；

再　　次：_____。

请根据自己最为关注的3个价值取向，列出各个价值取向相对应的候选职业。注意，最先列出的可能是符合程度最高的职业。

	最看重的	次之	再次
候选职业			

请大家仔细思考如下问题：

1. 为什么这3个职业价值取向是你最关注的？
   _____。

2. 候选职业中哪些是自己感兴趣的？哪些是自己不感兴趣的？
   _____。

3. 你所选专业是否在最关注的3个价值取向的候选职业中吗？
   _____。

4. 你是如何看待自身专业的？
   _____。

一、社会认同的含义

与自我认同不同的是，社会认同主要关注个体归属于哪个群体、处于什么社会位置、身处何种文化背景。人们存在一种基本的倾向，就是努力保持或增强积极的自尊和自我概念，而自我概念的形成与其所属群体有关。自己如何看待和评价所属群体的价值和属性，会影响自我概念的发展。心理学家勒温曾断言，为了保持健康感，个体需要一种强烈的群体认同意识。米勒则进一步指出："认同的本质不但是'心理'的，它还包含'群体'的概念，是一项'自我的延伸，是将自我视为一个群体的一部分'。这是认同的核心。"

社会认同是个人通过自己(或他人)在某社群的成员资格把自己(或他人)与其他人区分开来,并将该社群内典型成员的特征冠于自己(或他人)身上,让自己(或他人)的特征等同于社群内典型成员的特征。认同现象的类型非常广泛,如职业认同、角色认同、文化认同、民族认同等。社会认同的结果会导致个体的行为思想与社会规范或社会期待趋于一致。在日常生活中,存在这样的一种现象:"我们自己可以说自己的学校不好,但是别人说不好就会不高兴",这就是一种典型的社会认同现象。

我们对自身职业的认同反映了角色认同的内容。每个人都会扮演不同的角色,可能在家是子女或兄弟姐妹,在学校是学生,在商店是顾客,在交通工具上是乘客,未来可能还会是导游、酒店管理者等。每种角色都存在一种约定俗成的行为标准,如果赞同所扮演的角色的标准,并且据此行事,那么就是角色认同。职业认同并非是一成不变的,会随着职业行为规范的改变而发生变化,同样也可能会随着工作的变化而需要对新的职业产生认同。

情绪大挪移

服务者在日常工作中,需要和形形色色的顾客打交道。由于双方立场和思维方式的不同,不可避免地会遭受误解、指责和投诉。在大多数情况下,服务者为了能维护好职业形象,需要隐藏自己的情绪体验,保持社交礼仪。虽然尊重顾客的思想和主见,保持礼貌和热情,是每个服务者应具备的基本职业操守,但是服务者并非是"冷冰冰"的机器,如果不能及时处理自身的消极情绪,可能会影响自我对职业的认同。那么该如何处理自己的消极情绪呢?让我们一起来做一个小游戏。

1. 活动目的

采取心理位移的方式,帮助学生在遇到愤怒、生气的场景时,学会暂时放弃自己的主观参考标准,尝试以对方的世界观和价值观来看事物,从对方的立场和角度出发,设身处地地体察对方的思想和感受。

2. 活动时间

约15分钟

3. 活动步骤

第一,请大家先安静地坐在自己的座位上,回顾一下刚刚或以前发生的一件事情。可能是你被他人无端的指责,或者与自己的朋友、家人产生严重的矛盾。这件事情可能会让你感觉非常愤怒,直至今日依旧还深深地影响着你。

第二,将回想的事情写在表5-2中的"步骤一'我'的视角"。在撰写的过程中,你不需要掩饰自己的情绪和真实的想法,想到什么就写什么,越详细越好。

第三,我想请你稍事休息一下。接着完成表5-2中的"步骤二'你'的视角"部分的撰写。还是写下相同的事情,不过与步骤一不同的是,需要改用第二人称"你"来描述这件事情。例如,在步骤一中你可能写道"我昨天和顾客吵架了,明明是他把房卡弄折了,还指责我们的质量有问题,就因为我和他解释了两句,他还骂我,要投诉我!"。在该阶段,重新回忆一下这件事,然后用"你"的口吻再次写出。可能会是"你昨天和顾客吵架了。由于顾客把房卡弄折了,还指责你们的房卡质量有问题。就是因为你向他解释了两句,结果顾客更加生气,不仅骂了你,还要投诉你。这让你觉得很委屈!"

第四,稍事休息后,请再次回想这件事的经过,并且使用第三人称"他(她)"来描述这件事情。例如,你可能会写道"他昨天和顾客吵架了,就是因为顾客不小心把房卡弄折了,不仅没有及时赔偿,还指责他们的房卡质量有问题,不仅骂了他,还要投诉他。这让他觉得很委屈。"

第五,在完成上述过程后,请重新从"我"的视角来讲述这个故事,并分析一下自己这次写的故事和步骤一从"我"的视角写的故事相比是否有区别,你的情绪是否发生了改变?具体的变化是什么?

表5-2 情绪大挪移表格

_____的故事		
步骤一	"我"的视角	
步骤二	"你"的视角	
步骤三	"他(她)"的视角	
步骤四	"我"的视角	

4. 分享与思考

(1) 大家分别从"我""你""他(她)"的这3个视角来描述这件事情的时候都有哪些不同?

(2)"我"的视角更关注什么?

_____。

(3)"你"的视角与"我"的视角有什么区别?

_____。

(4)"他(她)"的视角分别和"我""你"的视角有什么区别?

_____。

(5)最后当再次以"我"的视角来讲述这件事情的时候,与最初"我"的视角发生了怎样的变化?

_____。

5. 活动总结

当提及令人生气和愤怒的事件时,很多人都会从"我"的角度展开叙述,此时也往往是情绪最激昂、最低落、内心最不平静的时刻。此时,人们会不由自主地将自身的情绪和感受放大,更加关注细枝末节,非要分辨出孰是孰非。而到了"你"时,从旁观者的视角出发,情绪似乎有了一些平复,能够从关注情绪转移到关注事件本身。到了"他(她)"时,与"我"有了更远的距离,能够完全站在旁观者的立场,客观地讲述这件事情。最后再次回到"我"的时候,可以从旁观者的视角重新审视,并且心平气和地对待整件事情。在日常工作中,旅游服务者可能会体验到不同程度的负面情绪。带着情绪工作,不仅会影响工作效率和服务质量,还会对身心健康和职业发展产生消极影响。因此,努力避免让情绪干扰到自己的评判与思考,学会理性看待和分析,学会从"我"中跳出,多用第二、第三视角分析事情,会给我们带来更多的积极收获。

二、社会认同威胁的识别

旅游业在推动经济发展,创造就业机会,增加收入与刺激基础设施建设方面具有重大价值。更为重要的是,旅游业有助于改善收入分配结构,减少收入不平等,尤其是在发展中国家所发挥的作用更为明显。中国拥有全球最庞大的旅游市场。世界旅游业理事会(WTTC)发布的《旅游业经济影响报告2022(TRAVEL & TOURISM ECONOMIC IMPACT 2022)》显示:未来10年,全球旅游业将新增1.26亿个就业岗位,在占据绝大多数就业机会的亚太地区,预计近一半的旅游业新增就业岗位将出现在中国和印度,其中中国占25.5%,印度占20.4%。

然而,由于旅游从业人员需要服务于游客而处于不平等的关系,同时存在收入低、工作不稳定,加之负面媒体报道的影响,旅游从业人员可能会遭受偏见和歧视。歧视和偏见的产生源于社会差异。任何职业都可能会因为工作内容和属性而成为歧视和贬低的对象。例如,导游作为旅游业的典型代表,从业人员需要保持对游客的热情、礼貌与尊重,反而可能会遭受游客的指责、投诉,甚至会遭受刁难和骚扰,因此旅游从业人员是离职率高的职业之一。导游不仅负责对当地旅游景点和文化习俗的讲解,还承担安排交通、住宿、饮食与购物的职责。在整个的旅行过程中,导游需要努力满足游客提出的各类要求、需要和期望,以提高游客的满意度。这就造成导游与游客的关系具有不平等的特点。此外,部分导游违背职业道德,做出强迫、辱骂、欺骗游客的行为,严重破坏了导游的职业形象。在传播媒体的推动下,导游被贴上了"虚伪""冷漠""贪婪""伺候人""不道德"等标签。这会造成公众对导游的指责、埋怨、不理解,也会引发信任危机。

社会认同理论认为,人们通过社会分类,将自己归属于特定的社会群体,并通过内群体与外群体的社会比较来获得积极的社会认同。个体通过追求或维持积极的社会认同,可以提高自尊。对社会认同的追求是引发群体间冲突、偏见和歧视的重要原因。此外,在不同社会群体比较时,人们倾向于在特定维度上夸大群体间的差异,并在认知、情感和行为上更加认同内群体。当个体所属内群体在某一方面比外群体更具优势时,会获得积极的社会认同;反之,如果个体在与外群体进行比较时,不能获得肯定或积极的评价,那么会导致社会认同威胁。

社会认同威胁分为分类威胁、群体价值威胁、接纳或原型威胁、区别性威胁四类。其中,群体价值威胁是指个体所属群体在与外群体比较时处于劣势,或者内群体价值被贬低和低估,而造成的认同威胁。职业身份是社会分类的重要依据之一,人们会将从事同一工作的从业者归属于内群体。社会认同威胁能影响从业者对自身职业的认知、态度和行为,并造成消极的后果。例如,个体的社会认同威胁与低工作投入、低职业承诺、低价值感、心理疏离感、自卑感、感知歧视及离职意愿正相关。

因此,准确评价自己对职业的认同,识别潜在的认同威胁,有助于我们正确地看待自己所处的社群,提高自尊,帮助自己更清楚地认识自己是谁,自己和自己认同的群体成员有哪些特征,从而降低无常感,提高认知安全感。同时,任何人都存在强烈的归属需要,当我们越认同自己的专业和职业,越觉得志同道合的人多,越可能会满足归属感。

 **小测验**

表5-3中有52道题目,每个题目都有5个备选答案,请根据自己的实际情况或想法,在题目后面圈出相应数字,每题只能选择一个答案。通过测验,你可以大致了解自己的职业价值观念倾向。1—很不重要;2—较不重要;3—一般;4—比较重要;5—非常重要。

表5-3 职业价值观量表(WVI)

序号	题目	很不重要	较不重要	一般	比较重要	非常重要
1	你的工作必须经常解决新的问题	1	2	3	4	5
2	你的工作能为社会福利带来看得见的效果	1	2	3	4	5
3	你的工作奖金很高	1	2	3	4	5
4	你的工作内容经常变换	1	2	3	4	5

续表

序号	题目	很不重要	较不重要	一般	比较重要	非常重要
5	你能在你的工作范围内自由发挥	1	2	3	4	5
6	你的同学、朋友非常羡慕你的工作	1	2	3	4	5
7	你的工作带有艺术性	1	2	3	4	5
8	你的工作能使人感觉到你是团体中的一分子	1	2	3	4	5
9	不论你怎么干,你总能和大多数人一样晋级和涨工资	1	2	3	4	5
10	你的工作使你有可能经常变换工作地点、场所和方式	1	2	3	4	5
11	在工作中你能接触到各种不同的人	1	2	3	4	5
12	你的工作上下班时间比较随便、自由	1	2	3	4	5
13	你的工作使你不断获得成功	1	2	3	4	5
14	你的工作赋予你高于别人的权力	1	2	3	4	5
15	在工作中,你能试行一些自己的新想法	1	2	3	4	5
16	在工作中你不会因为身体或能力等因素,被人瞧不起	1	2	3	4	5
17	你能从工作的成果中,知道自己做得不错	1	2	3	4	5
18	你的工作经常要外出,参加各种社交活动	1	2	3	4	5
19	只要你干上这份工作,就不再被调到其他意想不到的工作上	1	2	3	4	5
20	你的工作能使世界变得更美丽	1	2	3	4	5
21	在你的工作中,不会有人常来打扰你	1	2	3	4	5
22	只要努力,你的工资会高于其他同年龄的人,升级或涨工资的可能性比其他工作人员大得多	1	2	3	4	5
23	你的工作是一项对智力的挑战	1	2	3	4	5
24	你的工作要求你把一些事务管理得井井有条	1	2	3	4	5
25	你的工作单位有舒适的休息室、更衣室、浴室及其他设备	1	2	3	4	5
26	你的工作有可能结识各行各业的知名人物	1	2	3	4	5
27	在你的工作中,能和同事建立良好的关系	1	2	3	4	5
28	在别人眼中,你的工作是很重要的	1	2	3	4	5
29	在工作中你经常接触到新鲜的事物。	1	2	3	4	5
30	你的工作使你能常常帮助别人	1	2	3	4	5
31	你在工作单位中,有可能经常变换工作	1	2	3	4	5
32	你的作风使你被别人尊重	1	2	3	4	5
33	同事和领导人品较好,相处比较随便	1	2	3	4	5
34	你的工作会使许多人认识你	1	2	3	4	5

续表

序号	题目	很不重要	较不重要	一般	比较重要	非常重要
35	你的工作场所很好,如有适度的灯光,安静、清洁的工作环境,甚至恒温、恒湿等优越的条件	1	2	3	4	5
36	在工作中,你为他人服务,使他人感到很满意,你自己也很高兴	1	2	3	4	5
37	在你的工作中,你需要组织和计划别人的工作	1	2	3	4	5
38	你的工作需要敏锐的思考	1	2	3	4	5
39	你的工作可以使你获得较多的额外收入,如常发实物、常购买打折扣的商品、常发商品的提货券、有机会购买进口货等	1	2	3	4	5
40	在工作中你是不受别人差遣的	1	2	3	4	5
41	你的工作结果应该是一种艺术而不是一般的产品	1	2	3	4	5
42	在工作中不必担心会因为所做的事情领导不满意,而受到训斥或经济惩罚	1	2	3	4	5
43	在你的工作中能和领导有融洽的关系	1	2	3	4	5
44	你可以看到努力工作的成果	1	2	3	4	5
45	在工作中常常要你提出许多新的想法	1	2	3	4	5
46	由于你的工作,经常有许多人来感谢你	1	2	3	4	5
47	你的工作受到上级、同事或社会的肯定	1	2	3	4	5
48	在工作中,你喜欢领导别人,哪怕只领导几个人,你信奉"宁做兵头,不做将尾"	1	2	3	4	5
49	你从事的那种工作,经常在报刊、电视中被提到,因而在人们的心目中很有地位	1	2	3	4	5
50	你从事的工作有数量可观的夜班费、加班费、保健费或营养费	1	2	3	4	5
51	你的工作体力上比较轻松,精神上也不紧张	1	2	3	4	5
52	你的工作需要和影视、戏剧、音乐、美术、文学等艺术打交道	1	2	3	4	5

评分标准:

表5-3中的52道题分别代表13项工作价值观。请你根据职业价值观量表中每项前面的题号,计算一下每项的得分总数。然后依次列出得分最高和最低的3项。

职业价值观量表计分说明如表5-4所示。

表5-4 职业价值观量表计分说明

项目	价值观	所属项目	说明	适合职业
1	利他主义	2,30,36,46	工作的目的和价值,在于直接为大众的幸福和利益尽一份力	医生、教师、警察、心理咨询师、社会工作者、教育咨询者等社会型工作
2	美感	7,20,41,52	工作的目的和价值,在于能不断地追求美的东西,得到美感的享受	画家、戏剧演员、园艺家、设计师、音乐家、舞蹈家等艺术型工作
3	智力刺激	1,23,38,45	工作的目的和价值,在于不断进行智力的操作,动脑思考,学习及探索新事物,解决新问题	人口统计学家、数学统计学家、化学专家等研发人员、学者类研究型工作
4	成就感	13,17,44,47	工作的目的和价值,在于不断创新,不断取得成就,不断得到领导与同事的赞扬,不断实现自己想要做的事	银行行长、审计员、信用管理员、项目经理、公司管理等企业型工作
5	独立性	5,15,21,40	工作的目的和价值,在于能充分发挥自己的独立性和主动性,按自己的方式、步调或想法去做,不受他人的干扰	高校教师、科技工作者、设计师、电影导演、作家、评论员等艺术型、研究型工作者
6	社会地位	6,28,32,49	工作的目的和价值,在于所从事的工作在人们的心目中有较高的社会地位,从而使自己得到重视与尊敬	教师、公务员、医生、高层管理人员等研究型工作
7	管理	14,24,37,48	工作的目的和价值,在于获得对他人或某事物的管理支配权,能指挥和调遣一定范围内的人或事物	部门经理、高级主管、校长等管理工作,职业倾向主要体现为企业型和一部分社会型工作
8	经济报酬	3,22,39,50	工作的目的和价值,在于获得优厚的报酬,使自己有足够的财力去获得自己想要的东西,使生活过得较为富足	金融等企业型的高薪职业
9	社会交际	11,18,26,34	工作的目的和价值,在于能和各种人交往,建立比较广泛的社会联系和关系,甚至能和知名人物结识	销售、市场、学校儿童服务人员、人力资源、教师、咨询师、福利机构职员等社会型、企业型工作
10	安全感	9,16,19,42	不管自己能力怎样,希望在工作中有一个安稳局面,不会因为奖金、涨工资、调动工作或领导训斥等经常提心吊胆、心烦意乱	教师、公务员、医生等比较稳定的工作

续表

项目	价值观	所属项目	说明	适合职业
11	舒适	12,25,35,51	希望能将工作作为一种消遣、休息或享受的形式,追求比较舒适、轻松、自由、优越的工作条件和环境	博物馆管理员、图书馆管理员、福利机构职员等办公室人员等工作环境好、工作压力小的工作
12	人际关系	8,27,33,43	希望一起工作的大多数同事和领导人品较好,相处在一起感到愉快、自然,认为这就是很有价值的事,是一种极大的满足	科研人员、技术人员、培训师等需要良好团队合作的工作
13	变异性	4,10,29,31	希望工作的内容应经常变换,使工作和生活显得丰富多彩,不单调枯燥	证券、投资类人员、策划、创意等企业型工作

心随"影"动

影片《长津湖》以抗美援朝战争第二次战役中的长津湖战役为背景,讲述了一段波澜壮阔的历史。在极寒严酷环境下,中国人民志愿军东线作战部队凭借钢铁般的意志和英勇无畏的战斗精神,扭转战场态势,为长津湖战役胜利做出了重要贡献。这场战役不仅打出了军威和国威,还体现出了志愿军战士英勇顽强、舍生忘死的革命英雄主义精神。

本 章 小 结

本章介绍了社会认知的基本概念,着重介绍了刻板印象、首因效应、近因效应、光环效应等有代表性的相关心理学效应。通过对职业认同的分析,强调其对职业成长的重要影响和作用。

课后练习

一、基础知识问答题

1. 什么是社会认知?
2. 刻板印象形成的规律都有哪些?

3. 首因效应和近因效应的区别是什么?
4. 什么是刻板印象?
5. 什么是光环效应?

二、综合实践实训题

1. 请各位同学认真讨论你心目中的"理想导游"。

2. 以小组为单位设计一份"导游职业形象调查问卷",通过对游客、导游、景区管理者等人群的调查,了解不同人群对导游持有的刻板印象都有哪些?分析其中积极的印象和消极的印象,并提出建设性的意见。

第六章　旅游服务的沟通技巧

◆ **本章导读**

　　在旅游行业，无论是从事服务工作，还是做管理工作，都要频繁地接触各种各样的人，这就不可避免地会遇到大量的人际关系方面的沟通协调问题。即使在旅游组织内部，各部门之间由于分工不同，工作性质也有差异，如果相互之间配合不好，彼此缺乏沟通，那么也会影响整个组织的良性运转。因此，对于任何旅游组织来说，无论是决策的制定，还是计划的制定、工作的组织、人力资源的管理、部门间的协调及外界的交流，都离不开人际沟通。美国著名未来学家约翰·奈斯比特指出，企业"未来的竞争是管理的竞争，竞争的焦点在于每个社会组织内部成员之间及其与外部组织的有效沟通上"。

◆ **学习目标**

- **知识目标**
  - 了解人际关系的概念和特点。
  - 理解形成良好人际关系的主要影响因素。
  - 掌握旅游服务中人际沟通的主要方式。
  - 掌握旅游投诉处理的方法和步骤。

- **能力目标**
  - 能运用沟通技巧解决旅游工作中的问题。
  - 体现良好的沟通意识，树立良好的沟通形象，能与旅游者有效沟通。
  - 能正确处理应对旅游投诉，化解旅游过程中的冲突。

- **素养目标**
  - 具有较强的敬业精神，善于沟通，能承受一定的工作压力。
  - 具备良好的团队合作精神和创新意识。
  - 对旅游者具有同理心，形成换位思考的习惯。

第一节　人际关系概述

富兰克林说:"成功的第一要素是懂得如何搞好人际关系"。人际关系会影响一个人一生的发展。

有些人际交往技巧越早知道越好,能让你成为一个人脉好的人,收获不一样的人生。

1. 你对别人好,别人就会对你好。

人心是相互的,你怎么对待别人,别人也怎么对待你。

每个人都有自己的底线不要去触碰别人的底线,不要成为一个让人讨厌的人。

2. 决定做一件事之前尽量不要告诉任何人。

等成功之后再来分享吧,这样更加彰显你的厉害。

万一你没有达成理想效果,心理就会有落差,也会在乎别人的看法。

其实一个人悄悄努力更能惊艳所有人。

3. 你认识多少人不重要,重要的是有多少优秀的人认识你。

想要认识更多的成功人士就必须努力让自己优秀起来。因为只有三观相同的人才能走到一起。

4. 多在背后的别人的好话,比直接对他说更有影响力,更加有利于增加对方对你的好感。

5. 你要足够优秀才能配得上更好的人。

如果你很喜欢一个人但是对方很优秀,那么你一定会有自卑感、压力感,觉得自己配不上他。所以努力成为更好的自己才能有足够的底气喜欢对方。

6. 任何时候不要起争执。

在人际交往中最忌讳的就是相处不和,起争执。

请控制好自己的情绪,争吵并不能解决任何问题,反而会影响好的人际关系。

7. 就事论事。

事情是怎么样的就是怎么样的,一定不要为了自己的利益去夸大事情。总有一天狐狸尾巴会露出来的,影响声誉得不偿失。

8. 学会赞美别人。

列夫·托尔斯泰曾说,"称赞不但对人的感情,而且对人的理智也起着很大的作用。"

学会赞美他人不但拉近人与人之间的距离,而且能让自己的大脑保持理智。

9. 懂得礼尚往来。

别人请你吃饭是因为真正把你当成朋友,你也要请别人吃饭,要明白礼尚往来这个道理,别想占便宜。

礼尚往来是中国传统美德,有利于加强人与人的联系,更好地搞好人际关系。

10. 乐于助人。

在别人需要帮助时尽自己的力量去帮助别人,帮别人解决困难,别人会对你更加有好感,有利于提高人际关系。

11. 学会倾听。

每个人都希望自己的话有人愿意耐心去听,认真倾听对方的话让对方觉得你在重视他的讲话,会非常乐于与你交谈。

12. 不要抱怨。

每个人都不喜欢爱抱怨的人,因为抱怨只会让他人觉得你是一个负面情绪的人,然后远离你。

13. 与人保持联系。

在人际交往中不要一年到头都没有问候一次,一有麻烦就去找别人帮忙,别人是不情愿搭理你的。

要经常保持联系,感情是需要维系的,多些联系才能让对方信任你。

14. 学会尊重他人。

与人相处最重要的是要懂得尊重他人。你尊重别人,别人也同样会尊重你。懂得尊重他人才懂得换位思考,不会只顾自己的情绪而影响他人。

15. 学会分享。

与别人分享自己的喜悦,分享自己的小零食,别人会感到你的真心实意,觉得你是一个可以深交的朋友。学会与人分享,人际关系会越来越好。

好的人际关系能帮你在职场上得心应手,能让你有更好的人脉关系,认识更多志同道合的朋友。

古今中外,提及人际关系,对其描写及流传的格言着实不少。例如,"物以类聚,人以群分""出门靠朋友,处事靠人情""鸡犬之声相闻,老死不相往来"……若细心收集,可以发现历代积累和流传下来的用以描述人际关系的语句浩如烟海。应该说自从有了人类,便有了人际关系。在社会生活中,人们每天都要和他人打交道。有人估计,每个人每天除8小时睡眠以外,其余16小时中有70%的时间是在进行人际交往的。人际交往的结果之一是交往双方形成人际关系,而人际关系一旦形成,又促进人际交往的深入进行,成为人际交往进一步发展的基础。

一、人际关系的含义

"人际关系"一词是在20世纪初由美国人事管理协会率先提出的,也被称为人际关系论,1933年由美国哈佛大学教授梅约创立。人是社会动物,人在社会中不是孤立的,每个个体均有其独特的思想、态度、个性、行为模式及价值观,人的存在是各种关系发生作用的结果,人际关系反映个人或群体寻求满足其社会需要的心理状态,人正是通过和别人发生作用而发展自己、实现自己的价值的。

人际关系是一种较为复杂的社会现象,不同的学科对人际关系的理解也不同。社会学认为,人际关系是人们在生产或生活过程中所建立的一种社会关系;心理学认为,人际关系是人与人在交往中建立的直接的心理上的联系,表示的是心理距离的远近;行为科学认为,人际关系是人与人之间的行为关系,体现的是人们社会交往和联系的状况。

所谓人际关系(interpersonal relation),是指人们在共同活动中彼此为寻求满足各种需求而建立的相互间的心理关系。可以从以下3个方面来进一步理解人际关系。

(1) 人际关系表明人与人相互交往过程中心理关系的亲密性、融洽性和协调性的程度,它主要指人与人之间的心理成分。

(2) 人际关系由一系列的心理成分构成,它既有认知成分、情感成分,也有行为成分。

(3) 人际关系是在彼此交往过程中建立和发展起来的。

人际关系是人们社会交往的基础,也是人们日常生活、社会生活所不可缺少的,是人们生活中的一个重要组成部分,包括亲属关系、朋友关系、同学关系、师生关系、雇佣关系、同事关系等。人际关系不仅对每个人的情绪、生活、工作有很大影响,还对组织气氛、组织沟通、组织运作、组织效率及个人与组织之间的关系有极大影响。

北风和太阳

一天,北风和太阳争论谁的本领更大,吵得正起劲时,路上走来一个人。它俩说,谁能把那人身上的衣服脱掉,就算谁赢。北风先呼呼地吼了一阵,差点把那人的大衣吹掉。可是风越刮得厉害,那人将大衣裹得越紧。北风用尽力气,也没有办法让那人把大衣脱掉。太阳走了出来,它赶走了天上的乌云,阳光照在那人身上。那人被太阳一晒,觉得全身暖洋洋的,马上就脱掉了大衣。太阳越晒越猛,那人觉得越来越热,就把身上的衣服一件一件脱下来。北风见状只好认输。

人是具有社会性的,这种社会性主要体现在相互交往上。人际交往必然会有合作与竞争,有人际交往就一定会有相互之间的影响发生。无论怎样的人际交往,不同人的心中都会有各自不同的需求推动。所以,人际关系的互动方式往往决定了你的需求是不是能够得到满足,也决定了对方的利益是不是会受到损害。

二、人际关系的特点

人际关系不是一种静态的关系,它是一种动态的人际沟通过程,具有以下几个特点。

(一) 社会性

社会性是人际关系的首要的和根本的特性。正是这个特性,把人的群体关系与动物的群体关系区别开来。人是社会的人,无法离群独居,一个人要生存、发展,必然要与其他人进行交往和联系,从而产生人际关系。

所谓社会性,是指人的社会关系或通过社会关系表现出来的属性,它是人际关系的本质属性。马克思提出了社会关系学说,认为人的本质是"一切社会关系的总和"。美国哈佛大学教授梅奥通过霍桑实验,提出人际关系学说,认为人是"社会人"。人除物质的、经济的需求之外,还有社会的、心理的需求。

随着社会生产力的发展和科学技术的进步,人们的活动范围不断扩大、活动频率不断增加、活动内容日趋丰富,人际关系的社会属性也不断增强。

乔治·埃尔顿·梅奥

乔治·埃尔顿·梅奥(1880—1949年),美国管理学家,原籍澳大利亚,早期的行为科学——人际关系学说的创始人,美国艺术与科学院院士。他出生在澳大利亚的阿得雷德,20岁时在澳大利亚阿福雷德大学取得逻辑学和哲学硕士学位,应聘至昆士兰大学讲授逻辑学、伦理学和哲学。后赴苏格兰爱丁堡研究精神病理学,对精神上的不正常现象进行分析,从而成为澳大利亚心理疗法的创始人。

1922年在洛克菲勒基金会的资助下,埃尔顿·梅奥移居美国,在宾夕法尼亚大学沃顿管理学院任教。在此期间,埃尔顿·梅奥曾从心理学角度解释产业工人的行为,认为影响因素是多重的,没有一个单独的要素能够起决定性作用,这成为他后来将组织归纳为社会系统的理论基础。1923年,埃尔顿·梅奥在费城附近一家纺织厂就车间工作条件对工人的流动率、生产率的影响进行实验研究。1926年,他进入哈佛大学工商管理学院专门从事工业研究,以后一直在哈佛大学工作直到退休。

尽管埃尔顿·梅奥从事过不同的职业,但使他闻名于世的还是他对霍桑实验所做的贡献。1927年冬,梅奥应邀参加了开始于1924年但中途遇到困难的霍桑实验,他断断续续进行了为时9年的两阶段实验研究。在霍桑实验的基础上,埃尔顿·梅奥分别于1933年和1945年出版了《工业文明的人类问题》和《工业文明的社会问题》两部名著。霍桑实验揭示了工业生产中的个体具有社会属性,生产率不仅同物质实体条件有关,而且同工人的心理、态度、动机,同群体中的人际关系及领导者与被领导集体的关系密切相关。霍桑实验与埃尔顿·梅奥对霍桑实验结果的分析对西方管理理论的发展产生了重大而久远的影响,使西方管理思想在经历早期管理理论和古典管理理论(包括泰勒的科学管理理论、法约尔的一般管理理论和韦伯的官僚组织理论)阶段之后进入行为科学管理理论阶段。

霍桑实验

霍桑实验是管理心理学中的一个著名实验,是关于人群关系活动的实验研究。由美国哈佛大学教授乔治·埃尔顿·梅奥(George Elton Mayo,1880—1949年)主持的在美国芝加哥郊外的西方电器公司霍桑工厂所进行的一系列实验。他发现工人不是只受金钱刺激的"经济人",而个人的态度在决定其行为方面起重要作用。

霍桑效应

你有没有试过在迷茫中得到别人的支持,因此备受鼓舞,最后获得成功?今天给你介绍一个心理学效应——霍桑效应。

"霍桑效应"就是当人们在意识到自己正在被关注或观察的时候,会刻意改变一些行为或言语表达的效应。这个效应是通过霍桑实验得出的。

1924年,以哈佛大学心理专家梅奥为首的研究小组进驻了一个电气公司,试图通过改变工厂的客观条件,提高工人的积极性。然而,无论外部因素如何改变,工人们的工作效率一直未上升。

为了提高工作效率,该电气公司请来包括心理学家在内的各种专家,在约两年的时间内找工人谈话两万余人次,耐心听取工人对管理的意见和抱怨,让他们尽情地宣泄出来。

结果,该电气公司的工作效率大大提高。这种奇妙的现象被称为"霍桑效应"。

工作效率大大提高的原因有以下两点。

1. 受关注的感觉让人感觉良好

当6名女工被抽选出来成为一组时,她们就意识到自己是特别的,是受到关注的,这种感觉会让她们加倍努力工作,以证明自己是优秀的。

2. 成员间良好的相互关系

工人们长期以来对工厂的各项管理制度和方法存在许多不满,无处发泄,访谈计划的实行恰恰为他们提供了发泄机会。

从这个例子中我们可以看出霍桑效应的作用:夸奖和鼓励真的可以造就一个人;你认为自己是什么样的人,就能成为什么样的人。

爱迪生小的时候,因为总喜欢在课堂上询问老师一些奇怪另类的问题,仅仅3个月就被老师以"低能儿"的名义撵出学校。于是他的母亲自己亲自教授爱迪生,并鼓励爱迪生进行自己喜欢的实验,最后,爱迪生成为电灯之父。

人的一生中,总会有着各式各样的愿望。有些愿望看似很遥远,很难实现,但当你坚信自己可以做到,并有旁人一直鼓励你的时候,你离你的愿望是最近的。大家是否也曾因为别人的鼓励或自己的坚信而获得过意想不到的成功,或者身边是否有朋友因为"霍桑效应"的作用成功过。

(二)情感性

人际关系总是带有鲜明的情绪和情感色彩的,是以情感为纽带表现出来的,情感性是人际关系的另一个重要特性。人际关系的基础是人们彼此间的情感活动,因为人是富有感情的动物,人们之间的相互交往都带有感情,情感因素是人际关系的基础。人际间的情感倾向有两类:一类是使彼此接近和相互吸引的情感,另一类是使人们互相排斥分离的情感,人们在心理上的距离趋近,个体会感到心情舒畅;若有矛盾和冲突,则会感到孤独和抑郁。

(三)多重性

人际关系具有多因素和多角色的特点。每个人在社会交往中承担着不同的角色:一个人在学生面前是教师身份,与学生形成师生关系;在学校作为教师,与并肩工作的其他教师形成同事关系;在家里作为妻子,与丈夫形成夫妻关系,与孩子形成母子关系等。在承担不同角色的同时,又会因物质利益或精神因素导致角色的强化或减弱,这种集多角色多因素的状况,使人际关系具有多重性。

(四)动态性

人际关系并不是一成不变的,它们同人类的发展过程类似。一个人从出生起,要经过少年、青年、成年等阶段。在此期间,无论是人还是人际关系,都不会停滞不前;相反,人在变化,伴随他们的人际关系也会随时空的变迁而变化。

下属的苦恼

小张在一家公司已经工作了3年,并通过自己的努力担任了部门的业务主管。他在公司表现良好,工作认真负责,积极主动,很受上司的器重,并且公司领导对他也非常认可,他本人对这份工作非常满意。他的上司在上个月因个人原因离职了,并且在走之前推荐另一个人接替自己的工作。而这个新上司的到来使得小张的工作状态完全改变了。

新上司对小张的工作比较挑剔,甚至有些工作做完了,还要按照他的方式再重新做一遍。更严重的是新上司曾多次在小张下属面前否定他的工作。这使得小张很苦恼,不知该如何继续工作,他想向公司领导汇报,但又怕把关系搞僵。

其实,这件事主要是沟通的问题,小张需要做的就是和上司沟通,不沟通,就不知道上司是怎么想的。沟通时最好选择一个较为放松的环境,交谈时不能直接指责上司,可以用一些话题来代替,如"我们如何建立起一种更为融洽的上下级关系"等中性的话题。这样的话题很容易达成共识。当沟通能达到一定共识后,可以把你感觉不满的事情委婉地向上司提出来,通过沟通解决现在的工作状况。

三、人际关系的类型

（一）按人际关系链接的纽带划分

（1）亲缘关系。第一种是血亲关系，是以血统为纽带形成的人与人之间的关系，有直系亲属，如父母与子女的关系；旁系亲属，如兄弟姐妹关系。第二种是姻亲关系，如夫妻关系以及与配偶一方的各种关系，虽然本身不是血缘关系，但它是构成亲缘关系的重要因素。

动画：化解儿童的小尴尬

（2）地缘关系。以地域为纽带形成的人与人之间的关系，主要有老乡关系、邻里关系、社区关系等。

（3）业缘关系。以行业、事业为纽带形成的人与人之间的关系，如上下级关系、师生关系、师徒关系、同事关系、同学关系、战友关系等。

（4）趣缘关系。由相同的兴趣爱好而建立的各种人际关系，如朋友关系。

（二）按人际关系的心理倾向性划分

（1）主从型人际关系。主从型人际关系的特点是，一方处于主导的支配地位，而另一方处于被支配或服从的地位。主从型人际关系是人际关系最基本的类型，几乎在所有的人际关系中都有主从型的因素。同时，主从型的人际关系也是最牢固的一种关系。

（2）合作型人际关系。在合作型人际关系中，双方有共同的目标，为了达到既定的目标，彼此能配合默契，互相让步和忍耐。在双方发生分歧时，往往能够互相谦让。一般来说，人们都希望与他人结成这种类型的关系，但是大量的研究表明，合作关系的双方更适宜做好朋友，并不适宜做夫妻。

（3）竞争型人际关系。竞争型人际关系是一种既令人兴奋，又使人筋疲力尽的不安宁的关系。竞争的双方为了达到各自的目标，常常会竭尽全力去争取成功。这种人际关系的主要优点是有活力、有生机，缺点是竞争时间过久难免令人感到精疲力尽。

（三）按人际关系的组织形成划分

（1）正式团体中的人际关系，如单位中的上下级关系、同事关系，学校的班级同学关系等。

（2）非正式团体中的人际关系。

你有社交恐惧症吗？

社交恐惧症对人的发展是一种强大的阻碍，随着人际关系的不断扩大，社交似乎成为一种非常重要的技能；若是将自己封闭起来，则不利于自身的发展。社交恐惧症会给患者的生活带来诸多不便，下面进行分析并教大家5招，以克服社交恐惧症。

1. 社交恐惧症诱因

（1）遗传因素。恐惧症具有家族遗传倾向，尤其影响到女性亲属。双生子研究结果同样表示社交恐惧可能与遗传有关,且与惊恐障碍存在一定联系。

(2) 心理因素。社交恐惧症的发展可能来自个体曾遭遇尴尬或受侮辱的经历,而且轻微的挫折和不满等精神因素也可诱发该病的产生。

(3) 性格特征。自卑,自信心不足,胆小怕事,谨小慎微,对轻微挫折或身体不适容易紧张、焦虑或情绪波动。

2. 常表现为4种心理

(1) 恐惧心理。表现为与人交往时(尤其是大众场合下)会不由自主地感到紧张、害怕,以致手足无措,严重的甚至害怕见人。其中有些人主要表现为对异性的恐惧,称为异性恐惧症。

(2) 自卑心理。表现为在社会交往中想象成功的体验少,想象失败的体验多,缺乏自信,总认为自己不行,缺乏交往的勇气和信心。

(3) 孤僻心理。有两种情况:一种是孤芳自赏,自命清高,不愿与人为伍;另一种是属于有某种怪癖,使别人无法接纳,从而影响社会交往。

(4) 害羞心理。表现为在社会交往中过多地约束自己的言行,以致无法充分地表达自己的思想感情,严重地阻碍了人际关系的正常发展。

3. 5招克服社交恐惧症

(1) 别太在意自己的身体反应。紧张总会伴随一系列的身体上的不适,根据强化理论,如果紧张时我们太在意自己身体某些部位的紧张反应,就相当于在强化自己的紧张行为,从而使其逐渐加重。当我们不去管自己的紧张反应时,由于紧张得不到注意和强化,紧张反应就会随着时间的推移而逐渐消退。

(2) 要壮大胆量。有些人不敢上街,看到人就害怕,出门前可以给自己一个心理暗示:"我一定可以的。"可以先去楼下小卖部练胆,然后渐渐地转移到人多的地方,相信大家的胆量一定会有所改变。

(3) 吸取教训。患有社交恐惧症的人或许曾经被人否定过、被拒绝或欺负过,你们可以想想人生不可能是一帆风顺的,每个人都会经受些挫折,被人拒绝或否定过才会成长。即使经历过一些不愉快的事,我们也应该从中吸取教训重新开始,而不应该逐渐封闭自己。

(4) 从心理上去掉自卑感。若以消极的心理去和人交往,则常常会使自己不愿多说话、多活动。其实,每个人都有自己的优点和缺点,在社交上不如别人,并不代表什么都不如别人,要多想想自己的优点。不习惯社交的人,尤其要去掉自卑感,树立一种自强、自信、自立的自我精神。只有这样,才能在心理上战胜消极,在待人接物时变得主动,显得落落大方。

(5) 勿对自己要求过高。过于追求完美,对自己要求过高,就容易患得患失,太在意别人对自己的看法,一心想要得到别人的认可,从而迷失自己。要接受自己的现状,不要管别人怎么看,你越害怕出错,就越会感到手足无措。

第二节 人际关系的影响因素

我们研究人际关系,其目的在于使管理者关心员工的需要、动机、行为、情感和思想,注意人与人之间的相互关系,利用人的心理和感情激发员工的工作积极性。人际关系在旅游企业管理中有着重要的作用。

人际关系影响群体内聚力和工作效率。内聚力是团体工作得以发挥效率的前提,而良好的人际关系是团体内聚力的基础。在旅游企业中,人际关系的好坏,直接影响员工的工作积极性和经济效益。如果群体人际关系良好,员工之间感情融洽,工作上共同协作,那么员工就能焕发工作积极性和工作热情,群体士气就能提高,内聚力就能增强;反之,如果一个群体人际关系差,关系紧张,那么会削弱群体内聚力,从而影响经济效益。

另外,人际关系还会影响员工的自我发展和自我完善。人是社会化的动物,个体在自我发展过程中,既受外部客观环境的影响,又受人与人之间相互交往关系的影响。管理心理学研究表明,良好的人际关系常常会导致一种社会助长作用。一个人单独工作,往往不如一群人聚在一起工作效率高。因此,如果团体内建立了良好的人际关系,就可能鼓励员工互帮互学,相互促进,增进员工之间的行为模仿和相互竞争的动机,加速员工的自我发展与自我完善。

一、良好的人际关系的影响因素

良好的人际关系的建立,除思想倾向之外,还会受个人吸引力、心理相容度及空间距离等多种因素的影响。

(一)个人吸引力

个人吸引力对人际关系状况的影响非常重要,决定个人吸引力大小的因素主要有人品、仪表、能力与专长等。

(1)人品。人品是个人吸引力大小的根本因素。人际关系中最受欢迎的品质是诚恳、诚实、理解、忠诚、可信、可靠、聪明、幽默、体谅、热情。

(2)仪表。仪表也是重要的人际吸引因素,尤其是在人际交往初期,人的容貌、体态、衣着和风度都有不可忽视的作用。

容貌影响人际吸引

沃尔斯特曾经做过大规模的研究,他邀请700名刚入学的男女大学生参加舞会。在对他们的智力与人格做过测试之后,用计算机随机地匹配男女学生让他们结伴跳舞。舞会结束之后要求他们对各自舞伴做出评价,并表明是否愿意再次相会。结果发现,惹人喜欢的、被要求再次相会的,既不是能力高的,也不是性格好的,而是容貌美的。容貌越美越惹人喜欢。容貌外表包括服装、体态,但主要是面孔。面部造型越是符合美学原理就越富有吸引力。研究表明,舞伴外貌与"希望再度相会"的相关系数高达0.98,远比兴趣、性格特征与"希望再度相会"的相关系数要高。研究还进一步表明,虽然体态仪表作为影响人际吸引的因素,对于男女两性都是适用的,但是女生的外貌同她一年里被约会的次数成高相关(0.61),而男生的外貌同他被约会的次数之间只有中等相关(0.25)。可见,在男性心目中体态仪表、容貌美的因素更为重要,男人更加重视容貌美的因素。

(3)能力与专长。能力与专长是实践性和科学性因素,具有很强的影响力。能力强且有专长的人,容易得到他人的信赖,能力强的人虽偶有小错仍让人喜欢,这就是能力吸引。

唐太宗的用人之道

明主之任人,如巧匠之制木。直者以为辕,曲者以为轮,长者以为栋梁,短者以为栱角,无曲直长短,各有所施。明主之任人,亦由是也。知者取其谋,愚者取其力,勇者取其威,怯者取其慎,无智、愚、勇、怯,兼而用之。故良将无弃材,明主无弃士。

(二)心理相容度

心理相容度是影响人际关系状况的另一个重要因素。决定心理相容度的因素主要有以下4种。

1. 熟悉程度

越是相互熟悉,越可能建立较接近的人际关系。人们彼此之间交往频率越高,就越熟悉,也就越容易拥有共同的话题和情感,从而更容易建立密切的关系。

2. 相似程度

人与人之间相似的因素越多(如年龄、经历、性格、长相、兴趣、态度、家庭、社会背景、经济条件、职业、文化素质、宗教信仰、价值观等),越容易沟通,也就是相似性吸引。

3. 需要互补程度

当某人的需要正好与对方的期望成互补关系时,彼此容易产生吸引力,结成良好的人际关系。

 **小故事**

知 人 之 术

魏国有一个叫段干木的人,很有名望,隐居在一条偏僻的小巷里,不肯出来做官。魏文侯向他请教治理国家的方法。有一天,他坐着车亲自到段干木家拜访。不料段干木听到魏文侯的车马声响,赶快翻墙头跑了。魏文侯无奈,只好转身回去了。以后又接连去了几次,段干木都不肯相见。但魏文侯并不灰心,每次乘车路过他家门口,都要站起身,扶着马车上的栏杆,伫立观望,以示敬意。车夫很不以为然,说:"段干木不识抬举,对这样的人您还理他干什么?"魏文侯说:"话可不能这么说,段干木品德高尚,学识渊博,我不能不尊重他啊!"后来,魏文侯干脆放下国君的架子,只身徒步去拜访段干木。这回总算见了面,魏文侯恭恭敬敬地向段干木求教。段干木被他的诚意所感动,出了安邦治国的好主意。魏文侯又请他做国相,段干木怎么也不肯,魏文侯就拜他为师,经常去向他讨教,听取他对一些重大问题的见解。这事很快就传开了,人们都知道魏文侯器重人才。一些博学多能的人,如翟璜、李悝、吴起等先后来投奔魏文侯,帮助他治理国家。

4. 对等程度

在人际交往过程中,你如何对待别人,相应地别人也会以同样的方式来对待你,即俗话说"敬人者,人恒敬之"。社会心理学家曾让一个真被试者和两个假被试者交往。一个假被试者与研究者谈话时说自己对真被试者如何有好感,且有意让真被试者听见,另一个则说对其如何有恶感,事后发现真被试者对两个假被试者的看法时,与两个假被试者对他的看法是一致的。

(三)空间距离

在现实生活中,空间距离越近,彼此接触交往的机会就越多,越容易了解,有助于建立良好的人际关系。俗话说"远亲不如近邻、近邻不如门对门",就是这个道理。当然空间距离远近与人际关系好坏之间没有必然联系,只是对人际关系的建立与发展有一定影响而已。

 **探索实验**

人际交往的空间距离效应

两只困倦的刺猬,由于寒冷而拥在一起。可因为各自身上都长着刺,它们离开了一段距离,但又冷得受不了,于是又凑到一起。几经折腾,两只刺猬终于找到一个合适的距离:既能互相获得对方的温暖而又不致被扎。"刺猬"法则就是人际交往中的"心理距离效应"。

一位心理学家做过这样一个实验,在一个刚刚开门的大阅览室里,里面只有一位读者,这时心理学家拿椅子进去,坐在那个人的旁边。实验整整进行了80人次,结果证明,在一个只有两位读者的空旷阅览室里,没有一个被试者能够忍受一个陌生人紧挨着自己坐下。被实验者不知道这是在做实验,很多人很快就默默地远离到别处坐下,有人则干脆明确表示:"你想干什么?"

这个实验说明了人与人之间需要保持一定的空间距离。任何一个人都需要在自己的周围有一个自己把握的自我空间,它就像一个无形的气泡一样,为自己"割据"了一定的"领域"。而当这个自我空间被触犯时,就会令人感到不舒服,不安全,甚至恼怒起来。

心理学家霍尔指出,人际关系不同,交往时的空间距离也不同,空间距离和彼此的亲密程度有关。一般分为4种人际关系距离:亲密距离为0.5 m以内,可以感到对方的体温、呼吸与气味,通常是父母与子女、恋人、夫妻之间;朋友距离为0.5~1.2 m,以便于深谈或传递细微的表情;社会距离为1.2~1.7 m,是相识的人之间的距离,多数人交往在这个距离之内;公众距离一般在1.7 m以上,是陌生人之间的距离。

二、旅游企业中良好人际关系的建立与发展

(一)人际关系的形成过程

动画:旅游中的"定位"心理

良好的人际关系是在人际交往过程中建立和发展起来的。人际关系的形成过程一般要经历4个阶段。

1. 定向阶段

这是良好的人际关系形成的最初阶段。在人际关系初期,人们总是依据自己的意愿、审美观、价值观选择对自己最具吸引力的交往对象,并注意收集对方的信息,以求深入地了解对方。同时,人们还可能展示自己,以求给对方一个良好的最初印象。

2. 探索情感交换阶段

在搜寻对方信息的基础上,人们会有进一步向对方表露自己的思想情感的倾向,或者扩展新的领域、增加新的内容,以探寻对方的情感倾向。此时,若对方也有继续交往的倾向,则会进入情感交换的阶段;反之,两者将不可能建立什么关系。

3. 情感交换阶段

这是人际关系建立的关键阶段。人际关系能否建立,关键取决于情感这个联系纽带。在这个阶段,双方都需要进一步向对方袒露自己的思想情感,才能使关系趋于稳定。

4. 稳定情感交换阶段

经过前3个阶段的交往接触,彼此已形成良好的稳定情感,已达到相当接近和十分密切的程度,至此,良好的人际关系便告形成。

总之,在人际关系的形成过程中,情感程度是逐步上升的,前一阶段是后一阶段的基

础,后一阶段是前一阶段发展的结果。在人际关系的形成过程中,无论哪个阶段出现障碍,都将意味着交往的中断或破裂,人际关系便不能建立和形成。

(二)改善群体人际关系的途径

1. 建立坚强的领导班子

领导班子的良好思想作风,对群体士气和人际关系具有重要的影响。坚强的领导班子具有良好的思想作风、工作作风和生活作风,在工作中就能表现出高度的事业心、正确的权力观、实事求是的态度、讲究领导方式、关心员工疾苦、广泛联系群众等优良作风。这些作风能够使集体心理气氛融洽、和谐,形成良好的人际关系。

旅游企业家的素质

旅游企业领导者除具有经济头脑之外,还应具有哲学家的理性思维、政治家的调动才能、科学家的超前意识、外交家的机智风度、战略家的高瞻远瞩、军事家的当机立断。依据我国实际情况,旅游企业家应具备以下素质。

(1) 强烈的进取心。旅游企业领导者事业心强,富有进取心,才能有所创造、有所前进。有强烈的进取心使他具有责任感、荣誉感和成就感,才能使他充分发挥自己的智力和体力,兢兢业业地工作。

(2) 创新精神。旅游企业领导者根据国内外旅游业发展的动向和本企业的具体情况,及时地提出新的设想,不断改革管理方法,才能使企业不断发展以适应旅游业发展的需要。

(3) 广泛的兴趣。旅游企业领导者要有广泛的兴趣。不仅要有对旅游科学和本企业各部门工作的兴趣,还要有对国内外旅游企业管理工作的兴趣。这样才可能获得有关旅游企业和旅游科学的广泛知识,掌握党的方针政策和现代科学管理的理论方法,了解国内外旅游企业发展动向与趋势,才能防止或克服专业知识老化、管理机制落后、缺乏政策观念等倾向。

(4) 情绪乐观而稳定。旅游企业在经营管理过程中,往往会出现令人不愉快的事情,领导者对此应保持乐观而稳定的情绪。情绪急躁、忽高忽低,不仅影响领导者自身的工作效率,而且会对广大员工的积极性带来不利影响。

(5) 坚强的意志。旅游企业经营管理工作是很复杂的,常常会有不同的意见产生。因此,领导者要在充分调查研究的基础上,下决心作抉择,既不能优柔寡断、犹豫不决,也不能草草决定,鲁莽从事。

(6) 工作能力。旅游企业管理工作要有较强的工作能力。这是旅游企业领导人员必不可少的品质。只有群众关系好、老实厚道的特点,对于旅游企业领导者来说是远远够的。

(7) 组织能力。现代旅游业经营靠全体从业人员的集体协作,因此领导者的组织能力是其必备的素质之一。旅游企业领导者有较强的组织能力是企业内所有从业人员间的相互配合、各项工作的互相支持、提高集体工作效率、促进组织内和睦气氛的重要保证。领导者还要知人善任,量才使用,各尽所能,充分发挥全体从业人员各方面的积极性和创造性。

2. 营造有利的群体环境和良好的交往气氛

情境因素是建立良好人际关系的必备条件。从管理角度讲，管理者要有意识地利用组织的力量，创造适宜的群体气氛（如优美的工作环境，优越的工作条件，团结的集体，有竞争性的工作任务，和谐的上下级关系等），就能促进成员间的相互交往，建立良好的人际关系。

提高群体士气的方法

第一，提高领导者素质与领导方法。群体士气的高低与领导者有密切关系。提高群体士气，首先要求领导者有积极向上的精神状态，影响和带动群体成员的工作情绪。领导者要能坚持原则，大公无私，办事公道，经常与成员保持意见沟通，使群体保持良好的人际关系。还要求领导者有良好的民主作风，注意听取下属的意见。只有这样才能提高领导者的影响力和成员对领导者的认同感。

第二，提供舒适安全的工作条件，合理安排工作时间。创造安全的工作条件，布置舒适的工作环境，会提高群体成员的安全感和舒适感。时间安排不合理，工作条件不安全，工作环境嘈杂混乱，会使群体成员产生抑郁感和烦躁感，降低群体士气。

第三，提供合理的经济报酬。经济报酬能满足群体成员多方面的需要，既有物质上的，也有心理上的。按劳取酬，多劳多得，公平分配经济报酬，会使成员产生公平感和满意感，有助于士气的提高；反之，会严重挫伤群体士气。

第四，合理安排成员工作。工作安排要与个人的能力、知识、技术、兴趣、爱好、气质、性格等个性因素相适合，量才使用，各尽其能，这样能激发成员的积极性与创造性。工作安排不合理，就会挫伤成员的积极性，影响群体士气。

第五，采取参与管理方法。参与管理是行为科学倡导的先进管理方法。管理实践证明，参与管理能从多方面满足群体成员的需要，充分发挥群体成员的创造能力，增强成员思想、情感的交流及对群体的认同，有助于使群体成员保持高昂的工作情绪。

第六，加强群体成员的培训。成员培训既包括对员工的思想教育，也包括知识和技能训练。培训会大大提高群体成员的认识能力，提高群体成员间的心理相容程度，加强成员对群体目标的认识与理解，从而有助于提高群体士气。

3. 建立合理的组织结构和采取必要的组织措施

组织机构是组织完成其特定目标与任务的基础，只有建立科学的组织机构，组织内部分工才能得以实现，组织的整体目标与任务才能分解落实到岗位与个人。凡是与组织目标无关的机构均属多余机构。依据组织达成目标需要设置机构，划分部门与岗位，明确各自职责与协作关系，辅之以"责—权—利"机制，使任务清、职责清，有利于建立良好的人际关系；反之，必然会出现互相扯皮、推诿责任，甚至互相拆台等现象。可见，组织机构设置的合理与否，对组织内人际关系的影响是巨大的。

4. 提高群体成员的自我修养

在群体中,良好的人际关系的建立与群体成员的自我修养是密不可分的。为了建立良好的人际关系,群体成员应该:

(1) 树立正确的世界观。树立正确的世界观,就能科学地分析人与人之间的矛盾,客观、冷静地处理人与人之间的关系。

(2) 具有良好的性格。心胸开阔、性情开朗、严于律己、宽以待人是良好性格的表现,加强这方面的修养,就能为搞好人际关系提供有利的心理条件。

拔掉钉子留下的坑

有个年轻人,脾气挺大,总是动不动就喜欢和身边的人吵架。有一天,他的父亲对他说:"孩子,你想改变现在的脾气吗?我教你一个方法。你每生一次气,就在院子外面篱笆的木桩上钉一颗钉子,当你每次想发脾气,但又忍住没有发时,你就将以前钉过的钉子拔掉一颗。这样一定会有意想不到的收获。"半年过去了,年轻人的脾气好了许多。

有一天,父亲又把他叫到身边,问他:篱笆上还有多少钉子呀?年轻人有点得意地告诉父亲,钉子都没有了。父亲说,你去看一看拔掉钉子的地方留下了什么?年轻人真的去看了,每个木桩上都留下了一个坑。父亲说:人与人相处,每次争吵都会在对方的心灵上留下一个伤痕,就算事情过去了,也无法完全抚平。

人贵有自知之明,自我意识成熟的人,对自己了解深刻,能正确对待自己,自觉调节自己的意识和行为,控制自己的动机与情绪。这样的人容易搞好人际关系,为此,加强自我意识修养,是建设好人际关系的一个重要的方面。

好情绪是人际关系的润滑剂

美国洛杉矶大学医学院的心理学家加利·斯梅尔做了一个实验,他将一个乐观开朗的人和一个整天愁眉苦脸、抑郁难解的人放在一起,不到半个小时,这个乐观的人也变得郁郁寡欢。加利·斯梅尔随后又做了一系列实验,实验证明,只要20分钟,一个人就可以受到他人低落情绪的传染。一个人的敏感性和同情心越强,越容易感染上坏情绪,这种传染过程是在不知不觉中完成的。许多人都知道一些交际心理知识和技巧,每当他们自信地和人打交道时,结果却因为自己不能保持良好的情绪,让人际交往的结果大打折扣。原因很简单,他们注意到很多技巧性的东西,却忽略了自己的情绪,这些或紧张或烦躁或失落的情绪直接反映到一些细节上。例如,双眼暗淡无神、不时地看手表、表情僵硬等。这些小细节都会给对方无聊、紧张、冷漠的心理暗示,在这种暗示的影响下,他们原来的情绪就会不自觉地被牵引,变得十分糟糕,进而对交往产生障碍。

第三节　旅游从业人员的沟通技巧

知识导引

美国普林斯顿大学曾对1万份人事档案进行了分析,结果发现,智力、专业、技术、经验只占成功因素的25%,其余75%取决于良好的人际沟通。哈佛大学就业指导小组调查结果也显示,在500名被解雇的员工中,因人际沟通不良而导致工作不称职被解雇的占82%。这些数据都说明人际沟通能力的重要性。提高旅游服务人员的沟通能力是其进行有效人际沟通的一个重要前提。在一般情况下,一个未经沟通训练的人,只能发挥出其能力的20%~30%;经过沟通训练,能够充分调动人的沟通积极性和创造性,其潜力可发挥到80%~90%,两者相差60%左右。可见,有意识地进行沟通训练,对促进个体沟通能力的发挥有着重要的意义。

心理学认为,沟通是人与人之间、人与群体之间思想与感情的传递和反馈的过程,以求思想达成一致和感情的通畅。交流沟通是人类行为的基础,良好的沟通能获得更佳、更多的合作,减少误解。在旅游服务工作中,我们需要与自己的同事、相关部门及旅游者进行各种不同方式,不同层次的沟通,有了良好的沟通,在旅游工作中处理事情才能做到游刃有余,确保旅游活动顺利进行。但是,我们的交流沟通是否能准确地传达出本人的意愿或对某事不予赞同的态度,就需要我们了解旅游服务中人际沟通的原则与方式,从而更好地促进客我交往。

一、旅游服务中人际沟通的原则

有效的沟通在旅游团队工作中起着非常重要的作用。成功的旅游从业人员把沟通作为一种管理的手段,通过有效的沟通来实现对旅游团队成员的管理和激励,为团队旅游者的旅游体验创造良好的心理环境。旅游从业人员制造机会和旅游者交流信息,坦诚、开放、面对面的沟通会使旅游者觉得我们理解他们的需要和关注,会取得事半功倍的效果。因此,作为旅游从业人员,应提高认识,克服沟通障碍,实现有效沟通,为实现个人和团队、成员和成员之间的顺畅沟通而努力。旅游服务中的人际沟通应该依照一定的原则来进行。

(一) 自信自尊的原则

人类文化特别需要自信、自尊来促进人性中积极进取的一面,以此获得勇气去面对并征服复杂的外部世界。自信的旅游从业人员往往有自己的想法与作风,很少对他人吼叫、谩骂,甚至连争辩都极为罕见。他们对自己了解得相当清楚,并且肯定自己,他们的共同点是自信,有自信的人常常是最会沟通的人。自信是对自己充分肯定时的心理态度,是战胜困难、取得成功的积极力量。

自尊即自我尊重,指既不向人卑躬屈膝,也不允许别人歧视、侮辱。在心理学上,自尊感是个体对自我形象的主观感觉。自尊包含独立意志、自由、自信、乐观、成就感与荣誉感。一般来说,心理健康的人自尊感比较高,认为自己是一个有价值的人,并感到自己值得别人尊重,也较能接受个人不足之处。形成自尊感的要素有安全感、归属感、成就感等,这些因素都与个体的外在环境有关。旅游从业人员的自尊的心理品质,不是天生的,而是在生活、学习和工作中逐步培养起来的。

自信大方、不卑不亢、热情待客、平等待人,这些旅游从业人员在工作中体现出来的自信和自尊对于取得旅游者的合作和信任相当重要,也是旅游人际沟通的基本原则。

知识链接

影响人际沟通的主要个性品质如表 6-1 所示。

表 6-1 影响人际沟通的主要个性品质

最令人喜欢的品质	中间品质	最令人讨厌的品质
真诚	固执	古怪
诚实	刻板	不友好
理解	大胆	敌意
忠诚	谨慎	饶舌
真实	易激动	自私
可信	文静	粗鲁
智慧	冲动	自负
可信赖	好斗	贪婪
有思想	腼腆	不真诚
体贴	易动情	不善良
热情	羞怯	不可信
善良	天真	恶毒
友好	不开朗	虚假
快乐	好动	嫉妒
不自私	空想	不老实
幽默	追求物欲	冷酷
负责	反叛	邪恶
开朗	孤独	装假
信任	依赖别人	说谎

(二) 互利双赢的原则

互利双赢强调的是双方的利益兼顾,即所谓的"赢者不全赢,输者不全输"。旅游从业人员与旅游者在沟通的过程中,难免会发生矛盾和冲突,我们应该明确自己的角色立场,在不与旅游者争输赢的基础之上,还要根据工作的需要来说服旅游者达到我们沟通的目的。说服之难,不在于说,而在于服;不在于你赢,而在于双赢。

旅游从业人员应善于从互利双赢的角度出发来说服旅游者,可以完全站在旅游者的立场,表达对旅游者的尊重、了解和关怀,并公正地对待旅游者,以积蓄个人的魅力,建立真诚的心灵交流,达到互利双赢的效果。

(三) 平等互爱的原则

平等是人和人之间的一种关系,是人对人的一种态度。人和人之间的平等,不是指物质上的"相等"或"平均",而是在精神上互相理解,互相尊重,把对方当成和自己一样的人来看待。现代社会的进步,就是人和人之间从不平等走向平等的过程,是平等逐渐实现的过程,平等互爱包含了体谅对方与表达自我两方面。所谓体谅,是指设身处地为别人着想,并且体会对方的感受与需要。在旅游服务中,旅游从业人员与旅游者之间的沟通更多的是一种人际关系的经营,要想对旅游者表示体谅与关心,唯有设身处地为对方着想。由于我们的了解与尊重,对方也相对体谅你的立场与好意,因而做出积极而合适的回应。

动画:有效的沟通

当然,旅游服务中的人际沟通原则是我们要遵从的基本原则,适当地掌握一定的沟通技巧也非常重要。例如,在表达自己的思想时,要讲究含蓄、幽默、简洁、生动;给旅游者提意见、指出错误时,要注意场合,措辞要平和,以免伤及其自尊心;与旅游者谈话时要有自我感情的投入,这样才会以情动人;主动与旅游者沟通,参与大家的讨论与活动,这样才能更好地了解自己和他人,消除彼此之间的误会,加强相互理解和信任;多吸收别人的优点,对他人的缺点应多加理解和包容……在旅游服务人际沟通中,适时地运用相应的技巧,遵循相应的原则和方式,才能达到广泛交往与融洽客我人际关系的目的。

二、旅游服务中人际沟通的方式

人际沟通的成功与否,与其说在于交流沟通的内容,不如说在于交流沟通的方式,要成为一名成功的交流者,取决于交流的对象认为你所解释的信息是否可靠且适合。旅游服务中的人际沟通方式多种多样,旅游从业人员应根据实际工作的需要,选择便捷的、适当的、旅游者可以接受的沟通方式。人际沟通的方式包括语言沟通和非语言沟通,语言沟通又包括口头语言和书面语言沟通,非语言沟通包括声音、语气和肢体动作。最有效的沟通方式是语言沟通和非语言沟通相结合。

(一) 语言沟通

1. 书面语言沟通

书面语言沟通是指用书面的方式进行的信息传递与交流。书面语言沟通方式往往归属于正式沟通,如旅游者通过公司对旅游产品的推介和自己的意愿,签署的旅游协议书、保险合同,以及旅游行程结束之后的调查表、投诉信、感谢信等,都会通过书面的方式来体现。

书面语言沟通的方式规范、严肃、权威,并且具有一定的法律效应。旅游工作中的服务沟通首先应建立在正式、专业、标准化的书面语言沟通基础之上。例如,旅游行程计划以书面的方式来呈现,以显示工作的严谨,甚至这种书面语言沟通方式还会体现在我们服务过程的小细节中,如旅游者的名单以打印的方式出现在我们与旅游者沟通的过程中要好过手写的方式,两者虽然都是以书面形式呈现的,但前者给旅游者的感觉是我们的服务工作更加专业化和标准化。

2. 口头语言沟通

口头语言沟通是正式沟通之外的一种信息传递和交流,基本上不受他人控制而较为自由的沟通方式,也是旅游服务中大量使用的一种方式,口头语言沟通需要旅游从业人员有良好的语言表达技巧和能力,口头语言文字运用得是否得当直接影响沟通的效果。

旅游工作人员在使用口头语言文字与旅游者进行沟通时,要简洁明了,叙事说理要言之有据,条理清楚,富有逻辑性,措辞得当,通俗易懂,不要滥用词藻,不要讲空话、套话。非专业性沟通时,少用专业术语。同时,也可以借助手势语言和表情动作,以增强沟通的生动性和形象性,使旅游者易于接受。

口头语言沟通简单易行、效率高、感染力强,但针对人数较多的情况下,沟通起来比较困难。

知识链接

沟通之"术"

有效沟通 =40% 的倾听 +35% 的交谈 +16% 的阅读 +9% 的书写

人长了一张嘴巴,两只耳朵。说明听得多、说得少。沟通首先要学会倾听。倾听是最有效的沟通方式,让别人知道你多么尊重他,使我们了解别人的需要;对他人不能倾听的人,就好比表明了告诉人家"你对我来说,并不重要",你想结果会如何?

"聽"——这是听的繁体字,内涵丰富。

① 王者为尊:尊重对方。

② 用耳朵听:听话要会听音(察言),即话外音。"听话听音,锣鼓听声"。

③ 用眼睛看:"看你怎么说",观察表情(观色)。

④ 用心听:一要专心,聚精会神;二要耐心,不要急不可待地打断,也不要自以为是地匆忙下结论;三要虚心,表现出谦谦君子的儒雅风度;四要细心,能听出深层次的话里之话、弦外之音;五要会听,听的过程中察言观色,准确揣摩对方的心理和需求,来调整自己说话的节奏和内容,用有声的语言或无声的语言表达自己与对方的共鸣感,让对方感受到你的回应与尊重。

(二) 非语言沟通

1. 声音语气沟通

声音是一种威力强大的媒介,通过它可以引起旅游者的注意,创造有益的氛围,并鼓励他们聆听。在旅游活动中运用声音语气沟通时,应该注意以下几点。

(1) 音高与语调。一般来说,低沉的声音庄重严肃,一般会让听众更加严肃认真地对待。尖利的或粗暴刺耳的声音给人的印象是反应过火、行为失控。例如,导游在进行景点讲解时的音调和与旅游者聊天的音调肯定是截然不同的,旅游从业人员与旅游者沟通的时候,可以找到最适合双方的自然音调,使用一种经过调控的语调表明知道自己在做什么,使自己旅游者对自己信心百倍。

(2) 语速。急缓适度的语速能吸引旅游者的注意力,使之易于吸收信息。如果语速过快,他们就会无暇吸收说话的内容;如果过慢,声音听起来就非常阴郁悲哀,旅游者的注意力很快会转移到其他方面;如果说话吞吞吐吐、犹豫不决,旅游者就会不由自主地变得十分担忧,坐立不安,甚至还会对你的个人能力产生怀疑。适时使用停顿并且给旅游者留有一定的时间用来吸收你所传递的信息,使其在聆听你所要传达的下一则信息之前消化前一则信息。

(3) 强调。适时改变重音能强调某些词语。如果没有足够地强调重音,旅游者就无法理解你所传达信息的侧重点。在旅游过程中,提醒旅游者带上自己贵重的随身物品、告知起床、早餐、集合、出发的时间等重要事项时,就非常有必要用重音来强调这些关键性的词语。另外,也要注意,如果强调太多,旅游者会晕头转向、不知所云,而且非常倦怠,也会对工作人员的能力产生怀疑。

素养园地

如何应对带情绪的游客?

- 冷静对待争辩激动型的游客

一般来说,属于争辩激动型的游客,大多数是生理或心理上的原因所造成的。他们为人处世好胜心强,无论什么问题和事情他们都要提出异议和反驳,并且非要争个高低,不达目的誓不罢休。因此,导游对待此类游客要有充分的准备,防止与游客搞得太"僵"。

对待争辩激动型的游客的基本态度是:不要被他卷入毫无意义的争辩之中。有时可以表示对某种观点和意见的赞同,同时努力转移原争辩话题,当然也不要使对方难堪和下不了台。其次,在与此类游客打交道的过程中,要注意保持头脑冷静,不要伤害他,始终保持一定的交往距离。游客与你争辩或引起激动时,要克制自己不能冲动,而且要面带微笑,等到游客冷静下来以后,再慢慢地进行引导,始终明确游客是自己的服务对象。

- 理智对待猜疑型的游客

猜疑型游客的最大特点是遇事生疑。他们不仅对导游及其他游客都存在猜疑的感觉,而且对旅游团队所发生的事情与问题也持怀疑态度,这类游客主要是由于个人的性格和本质所决定的。

导游在与这类游客打交道的过程中,要尽快熟悉和了解游客的性格脾气,并做到心中有数。一般来说,猜疑型游客的表现与其他游客的表现有所不同,导游不仅可从"察言观色"上获得某种信息,也可从言行举止上得到证实。所以,对待猜疑型的游客,导游在与他们打交道时,尽量避免使用模棱两可的语言,不仅要表现出事事有信心,处处有把握的姿态,而且说话要有根据,是黑是白要讲清楚。

2. 肢体动作沟通

旅游从业人员身势、手势、视线的接触,以及整体的仪态与行为举止等都会立刻在旅游者心中产生印象。因为一般来讲,人的一举一动和脸部表情比所使用的词语留下的印象要强烈,所以旅游工作人员必须意识到肢体动作沟通的力量,并善于将其使用在旅游服务中。要想让旅游者把自己当作一个可信的交流者,就必须关注自己的行为举止以及声音语调及语言之间的协调使用。交流时应使旅游者有一种强烈的印象:我们是信心百倍而且认真诚恳的。无论我们传达的信息是多么光彩夺目的,如果旅游者觉得我们并不可信,就不会相信我们输送的信息。要增加自己信息传达的可信度,并使自己信心十足,进而更好地与旅游者进行交流沟通,一定要注意以下肢体动作的使用。

(1) 目光接触。沟通交流时看着对方的眼睛,适当地进行目光交流,表明我们对旅游者的重视和尊重。这样做能让对方深感满意,也能防止走神,但更重要的是,我们树立了自己的可信度。如果交流的双方没有目光接触,留给对方的印象就是你对我所说的话不感兴趣,或者是你根本就不喜欢我。

(2) 表情和手势。如果在交流的过程中,我们一直都在发出信号——使用面部表情和手势语言,往往能大大改善影响他人的效果,从而达到我们想要传达某种信息的目的。延续时间少于0.4秒的细微面部表情也能显露一个人的情感,立即被他人所感知。真心的微笑能从本质上改变大脑的运作,使自己身心舒畅起来。这种情感能立即在沟通的时候进行交流传达。微笑服务使旅游者觉得我们更容易接近,因为当我们微笑的时候,能提升声带周围的肌肉,使声音更加温和友善,而且旅游者在微笑的言语中能够感知到我们的善意、友好和真诚,并且快速地对我们做出客观的评价。

"能说会道"的手势能抓住旅游者,使他们朝着理解欲表达的意思更进一步。言语中配以手势,不仅能吸引旅游者的注意力,而且无形中也为我们所要传达的信息增强了表达力,使旅游者在视觉上获得深刻印象的同时也给予积极肯定的强调,表明我们非常热心,完全地专注于眼下所说的事。在人际沟通中,视觉表达几乎是信息的全部内容。如果我们与旅游者交流时没有四目相投且未采用适当的表情或使用相应的手势,旅游者是难以信服我们所要传递的信息的。

知识链接

非语言信息的典型含义如表6-2所示。

表6-2 非语言信息的典型含义

非语言信息	典型含义
目光接触	友好、真诚、自信、果断
回避目光接触	冷淡、紧张、害怕、说谎、缺乏安全感
挠头	迷惑不解、不相信
咬嘴唇	紧张、害怕、焦虑
跺脚	紧张、不耐烦、自负
双臂交叉在胸前	生气、不同意、防卫、进攻
抬一下眉毛	怀疑、吃惊
眯眼睛	不同意、反感、生气
鼻孔张大	生气、受挫
手抖	紧张、焦虑、恐惧
身体前倾	感兴趣、注意
懒散地坐在椅子上	厌倦、放松
摇椅子	厌倦、自以为是、紧张
驼背坐着	缺乏安全感、消极

(三) 姿态语言

视线的接触和表情构成了沟通效果的大部分，但是使用姿态语言也能有助于树立良好的印象。利用肢体动作的其他方面来表明自信的方法多种多样。同时，它也影响着旅游从业人员在旅游者心目中的形象。

1. 身体姿势

必要时，坐着或站立时挺直腰板给旅游者以威严之感。例如，旅游从业人员向旅游者传达较为正式的信息时，可采用这种姿势，而当旅游从业人员和旅游者在非正式场合下沟通时，所表现出来的耷拉着双肩或跷着二郎腿反而会使旅游者感到更加轻松和友善。

2. 身体距离

离旅游者太近会有入侵或威胁之感。如果与对方的距离不足1.67 m，听者会本能地往后移，这就是当对方过分靠近时产生的那种局促不安的感觉；反之，如果距离达2 m或更远，旅游者就会觉得旅游从业人员不在乎他，并产生一种距离感，甚至会敏感地觉得旅游从业人员是否厌恶或不喜欢他们。

因此，不同的身体姿势能使沟通的内容增色或减色。为了使自己的信息传达给对方并使之完全被理解,传送信息时必须伴随恰当的身体语言、语音语调,并贴切地加强语气。只要意识到上述事项,就能轻而易举地对自己的身体语言加以控制。在不同的场合使用一种或多种肢体动作可以加强自己的表达效果,并且合适的视觉信号能够强化自己的语言信息。

心随"影"动

影片《雨人》讲述了查理发现父亲将遗产留给患自闭症的哥哥雷蒙,便想骗取这笔财富,并计划利用哥哥超强的记忆力去赌博赚钱。但在此过程中,血缘的亲情打破了原有的疏离,真挚动人的手足之情取代了查理原先只求一己利益的私心。哥哥雷蒙是医学定义上的"雨人",即自闭症患者,在某些事情上表现得重复刻板。他的生活恪守固定的仪式,他要在固定时间做固定的事。但同时,雷蒙记忆力惊人,有"过目不忘"的本事。他可以准确地报出飞行史上所有重大空难发生的航班班次、时间、地点、原因,他能迅速地数清掉落在餐厅地板上的246根牙签,他也能记得电话簿上任意一个读过的电话号码,心算速度不输计算器。通过对影片的观赏,同学们会对人的能力的多样性有更加直观和深入的了解,也能从角色对亲情的诠释中获得人性的温暖。

本 章 小 结

本章从旅游人际关系、旅游从业人员的沟通技巧及旅游投诉的应对与处理等方面进行介绍,提出旅游服务的沟通技巧。通过本章理论知识学习,能够较好解决旅游实践活动中遇到的具体问题,为旅游者创造愉悦的旅游体验。

课 后 练 习

一、基础知识问答题

1. 什么是人际关系?
2. 影响良好人际关系形成的因素有哪些?
3. 旅游服务中,人际沟通的方式有哪些?

二、综合实践实训题

1. 情景模拟:你作为一名"新手"导游,刚接到一个旅游团,感到战战兢兢,一些游客还对你爱理不理,甚至在一些事情上还不配合你的工作,使你觉得无所适从。请运用旅游服务沟通技巧的相关知识,你应该如何与游客快速熟悉起来,并让游客接受你、认可你?

2. **角色扮演**:王太太参加旅行社组织的"夕阳红旅游团"开展云南五日游。旅游途中,地接导游未经旅游者同意,擅自减少行程单上的3个景点。王太太联合其他团友向该导游交涉,要求赔偿相应损失,结果被拒绝,王太太愤而向地接旅行社和组团旅行社投诉。

请以小组为单位,通过角色扮演,分析旅游者投诉的原因并展示本小组使用的投诉处理方式。

第三篇　旅游服务心理学

第七章　旅游服务者的能力与人格

◆ 本章导读

能力是完成一定活动的本领,是一种力量。能力是掌握知识和技能的前提,决定着掌握知识和技能的方向、速度、巩固的程度和所能达到的水平。在掌握知识和技能的过程中,能力也能得到发展。从事旅游接待工作,不仅要具有灵活而敏捷的思维、较好的语言表达、较强的记忆等能力,还要具备一定的组织、沟通和宣传等能力。人格,可以说是除了你的容貌身形外,所有的心理状态。它们被心理学家分成多个维度,可以从焦虑、抑郁、身体关注度等进行全方位分析。理解一个人的人格,就理解了他的情感表达方式、情绪状态、相处方式等。就像一张张拼图,当画面完整浮现时,你适合过什么样的生活,即变得清晰明了。

◆ 学习目标

- 知识目标
  - 掌握能力的基础概念。
  - 掌握人格的基础概念。
  - 了解人格特征。
  - 掌握旅游从业人员的能力与影响因素。

- 能力目标
  - 了解能力和人格的主要理论。
  - 运用心理学的研究方法解析旅游从业人员的人格特征及能力培养。

- 素养目标
  - 培养积极的旅游从业人员的能力及人格品质。
  - 对旅游行业发展前景充满信心,坚定职业理想信念。

第一节 能力概述

能力是我们经常听到的一个词。有人聪慧,有人愚钝;有人擅长与他人沟通,有人有社交恐惧症;同样一份工作,有人能够轻松驾驭,有人却精疲力竭……能力作为一个日常生活中高频出现的概念,大家并不陌生,现在我们一起来学习能力的概念。

一、能力的含义

(一) 能力

能力是一种心理特征,是顺利实现某种活动的心理条件。能力表现在个体所从事的各种活动中,并在活动中得到发展。一个人的运动能力,只有在运动中才能施展;一个人的管理能力、沟通能力和人际交往能力,也只有在团体活动中才能显示出来。当一个人能顺利完成某种活动时,也就体现了他的能力。

能力作为一种心理特征,与其他心理特征(如人格)又有区别。人格也体现在人的活动中,并且会对活动的结果产生一定影响,但人格并不像能力那样,直接影响活动的效率。能力的产生与发展是与人类的社会生活密切相关的。例如,语言能力,它是在人类的沟通和交流中逐渐发展起来的。人的各种能力都是在人类发展的进程中,根据实践需要逐渐发展出来的。

(二) 能力与知识和技能的关系

人的能力有大小,知识有多寡,技能有高低,那么知识、能力与技能到底有什么关系?知识是人脑对客观事物的主观表征。知识可以分为陈述性知识和程序性知识。陈述性知识即"是什么"的知识;程序性知识即"如何做"的知识。只有具备了一定的知识,才能正确指导自己的活动,所以,知识是能力基本结构中不可缺少的组成部分。

技能是指人们通过练习而获得的动作方式和动作系统。技能主要是动作执行的经验,与知识不同。技能可以分为操作活动方式和心智活动方式。操作技能的动作对象是物体,心智技能的动作对象是观念。技能直接控制活动的动作程序的执行,也是能力结构的基本组成部分。

由此可见,知识和技能是能力的基础,只有那些能够广泛应用和迁移的知识和技能,才能转化成能力。能力不仅代表一个人现有的成就水平,也体现了一个人具有的潜力。能力的形成与发展依赖于知识和技能的获得,能力的高低又会影响掌握知识和技能的水平。从一个人掌握知识、技能的速度与质量上,可以看出其能力的大小。能力既是掌握知识和技能的前提,又是掌握知识和技能的结果。

(三)能力、才能和天才

某种活动的顺利完成,依靠的是多种能力的结合。这些互相联系且结合在一起的能力就是才能。例如,旅游从业人员要具备敏锐的洞察力、流畅的语言表达力、组织协调能力和严谨的组织管理能力。这些能力的组合就是旅游从业人员的才能。

天才一词"Genius"源自拉丁语,原意是指守护神。随后衍生出创造能力、天赋、才华等意思。能力的高度发展即为天才,是指人拥有一定的天赋,在某个领域做出突出贡献。例如,爱因斯坦在理论物理上是天才,牛顿在经典物理上是天才。

二、能力的种类

(一)一般能力和特殊能力

一般能力是在不同种类的活动中都会表现出来的能力,如观察力、记忆力、抽象概括力、想象力、创造力等。我们平常所说的智力就是一般能力。人要完成任何一种活动,都和这些能力的发展分不开。

特殊能力是在某种专业活动中表现出来的能力,是顺利完成某种专业活动的心理条件,如音乐能力、绘画能力、数学能力、运动能力等。一般能力与特殊能力关系密切。一方面,一般能力是特殊能力的重要组成部分;另一方面,特殊能力的发展有利于一般能力的发展。

(二)流体能力和晶体能力

流体能力是以生理为基础的认知能力,是在信息加工和问题解决过程中表现出来的能力,如知觉、记忆、运算速度、推理能力等。流体能力主要依赖于个人的禀赋,随着神经系统的成熟而提高,其发展与年龄密切相关。一般人在20岁以后,流体能力的发展达到顶峰;30岁以后将随年龄的增长而下降。

晶体能力是以经验知识为基础的认知能力,是在掌握社会文化经验过程中获得的智力,主要依赖于后天学习,如语言能力、判断力、联想力等。晶体能力在人的一生中一直在发展,但在25岁以后,发展的速度渐趋平缓。

(三)模仿能力和创造能力

模仿能力是人们通过观察别人的行为、活动来学习各种知识,然后以相同的方式做出反应的能力,如儿童模仿成人的语言和动作。模仿是动物和人类共有的一种重要的学习能力。

创造能力是产生新思想和新产品的能力,如创造新概念、新理论,发明新设备、新方法等,都是创造力的表现。

人的模仿能力和创造能力是有个体差异的,有的人擅长模仿,但创造能力较差;有的人既擅长模仿,又富有创造能力。

(四)认知能力、操作能力和社交能力

认知能力是人脑加工、存储和提取信息的能力,即我们一般所讲的智力,如观察力、记忆力、想象力等。人们认识客观世界,主要依赖的就是人的认知能力。

操作能力是人们操作自己的肢体以完成各项活动的能力,如表演能力、运动能力、劳动

能力等。操作能力与认知能力密切相关,人们通过认知能力积累一定的知识和经验,来促进操作能力的形成和发展。

社交能力是人们在社会交往活动中表现出来的能力,如沟通能力、组织管理能力、处理突发事件的能力等。社交能力是旅游从业人员所必须具备的能力。

(五)情绪理解、控制和利用的能力

这种能力也称为情绪智力,包括准确和适当地知觉、评价与表达情绪的能力;运用情感促进思维的能力;理解和分析情绪、有效地运用情绪知识的能力;调节情绪,以促进情绪和智力发展的能力。

第二节　人　　格

知识导引

一位老教授昔日培养的3位得意门生都小有成就。一位在官场上春风得意,一位在商场上捷报频传,一位埋头做学问如今也苦尽甘来,成为学术领军人物。于是有人问老教授:您以为三人中哪个更有出息?老教授说:现在还看不出来,人生的较量有3个层次,最低层次是技巧的较量,其次是智慧的较量,他们现在正处于这一层次,而最高层次的较量则是人格的较量。

一、人格的概念

人格贯穿于人的一生,影响人的一生。"人格"这一概念是19世纪由德国心理学家斯特恩首先提出的,他认为"心理学是一门关于具有体验的个人的科学,其中,每一体验都有相应的模式,即有目的性的人格。"

知识链接

不同学者关于人格(个性)的不同定义

(1)"人格是个体行为的全部品质"(吴伟士,1947)。

(2)"人格是交互结合的行为系统的动力组织,它在他人和文化产品的环境中由学习历程而发展起来"(卡默龙,1947)。

(3)"人格是个人经由社会化所获得的整体"(拉皮勒,1949)。

(4)"人格是从一个人所有行为中抽象出来的理论解释"(麦克莱兰德,1951)。

(5)"人格是个体由遗传和环境所决定的实际的和潜在的行为模式的总和(艾森克,

159

1955)。

(6)"人格是一个人不同于他人的所有的心理历程"(卡尔恩,1955)。

(7)"人格是人的特质的独特模式"(吉尔福德,1959)。

(8)"人格是个体在其发育的特别状况下所获得的独特行为装备"(伦丁,1961)。

(9)"人格是一种倾向,可借以预测一个人在给定情境中的所作所为,它是与个体的外显和内隐行为联系在一起的"(卡特尔,1965)。

(10)"人格是一个人的生活方式"(莱尔德,1968)。

(11)"特质是简单的行为模式或行为倾向,人格就是特质的模式"(雅尼斯,1969)。

(12)"人格是由观察个人行为而获得其假设的系统"(鲍曼,1972)。

(13)"人格是特征的一种组织,它存在于自己而区别于他人"(林德舍,1975)。

(14)"人格是基本和稳定的心理结构和过程,它们组织着人的经验,并形成人的行为和对环境的反应"(拉扎鲁斯,1979)。

(15)"人格是个人心理特征的统一,这些特征决定人的外显行为和内隐行为,并使它们与别人的行为有稳定的差异"(来德尔,1980)。

结合国内外专家学者对"人格"的不同定义和理解,我们把"人格"的概念界定为:人格是构成一个人思想、情感及行为的特有统合模式,这个独特模式包含一个人区别于其他人的稳定而统一的心理品质。人格是人的心理特征和品质的总和,而这些个体内部的心理特征和品质具体表现为两个方面:一方面是人的需要、动机、兴趣、信念和世界观等个性心理倾向;另一方面是个人比较稳定的区别于他人的个性心理特征,如气质、能力和性格等。

素养园地

贴心的实习生

侯同学因为在校期间品学兼优被安排在三亚实习酒店协助实习指导教师参与学生管理工作。实习初期,由于实习地离家远和生活习惯的差异,以及对酒店的整体运作、安排存在质疑等多方面原因;个别学生产生了抵触心理,由此工作态度消极,行为散漫。为了能安抚学生情绪,酒店在学院领导的安排下出面为学生答疑解惑,旨在解决学生在实习当中所遇到的各种问题。期间,由于参与实习的顶岗教师被分配在不同的酒店,在往来交通不是很便利的情况下,教师不一定能及时、客观地了解到学生们的真实情况。在这种情况下,侯同学及时帮助教师了解学生们第一时间的心理动态,主动帮助酒店经理协商解决问题,为学生做心理辅导,多次得到酒店表扬。

侯同学心理素质成熟,在同学中起到正面带头作用,能站在大局的角度上设身处地地为同学们的切身利益着想,用人格魅力赢得了同学、教师、酒店全体员工的一致好评。

二、人格的特征

(一) 整体性

人格是由气质、性格和能力等多种成分或特征所组成的有机整体,这些成分或特征并不是独立存在的,而是相互联系并具有内在的和谐统一性的。

(二) 独特性

一个人的人格是在遗传、成熟、环境和教育等先天、后天因素的交互作用下形成的。不同的遗传、生存及教育环境,形成了各自独特的心理特点。世界上不存在两个人格完全一致的人,所谓"人心不同,各如其面"。

(三) 共同性

人格的共同性是指某个群体、某个国家或某个民族有共同的典型的人格特征。生活在同一社会群体中的人也都有一些相同的人格特征。

(四) 稳定性

人格具有稳定性。在行为中偶然发生的或一时性的心理特征,不能称为人格。俗话说"江山易改,禀性难移",这句话形象地说明了人的人格具有稳定性的特点。正是由于人格具有稳定性的特点,我们才能区别不同的人,才能对一个人的心理和行为做出相应的判断和推测。

(五) 可变性

人格的稳定性并没有否定它的可变性,人的个性并非一成不变的。现实生活是复杂的,人们之间的交往也是多变的,而人格特征作为人的生活历程的反映,必然会随着社会环境的变迁而发生相应的变化。此外,重大事件及环境的突变都可能对一个人的人格产生影响。

三、影响人格形成的因素

人格是人对环境做出的一种反应,带有浓重的个人色彩;这种独特的反应方式具有系统性、完整性和稳定性。它是由个人在其遗传、环境、成熟、学习等因素交互作用下形成的。

(一) 遗传

遗传因素是人格形成和发展的基本前提。例如,个人的神经类型、感官特点、智能潜力、内分泌系统的特点、体貌特征和血型等遗传素质都是人格形成和发展的影响因素。

这里我们来看几个举世闻名的家族:五代人中共出现了13位优秀作曲家的巴赫家族;三代人18名男子中出了8位学者的伯努利家族,包括数位数学家和物理学家;田氏家族在美国乃至整个华人社会都享有很高的声誉,其第二代、第三代人中共有博士、硕士20多名,涉及核物理、医学、金融、制造、生物工程等多个领域;人才辈出的日本狩野家族,在第七代人中共出现9位画家、8位著名画家。

(二) 环境

环境是指人出生后所处的社会环境。例如,社会历史条件、文化、学校、家庭等环境因素,对一个人人格发展的内容、方向、水平等构成影响,并对实现遗传的潜能起保障作用。

(三) 成熟

成熟度与人格发展的阶段相对应。同一个人在不同的生理和心理年龄阶段,人格发展会有不同的主题。成熟规定了人格发展的一些规律性的东西。例如,在同样的环境下,人格成熟的人能较快适应生活中的变化,甚至拥抱变化。面对生活中的变故,不会一直焦虑或者患得患失,反而将变化视为一种机会,能够快速地把握机会,顺势而为。

(四) 学习

在个人成长过程中,随着个体独立性的增强,在自我意识的支配下,人可以主动地选择和获取来自环境的信息,并因此带来自身行为的变化。学习行为的自发性和主动性以及对人格形成的影响,使它成为影响人格发展的独立变量。

与老员工发生冲突

在实习进行到一个月的时候,开元名都酒店实习生小鑫同学与老员工发生肢体冲突。经了解,与小鑫发生冲突的老员工属于社会招工人员,没有受过高等教育,个人行为习惯不好,平日里经常偷奸耍滑,躲避劳动,并且欺负实习生。小鑫由于不堪受其压迫,遂因一起小事与其发生冲突。酒店事后经过调查取证,发现该老员工确实有偷懒、欺负新员工等不良表现,对其做出开除处理。为了小鑫同学的安全着想,学校与酒店人力资源部协商,给小鑫同学调转了部门。

人格的差异性主要体现在不同的环境、不同的教育背景会造就不一样的人,酒店环境复杂,各形各色的人混杂在一起,作为涉世不深的实习生,如何处理好与老员工的关系,与其他员工进行有效沟通都是实习的必修课。

第三节 性 格

《论语》中有一句话"仁者乐山,智者乐水",意思是说,一个人喜欢什么样的自然景物,与他的性格有很大关系。性格是后天习得的,我们对一个人的性格的了解,往往来自这个人对现实的稳定态度和习惯的行为方式。态度是一个人对人、物或思想观念的反应倾向,如接受什么、拒绝什么。包括对自己、对他人、对劳动、对工作的态度,如有些人讲文明、懂礼貌、不浪费、乐于助人等。

一、性格的含义

性格是指一个人表现在态度和行为方面的比较稳定的个性心理特征。性格是组成个性的核心心理特征,是行为方式和现实态度的统一体,往往反映了人的某种本质特征,从而给我们提供了判断人的心理依据。性格反映在人的行为方式上,通过外在行为表现出来,反映出一个人的动机和态度。

二、性格的特征

性格是十分复杂的心理特征,有多个侧面,包含多种多样的心理特征。这些特征在每个人身上都以一定的独特性结合为有机的整体。性格是表现在完成活动的态度和行为方式方面的特征。

(一)态度

改变性格的第一步就是从态度入手,改变自己的态度,必然导致积极的行为。例如,我们常说"浪子回头金不换",所谓浪子回头,是指包括对自己、对他人的态度变化,在态度变化的基础上,改变过往"习惯了的行为方式",可见,性格具有可塑性。

具体来看,一个人的性格中,对待社会、集体、他人的态度的特征,包括是否善于交际、富有同情心、为人正直、诚实等;对工作和学习的态度的特征,包括勤劳与懒惰、认真与马虎、细致与粗心、创新精神和墨守成规、节约与浮华等;还有对自己的态度的特征,主要有谦虚与傲慢、自信与自卑等。

(二)意志力

一个人是否对自己的行为有自觉性、果断性、坚韧性、自制性,即性格的意志力。如果一个人放任自流、犹豫不决、随大流,就会影响积极性格的形成。对行为目的的明确程度,是指是否有明确的行为目标并使行为受社会规范约束的意志特征。例如,在紧急或困难情况时,人的性格意志表现为镇定或慌张、勇敢或怯懦、果断或犹豫、顽强或屈服等。

(三)情绪

良好稳定的情绪,会让一个人更容易表现出积极乐观的心境;反之,心境容易消极悲观。日常我们说的"脾气大",就和情绪有关。人的情绪对人的活动的影响,或者人对情绪的控制,具有某种稳定的、经常的表现特点,这便构成了性格的情绪特征。

(四)理智

一个人是否具有独立认知,是否善于观察、独立思考;以及思维是否现实,基于事实而不是想象;思维是否精确,如看问题是否全面、深思熟虑,而不是片面肤浅。例如,人在感知方面的主要特征有主动观察和被动观察等;在想象方面的主要特征有幻想与冷静的现实主义、现实感的幻想与脱离实际的幻想、主动幻想与被动幻想等;在思维方面的主要特征有善于独立提出问题与回避问题,也有爱好分析、爱好综合等。

三、影响性格形成的主要因素

性格的形成受多方面因素的影响,人们应该多向积极的因素努力,做一个乐观向上、充满正能量的社会人。

(一) 生理因素

1. 遗传

性格的形成主要受气质的影响,人体生理解剖的差异也会对性格的形成产生影响。气质是自己无法选择的一种神经活动类型。一个人的气质具有较大的稳定性,表现出一个人生来就有的自然特征,对性格的形成产生影响,带有其独特的色彩。

2. 发育

人的发育情况也对性格的形成产生影响。外表形象的美丑、体格健壮与瘦弱、营养状况、食谱构成等都会影响躯体的发育水平。身体有残疾的人易形成自卑感,体形魁梧的人往往更自信。

3. 性别

受激素水平的控制,男女身体结构不同,男女生理差异影响性格形成。性别差异造成的不同社会角色的任务,形成不同的行为方式,影响性格的养成。

(二) 环境因素

1. 家庭

儿童成长期间是性格发展的主要阶段,家庭是培育个人性格的摇篮。人生活在家庭成员之中,学习社会规则与人际交往,言传身教的熏陶使性格具有家庭背景特色。

2. 学校

学校教育对青少年性格发展具有重要的影响。学生在学校里学习知识,学会交往,形成自己的价值观,逐步完成社会化过程。

3. 社会文化

历史渊源、政治经济制度、宗教信仰、民族风俗等对个人性格形成具有重要的影响。

(1) 地区性格。地域差异影响人的性格,某地方的地理环境和民族习惯会形成具有地区特点的性格,如北方人粗犷豪迈,南方人婉约细腻。

(2) 群体性格。不同社会群体在社会中居于一定的社会地位,会造成某个特定群体形成群体性格。

(3) 民族性格。由于民族文化习俗的不同,在传统和环境的影响下会形成某个民族特有的性格。

4. 职业

一个人因长期从事某种职业,逐渐会被工作环境同化而养成一种职业性格。这种职业性格表现在其日常生活中,影响其行为模式甚至会被称为"职业病"。

 探索实验

职场失败的12种性格

性格有时与人的工作能力、工作条件和赚钱能力有关,大量的研究表明,至少有12种性格容易导致贫困和失败,让我们来看一看你有导致贫困的性格吗?

(1) 知足。只要有吃有穿,腹饱体暖,就感到满足,对于财富没有追求。

(2) 自满。自己的总是最好的,这种人不愿与外界来往,不可能有更高的追求。

(3) 保守。这种人的生活全凭过去的经验,没有走过的路他不敢走,没有人做过的事,他不敢做。

(4) 怯懦。这种人胆子特别小,总是怕这怕那,哪种成功不冒风险呢?

(5) 懒惰。一种是身体懒惰,一种是精神懒惰。

(6) 孤僻。挣钱就是把别人的钱变成自己的钱,孤僻的人不擅长与人打交道,要想挣到钱就不太容易了。

(7) 狭隘。一是心胸狭隘,二是视野狭隘,三是知识狭隘,这种性格的人,也是很难与人和社会相处的,只好既贫又困。

(8) 消极。消极的人什么都不想,什么也不做,即使有再强的能力,终生也将一事无成。

(9) 自私。不想奉献,只想占小便宜,这种人最终不会获得成功和财富,他只能拥有自己——形影相吊,顾影自怜。

(10) 骄傲。有一点成绩就忘乎所以,这种人也许会成功,但很快就会丧失他获得的一切。

(11) 自以为是。自以为是的人,一般都处理不好与周围的人的关系,与人处不好关系,就不能形成长久的合作,与人合作不好,很难做成大事。

(12) 狂妄。这种人无论在哪里都不受欢迎,尽管他有很大的才气、很强的能力,但是一定会招来周围的人群起而攻之。

性格影响命运、性格决定财富,积极、乐观、自信、进取、勇敢、谦虚、勤奋、宽容、乐享、奉献、感恩、博爱的性格会吸引财富。

四、古希腊体液说

5世纪古希腊医生希波克拉特认为,人体内有4种体液,分别为血液、黏液、黄胆汁、黑胆汁。它们在人体内所占比例不同,构成了气质的4种类型,即胆汁质、多血质、黏液质和抑郁质。

动画:了解员工的气质类型

(一) 胆汁质

代表人物:黑旋风李逵,脾气暴躁、气力过人、行为冒失,心理学家把类似于李逵的气质称为胆汁质。具有这种气质的人情绪爆发快,但来去匆匆。他们精力旺盛、争强好斗,做事

勇敢果断,为人热情直率,表里如一;但是这种人常粗枝大叶、不求甚解,遇事鲁莽。

(二) 多血质

动画:多血质的客人

代表人物:浪子燕青,聪明过人、灵活善变,弹琴吹笛、结交朋友无所不会,心理学家把类似于燕青的气质称为多血质。具有这种气质的人总是像春风一样"得意洋洋",富有朝气;他们乖巧伶俐,惹人喜爱,思维灵活,喜欢与人交往,对各种环境的适应力强;但缺乏耐心和毅力,容易见异思迁。

(三) 黏液质

代表人物:豹子头林冲,沉着老练,身负深仇大恨尚能忍耐持久,几经挫折,万般无奈终于逼上梁山,心理学家把类似于林冲的气质称为黏液质。具有这种气质的人安静稳重,沉默寡言,喜欢沉思,情绪不易外露;他们自制力很强,不怕困难,内刚外柔;与人交往,交情深厚,朋友少但皆为知心;他们的思维灵活性略差,但考虑问题细致周到。

(四) 抑郁质

代表人物:林黛玉,多愁善感,聪颖多疑,孤僻清高,心理学家把类似于林黛玉的气质称为抑郁质。这种气质给人以"秋风落叶"般无奈、忧愁的感觉。这种人心境消极抑郁,不善交际,孤僻离群;他们聪明而富有想象力,自制力强,注重内心世界,举止缓慢而单调,虽然踏实稳重,但却优柔寡断。

一般情况下,胆汁质和多血质旅游者会较多地选择活动性强、有变化、新鲜奇异甚至带有探险性质的旅游活动;会更多地选择群体型旅游活动,即使与陌生人一起旅游也不会影响他们的兴致,很少单独旅游。而黏液质和抑郁质旅游者,大多数会选择安全舒适、有知识内容、活动性不强、与自己的生活环境相差不太大,且具有一定熟悉感的旅游活动,他们虽然喜欢和别人一起旅游,但常常以比较熟悉、满意而可靠的游伴为选择目标。

人物介绍

卡尔·荣格

卡尔·荣格(Carl Gustav Jung,1875—1961),瑞士心理学家,精神病学家精神分析代表人物,生于瑞士凯斯威尔(Kesswil)。1907年与西格蒙德·弗洛伊德在维也纳正式见面,交谈长达13个小时,此后开始合作,发展及推广精神分析学说长达6年之久,曾被弗洛伊德任命为第一届国际精神分析学会主席,国际心理治疗协会主席,之后与弗洛伊德理念不和,他更强调人的精神的崇高抱负,反对弗洛伊德的自然主义倾向,而且弗洛伊德如父亲般的权威也让荣格无法忍受,最后终于分道扬镳,荣格创立了荣格人格分析心理学理论。1961年6月6日,荣格逝于瑞士,享年86岁。

五、荣格"人格结构"

心灵包括一切有意识和潜意识的思想、情感及行为,主要由意识、个体潜意识和集体潜意识3个层面构成。

（一）意识

意识是人格结构的最顶层。它是心理中唯一可以被个体直接感知到的部分，意识的整个本质就是辨别、区分自我和非我，主体和客体，肯定和否定等。事物分离成对立的双方完全是由于意识的区分作用，只有意识才能认识到适当的东西，并使之与不适当的和无价值的东西区别开来，它的充分发展与分化导致个体意识自我的产生，为人格赋予一致性和连续性，人类个体化成长进程正是意识的发展。

（二）个体潜意识

人格结构的第二层，潜意识的表层部分，包含一切被遗忘的记忆，知觉和被压抑的经验，以及属于个体性质的梦等；荣格还提出了属于该范畴的情结概念，源自荣格1904年在伯格尔私立精神病医院的词语联想实验，他发现情结具有自主性，完全按照自己的意图进行自我支配，无法控制，常常无法意识到他们，情结是梦和症状的缔造者，是通往潜意识的捷径。如今的测谎仪就是根据这一实验理论原理研究发明出来的，它是分析心理学在司法上的重大贡献。

（三）集体潜意识

人格结构中最底层的部分，是人类在漫长的历史演变过程中积累下来的沉淀物，包括人类的活动方式和人脑结构中的遗传痕迹。它和个体潜意识不同，它从来没有在意识中出现过，都是遗传得来的。

探索实验

性格决定旅行

每种性格都有适合自己的旅行方式，美国《赫芬顿邮报》盘点了16类游客性格及推荐的旅行路线，来看看你是哪类性格的游客吧？

1. 经典型游客

经典型游客喜欢有规划的旅行。他们不是那种说走就走的人，没有任何计划地到一个新地方旅行令他们压力倍增。他们更喜欢在一些传统景点接受导游服务。试试意大利托斯卡纳的红酒之旅吧，不会有比这更经典的旅行了。

2. 和谐型游客

和谐型游客很注重平静与和谐。在日常生活中，他们感觉对他人负有重大的责任，因此在闲暇时间应该有一些"自我时间"来关注自身而非别人。这类游客适合摩洛哥马拉喀什的生态旅馆，他们能在这个生态友好型的度假村获得休养和慰藉。

3. 利他型游客

利他型游客富于创造力和同情心。他们乐于助人，在奉献社会的同时收获快乐和满足，因此最适合服务类旅行。看看《国家地理》推荐的志愿者旅行吧，如肯尼亚野生动物服务署的志愿者服务。

4. 时尚型游客

时尚型游客重逻辑分析,喜欢高明的谈话,对事物的标准很高。最喜欢能激发他们智力的旅行。这类游客不妨去一些充满历史和文化积淀的地方,如英国伦敦,那里有无数座博物馆、大学和厚重的文学史,会是一个绝佳的旅行地。

5. 狂野型游客

狂野型游客性格独立、适应力很强。他们喜欢户外,热爱极限、刺激类活动。他们比较适合自由的背包旅行,与几个朋友或独自上路,与自然来一次亲密接触。新西兰是个理想的目的地,游客可以尝试各类极限运动,如蹦极、漂流、跳伞等。

6. 冷静型游客

冷静型游客内心愉悦、行事低调,通常有艺术天赋。他们较内向,但热爱人群,乐于同亲友分享体验。一次搭配文化活动的悠闲沙滩旅行很适合他们。波多黎各的圣胡安就是个理想的目的地。在沙滩上待一天,放松、潜水、航行或是打场沙滩排球,晚上去圣胡安老城逛逛,欣赏这座历史名城的魅力。

7. 标新立异型游客

标新立异型游客追求风雅、较为理想化,喜欢非传统的生活方式,常喜欢追求事物的真相和意义。他们很适合来一次印度之旅。印度丰富的历史和精神主义的传统可使其继续追寻有意义的生活。此外,印度也有生机勃勃的艺术景观,无论是宝莱坞还是诗歌、文学,都能满足这类游客的艺术需求。

8. 博学类游客

博学类游客是人生的思考者。他们热爱逻辑和创新,喜欢哲学和艺术。他们适合去意大利佛罗伦萨,欣赏熠熠生辉的建筑,感受文艺复兴时期的艺术和历史。

9. 极限类游客

极限类游客精力充沛,活力四射。他们肾上腺素永远满值,热爱运动,永不停止。很明显,他们很适合极限旅行,可以到世界几大险峰尝试直升机高山滑雪,或者到澳大利亚体验鲨笼潜水。

10. 快乐型游客

快乐型游客热爱社交,在各类聚会中总是人群的焦点。他们性格外向、有趣,与他们在一起一定能度过一段快乐的时光。这类游客喜欢到陌生环境的聚会中结识新朋友,纵情歌舞,共度夜晚。要说聚会的胜地,当属西班牙的伊维萨岛了。

11. 艺术型游客

艺术型游客性格外向,充满创造力,热爱艺术、音乐、写作,最喜欢与他人分享自己对艺术的热情。艺术型游客适合到饱含文学及艺术底蕴的城市旅行。法国巴黎就是个不错的选择。那里的景点绝不会让这类游客失望,如卢浮宫、奥赛博物馆、海明威曾光顾的咖啡馆,以及蒙马特区的波希米亚风格的街道。

12. 好奇型游客

好奇型游客天资聪颖,富于好奇心。他们热爱挑战,喜欢探索,不介意重走那些已被走烂了的路线。在一个历史悠久的地区徒步旅行或许会令这类游客兴奋不已,他们会喜欢一路探索、学习的感觉。在美国的所有旅行线路中,俄勒冈小道最合适不过了。这条小道从密苏里州独立城起至俄勒冈城止,途中有100多处历史名胜。

13. 传统型游客

传统型游客十分传统,或者说因循守旧,他们工作勤奋,喜欢按规则办事。事事有规划的感觉令他们十分满足。这类游客适合一切都规划好的全包式景点。试试安提瓜岛的琼比湾紫檀度假村吧,这是世界上最好的全包式度假村之一。

14. 同情心型游客

同情心型游客极富同情心,天性敏感、谨小慎微,对他人和世界抱有深切的关怀。这类游客适合生态旅游,在旅行中放松身心、感受自然,不用担心自己会对环境产生负面影响。在众多生态旅游选择中,我们为游客推荐厄瓜多尔的加拉帕戈斯群岛,在那里游客可以花一天时间看看精心保护下的生态系统是什么样子的,第二天与海狮、企鹅一起畅游。

15. 幻想型游客

幻想型游客是浪漫主义者,极富魅力。他们乐于助人,也经常沉浸在浪漫的美梦中。这类游客一定喜欢与恋人或密友踏上一段苏格兰之旅,感受其梦幻魅力。他们可以在探访古堡、了解古代部族历史时,让自己的想象尽情驰骋。苏格兰葱郁的绿地也能满足他们对浪漫的向往。

16. 好胜型游客

好胜型游客工作努力,好胜心强。他们喜欢从人群中脱颖而出,掌控局势。他们通常是工作狂,也就意味着他们确实需要一些休息时间放松心情。这类游客适合奢华又放松的地方,可以养尊处优、备受优待。位于夏威夷威雷亚的毛伊岛四季度假酒店应是这类游客的选择。该酒店已被福布斯列入了"世界顶级沙滩酒店排行榜",彻底的放松方式和各类户外活动能充分满足游客的好胜心。旅行结束回家后,他们也能炫耀自己的辉煌旅程。

六、生活方式与旅游行为

生活方式是指一个人的生活形式,表现为人们的生活水平、消费水平等;还表现为生活习惯、价值取向、社会态度、行为规范等。生活方式直接影响旅游决策。根据人的生活方式与旅游的关系,我们把旅游者大致分为以下几种类型。

(一) 安逸型与活跃型旅游者

安逸型旅游者大多是条件优越、家庭观念强、从事文化性质工作的人。他们希望旅游活动能够充分休息、娱乐,他们喜欢清新的空气、明媚的阳光,幽静的湖滨、海岛、山庄等旅游区,对这类旅游者的吸引力非常大。针对这类旅游者,在旅游区开发建设、提供服务和宣传时,应注意利用幽静的户外活动、可以全家一起度假、能充分休息等方面,吸引他们做出旅游决策。

活跃型旅游者外向、活跃、自信,乐于主动与他人交往,总是希望能以某种方式更多地介入社会生活。他们敢于尝试新鲜的事物,对任何新奇的经历都有很大的兴趣,喜欢遥远的旅游目的地,最好能周游世界。他们认为旅游应该摆脱刻板的日常生活,有全新的活动内容,体验更丰富多彩的人生经验。他们通常有较高的经济收入和文化水平,有一定的冒险精神。这类旅游者往往被不同文化的美术馆、博物馆、音乐会、传统戏剧和民俗风情所吸引,针对这种类型的旅游者旅游商品的开发和宣传都必须围绕一个"新"字,前面我们说的"胡同旅游"的成功之道就在这里。

(二) 消遣型与探究型旅游者

消遣型旅游者外出旅游的季节性很强,目的地的气候条件是吸引这类旅游者来访的重要因素。这类旅游者在对目的地以及出发时间的选择方面,拥有较大程度的自由,如果目的地的不安全因素增加,或者旅游产品质量下降或提价过高,他们便会随时改变计划,另选他处或另选时间去旅游。这类旅游者一般在旅游目的地停留的时间会比较长。

探究型旅游者又分为探险猎奇型和历史探究型两类。

(1) 探险猎奇型。这类旅游者往往是身强力壮、意志顽强的年轻人。他们追求新鲜感受,喜欢攀登高山、穿越沙漠、露宿荒原,深入人迹罕至的地方或没有开发的景点去旅游;往往不看重享受,对生活条件不苛求,追求新鲜刺激的感受。

(2) 历史探究型。旅游者的旅游动机就是登临古迹、缅怀过去。历史人物遗迹、古代文化旧址等对这类旅游者有很大的吸引力。他们认为,旅游应该有教育意义,通过对历史文化的了解,来加强对现实社会生活的理解。古人说:"以史为鉴,可以知兴亡"。旅游可以使人更直接地了解历史,体验一个国家的沧桑变化。因此,这种类型的旅游者降低了对休息娱乐的需要,把旅游变成一堂历史课。

(三) 事务型与交际型旅游者

事务型旅游者的需求特点比较复杂。在旅游时间上,虽有不少人利用带薪假期探亲访友,但相当多的人都选择传统节假日外出探亲,而各国传统节日又不尽统一。此外,事务型旅游者因出差等事由,往往在对旅游目的地的选择方面,没有选择旅游目的地的自由。就对价格的敏感程度而言,他们又与消遣型旅游者的需求特点相似。

交际型旅游者为数不多,多为文艺工作者和中青年人。他们往往把旅游作为扩大交往、增加社会联系、促使自己事业成功的手段,是结交新朋友、联络老朋友的好机会,他们为人随和,不强调休息和疗养。

第四节 个性结构与旅游决策

每到假期总会纠结要不要出去旅游,去哪个地方游玩,每到做决策时,人们总会思前想后考虑一堆因素,到底有哪些因素决定我们是否出游呢?调查显示:家庭旅行计划的制定需要全家共同参与,很多家庭的旅行决定都是为了满足年幼的孩子。95%的家庭旅行者认为,家庭成员获得娱乐和开心最为重要。此外,划算的订单交易和价值、户外活动、学校假期前后的旅行安排、主要景区景点或主题公园位置等也成为旅游决策的影响因素。

一、弗洛伊德的个性结构理论

弗洛伊德的个性结构理论是指在弗洛伊德的学说中,个性被视为从内部控制行为的一种心理机制,这种内部心理机制决定一个人在一切给定情境中的行为特征或行为模式。弗洛伊德认为完整的人格结构由三大部分组成,即本我、自我和超我。对一个心智健全的人而言,这三大系统是和谐统一的整体,它们的密切配合使人能够卓有成效地展开与外界环境的各种交往,以满足人的基本需求和欲望,实现人的崇高理想与目的;反之,如果这三大系统难以协调、相互冲突,人就会处于失常状态,内外交困,活动效率也会随之降低,甚至危及人的生存和发展。

西格蒙德·弗洛伊德

西格蒙德·弗洛伊德(Sigmund Freud,1856—1939),奥地利精神病医师、心理学家、精神分析学派创始人,被称为"维也纳第一精神分析学派"。1873年进入维也纳大学医学院学习,1881年获医学博士学位。1882—1885年在维也纳综合医院担任医师,从事脑解剖和病理学研究,然后私人开始治疗精神病。1895年正式提出精神分析的概念,1899年出版《梦的解析》,被认为是精神分析心理学的正式形成。1919年成立国际精神分析学会,标志着精神分析学派最终形成。1930年被授予歌德奖,1936年成为英国皇家学会会员。1938年奥地利被德国侵占,赴英国避难,次年于伦敦逝世。他开创了潜意识研究的新领域,促进了动力心理学、人格心理学和变态心理学的发展,奠定了现代医学模式的新基础,为20世纪西方人文学科提供了重要理论支柱。他提出"潜意识""自我""本我""超我""俄狄浦斯情结""力比多""心理防卫机制"等概念。他提出的"精神分析学"后来被认为并非有效的临床治疗方法,但激发了后人提出各式各样的精神病理学理论,在临床心理学的发展史上具有重要意义。著有《精神分析引论》《图腾与禁忌》等。弗洛伊德被世人誉为"精神分析之父",20世纪最伟大的心理学家之一。

(一)本我——快乐原则

本我中的本能冲动是个性的原始倾向,是主体一切欲望和冲动的源泉,具有强大的非理性的心理能量。它按照快乐原则,急切寻找出路,一味追求满足,是人性最初、最基本的心理体系。本我在孩提时代首先发展,包括大脑遗传部分和本能,具有冲动特征,受自我和超我限制,以避免它对社会起破坏作用。

(二)自我——现实原则

自我是指人格中的意识结构部分,是来自本我经外部世界影响而形成的知觉系统。它代表理智与常识,处于本我与超我之间,按照现实原则,充当仲裁者,监督本我,适当满足,即指导行为采取社会允许的方式满足本我的需要。

(三) 超我——理想原则

超我是指人格中最文明、最道德的部分,是指由外在的环境影响(社会舆论、理想、价值观)而产生的心理意识状态,遵循"理想原则",代表良心、社会准则和自我理想,是个性中的高层结构,按照至善原则行事,指导自我、限制本我,不让其有越轨行为,否则就给予惩罚。超我中有一部分处于无意识领域,另一部分则处于意识领域。

弗洛伊德认为,本我的目的在于追求快乐,自我的目的在于追求现实,超我的目的在于追求完美。由于超我永无止境地追求完美,因此它同本我一样是非现实的,它经常批评本我、谴责自我。自我服从超我的强制规则,它不仅必须寻找满足本我需要的事物,还必须考虑到所寻找的事物不能违反超我的价值观。

二、自我状态

加拿大心理学家埃里克·伯恩在其专著《大众游戏》一书中提出,一个人的人格是由3种形态组成的,即父母自我状态、成人自我状态、儿童自我状态,即著名的人格结构的PAC分析。人的行为是由人的这3个"自我状态"的组成体或其中之一支配和控制的。

(一) 父母自我状态

这是一个人从父母(或其他具有父母般影响力的人)学习而来,整合到自己人格的部分。当一个人在父母自我状态时,外显行为会表现得像自己的父母,而内在想法和感觉亦然。它主要来自自己的父母,且会在不知不觉中做出和自己父母相同的行为、动作、语言、态度等。我们可以从人们所使用的字眼中,看出一个人的父母自我状态。例如,"你应该""你必须""我比你知道得多",或者批评别人、想照顾别人,觉得别人的需要比自己的需要还重要。

(二) 成人自我状态

成人自我状态是一个人利用既有的资源来思考、记忆并应用的部分,通常是以不带感情的方式来表现的,属于此时此地的一部分。例如,当你正在读一本书、看一些资料,不带情绪地判断是否适用在自己身上,这时所表现出来的状态就是成人自我状态。如果你很生气地说:"这些家伙根本不知道自己在说些什么!",这时你可能处于批评的父母自我状态或生气的儿童自我状态。

(三) 儿童自我状态

它是一个人以自己过去(特别是幼时)的方式思考、感觉并表现的部分。代表自己小时候的部分,是人整个生命的开始。比父母自我状态、成人自我状态更充满精力,承担直接表达需求,适应环境要求达到发展任务。当人在表现哭、笑、生气时,就是使用它,或者是对事物幻想、创造发明等。最典型的字眼是"我要""我不要"。儿童自我是最需要安抚的。例如,当我们在欣赏电影时,会随着剧情的起伏而高兴、悲伤、紧张、害怕,都是儿童自我状态运作的明显表现。

在健康人身上,3种自我形态处在协调平衡中。在不同人身上,不同情景中,3种状态起着不同的作用。个性表现得不稳定,3种自我状态在不同场合中各有优劣,一般情况下,3种形态处于协调关系中,只有这样,人的个性才能健康和谐地发展。

小案例

一卷卫生纸引起的围观

某日傍晚,一香港旅游团结束了"广州一日游",回到下榻的饭店。然而,不到10分钟,旅游团的一位中年女游客就光着脚来到大堂,怒气冲冲地向前台投诉客房服务员。原来,早晨出发时,这位女游客要求楼层客房服务员为房间加一卷卫生纸,但这位服务员却只将这位客人的要求写在了交班记录本上,并没有与接班服务员特别强调指出。结果,下一班次的服务员看到客房卫生间内还有剩余的半卷卫生纸,就未再加。结果,这位客人回来后,勃然大怒。无论前台的几个服务员如何规劝、解释,她依旧坚持光着脚站在大堂中央大声说:"你们的服务简直糟透了!"引来许多客人好奇的目光。

值班经理和客房部经理很快赶到了,看到此情此景,他们一边让服务员拿来一双舒适的拖鞋,一边安慰客人说:"我们的服务是有做得不够好的地方,请您消消气,我们到会客室坐下来谈,好吗?"这时客人态度渐渐缓和下来,值班经理耐心地向客人询问了事情的经过和解决问题的具体意见。

最后为其派送了一卷卫生纸,并向这位客人赠送了致歉果盘。事后,经向该团导游了解,这位游客因对旅行社当天的行程等一些事情安排不满,故心情不好,也是其中原因之一。

从心理学的角度来分析,此案例首先是游客心理个性的特殊反映。因为消费者的心理随时受到社会环境及个人情感、情绪的影响。事情虽小,但由于客人心情和心理原因,出现的后果和产生的不良影响却很严重。正所谓心随境转,可能客人在比较正常的成人状态下,打电话与客服中心联系就可以解决问题,但这时客人的心理不舒服、正憋着气,儿童状态显现,这半卷卫生纸无疑就成了客人不良情绪宣泄的一条导火线。

三、自我状态与旅游决策

当一个人在作旅游决策的时候,他的思维常常处于3种自我形态的对话、权衡之中。这3种自我状态相互制衡、相互作用。一般儿童自我状态最容易被诱惑、被激发。当儿童自我状态提出旅游要求时,父母自我状态总是持保留态度或提出一系列质疑,尤其是对儿童自我状态内的旅游欲望和动机持有很大的怀疑和否定态度,并且很理性地企图说服。如果父母自我状态始终不同意儿童自我状态的旅游要求,旅游决定很难形成,这时成人自我状态便会在父母自我状态和儿童自我状态中充当仲裁者的角色。

心随"影"动

影片《美丽心灵》讲述了天赋异禀、才华横溢并患有严重精神分裂症的数学家约翰·福布斯·纳什,在博弈论和微分几何学领域经过20多年的潜心研究,最终获得诺贝尔经济学奖的故事。可悲的疯子和最高荣誉的获得者,同时发生在一个人的身上,心灵的成长就是与自己的疾病和解,理性地度过余生,过人格自洽的生活。《美丽心灵》的原型约翰·纳什,是著名经济学家,"博弈论"的创始人,并于1994年获得诺贝尔经济学奖。该剧拍摄时,为了提升影片的真实感和情感的感染力,导演曾将原型人物约翰·纳什请去现场,亲临指导。同学们通过对电影的观赏,会对"人格"这个概念有更加深刻和丰富的理解,不论是疯子还是天才,在爱的包容下都能够获得自洽的成长。

本 章 小 结

本章对能力与人格的概念、特性进行具体分析,指出人的心理特性表现在心理活动上,也表现在能力与人格上。通过人物气质类型分析,详细介绍气质类型的主要特点。

课后练习

一、基础知识问答题

1. 简述能力的概念及种类。
2. 简述人格的概念及结构。
3. 旅游从业人员应具备哪些能力?
4. 简述自我状态。
5. 简述气质的类型。

二、综合实践实训题

1. 分析自己的能力特点,谈谈在今后的职业生涯中,要如何有效地发展自己的能力。
2. 请以小组为单位,说一说各自属于哪种气质类型?

第八章　旅游服务者的心理健康

◆ 本章导读

健康包括身体健康、心理健康、心灵健康3个方面。三者互相依存、密切相关、不可分割。身体健康是心理健康和心灵健康的前提和基础,心理健康是身体健康和心灵的动力与保证。一个人只有具备心理健康的基本条件,才能保证生命的完整统一和全面健康,才能维护身体功能的协调稳定,免除各种情绪压力。本章从心理健康概述入手,针对旅游从业人员在未来从事相关工作中可能面对的各种心理问题及调适方式进行介绍。通过本章的学习,你能够更深入地了解心理健康的含义及良好的心理健康状况对人的影响,可为今后的学习及生活奠定健康的心理基础。

◆ 学习目标

- **知识目标**
  - 掌握心理健康的基础概念。
  - 了解各种心理问题。
  - 掌握调适心理问题的方式。

- **能力目标**
  - 了解有关心理健康的主要理论。
  - 运用心理学的研究方法调适生活和工作中可能出现的各种心理问题。

- **素养目标**
  - 培养积极、乐观、向上的心理品质。
  - 培养学生具备健康的心理。

第一节 心理健康概述

旅行可以提供精神或情感上的放松,也可以帮助我们转变视角。旅行可以促进多巴胺等激素的释放,从而使我们的身体恢复健康,发挥更好的人体机能。旅行不只是一种奢侈品,它还是一种必需品。旅行的时间可能是我们唯一会停下来闻闻花香、听听鸟叫的时候。旅行可以帮助我们知道我们活着是为了什么,而不是为了追求还未拥有的东西。

一、健康的含义

传统的健康观念——机体处于正常的运作状态,没有疾病。《辞海》中的健康概念:"人体各器官系统发育良好、功能正常、体质健壮、精力充沛并具有良好劳动效能的状态。"

世界卫生组织1948年对健康的概念:健康不仅仅是没有疾病,而是身体上、心理上和社会上的完好状态,即躯体健康、社会适应良好和道德健康。《简明不列颠百科全书》1987年中文版健康的定义:使个体能长期适应环境的身体、情绪、精神及社交方面的能力。"百度百科"对健康的定义:人体发育良好,机理正常,有健全的心理和社会适应能力。

综上所述,健康可以定义为:一个人在躯体、精神、社会适应和道德等方面,都处于良好的状态。

曾有学者提出了一个获得健康的公式:

健康 = 情绪稳定 + 运动适量 + 饮食合理 + 规律的作息

世界卫生组织提出的健康十条标准

1. 有足够充沛的精力,能从容不迫地应付日常生活和工作的压力。
2. 处事乐观,态度积极,乐于承担责任,不挑剔事务的巨细。
3. 善于休息,睡眠良好。
4. 应变能力强,能适应环境的各种变化。
5. 能够抵抗一般性感冒和传染病。
6. 体重得当,身体均匀,站立时,头、肩、臂位置协调。
7. 眼睛明亮,反应敏捷,眼睑不发炎。
8. 牙齿清洁,无空洞,无痛感,牙龈颜色正常,无出血现象。

9. 头发有光泽,无头皮屑。
10. 肌肉、皮肤有弹性,走路感到轻松。

二、心理健康的含义

1946年,国际心理卫生大会对心理健康做的解释:
(1) 身体、智力、情绪十分调和;
(2) 适应环境,人际关系能彼此谦让;
(3) 有幸福感;
(4) 在工作和职业中能充分发挥自己的能力,过有效的生活。

心理健康定义:个体的心理活动处于正常状态,即认知正常、情感协调、意志健全、个性完善和适应良好,能够充分发挥自身的最大潜能,以适应生活、学习、工作和社会环境的发展与变化的需要。总而言之,即心理的各方面及活动过程处于一种良好或正常的状态。

美国学者坎布斯对人的心理健康、人格健全方面提出了4种标准:
(1) 积极的自我观念;
(2) 恰当地认同他人;
(3) 面对和接受现实;
(4) 主观经验丰富,可供取用。

三、心理健康的重要作用

(一) 有利于个体生理健康

健康的心理对生理发展有重要的促进作用,不仅可以减少心身疾病的产生,而且可以增强患者战胜疾病的勇气和信心,促进疾病康复。

(二) 使个体形成良好品质

心理健康的人,能正视现实,展望未来;能注重实际,不胡思乱想;能接纳挫折,积极应付;能有理有情、情理相融,这些对良好的道德品质的形成和发展都有极大的促进作用。

(三) 促进个性的形成

心理健康的人有强烈的自我发展倾向,对于自己各种个性特点有客观的认识,而且能够努力地进行自我锻炼,发展良好的心理品质。

(四) 促进学习效率的提高

心理健康的人能正确地处理主客观关系,在两者之间找到最佳结合点;有良好的意志品质,活动中自觉性、坚持性都较高;善于调节自己,应付各种复杂情境,这对学习效率的提高有很大的促进作用;并且心理健康的人乐观、富有情趣、充满活力,生活质量很高,情趣盎然,格调高雅。

(五) 促进良好的社会适应

心理健康的人不仅能够悦纳自己,也能接纳别人,在和各种人的交往中既能热情、宽容,又能把握自己,有理有节,容易获得和谐的人际关系,还能在复杂的社会条件下找到与社会相适应的生活道路。

（六）体现精神文明水平

成员之间充满嫉妒、争斗、冷漠、悲观等不良品质的社会或集体，精神文明水平不可能高；反之，成员之间充满友爱、谅解、宽容的社会或集体，每个成员都是乐观向上、积极进取的，必然体现出高度的精神文明水平。

（七）影响社会安定和发展

社会或集体中人际关系的和谐是社会安定的一个重要条件，个体心理健康直接影响人际关系的建立，对整个社会或集体的安定有很大的影响；社会要发展，集体要前进，必须是一个高效率的社会或集体。社会或集体成员的心理健康不仅影响其自身的工作效率，而且影响社会或集体活动的效率。一个有高度精神文明的高效率社会或集体，必然是高速向上发展的社会或集体。社会或集体成员的心理健康水平对社会或集体的发展有着极其重要的意义。

 小测验

美国哈佛大学著名精神病学家弗列曼教授认为，"人们患病的原因，心理因素占了很大比例"。世界卫生组织认为心理健康比躯体健康的意义更重要。

现将测定心理老化的16个问题列表如下，同学们一起来测一测。

1. 是否变得很健忘。
2. 是否经常束手无策。
3. 是否总把心思集中在以自己为中心的事情上。
4. 是否喜欢谈起往事。
5. 是否总是爱发牢骚。
6. 是否对发生在眼前的事漠不关心。
7. 是否对亲人产生疏离感，甚至想独自生活。
8. 是否对接受新事物感到非常困难。
9. 是否对与自己有关的事过于敏感。
10. 是否不愿与人交往。
11. 是否觉得自己已经跟不上时代。
12. 是否常常很冲动。
13. 是否常会莫名其妙地伤感。
14. 是否觉得生活枯燥无味，没有意义。
15. 是否渐渐喜好收集不实用的东西。
16. 是否常常无缘无故地生气。

如果你的答案有7条以上是肯定的，那么你的心理就出现老化的危机了，要小心保护自己的心理了。

第二节　旅游从业人员的心理问题

　　旅游从业人员处于接待工作的第一线,直接为宾客提供服务。他们的言谈举止、行为规范代表着旅游企业的形象,他们的水平及工作质量直接影响旅游企业的服务效果,而接待人员的工作质量取决于他们自身的素质。做一个合格的旅游行业的员工,讲究礼貌礼节服务是基本素质要求之一,还必须具备良好的职业道德、丰富的科学文化和业务知识、娴熟的服务技能及健康的心理等基本素质。

　　心理素质的修养是指一个人从自身的心理特点出发,通过采取一定的方法,学会调节控制自己的心理活动状态,使自己在心理上具有适应外界环境、完成某项任务的能力。一个人的心理素质如何,直接影响交际活动的质量。一个具有良好心理素质的人在交际活动中遇到各种情况和困难时,都能始终保持沉着稳定的心理状态,根据所掌握的信息,迅速采取最合理的行为方式,化险为夷,争取主动;相反,一些缺乏良好心理素质的人,在参加重大交际活动前,常会出现惊慌惧怕、心神不定、坐卧不安的状况,有的在交际活动开始后,甚至会出现心跳加快、四肢颤抖、说话声调不正常的现象。这充分说明一个人具有良好的心理素质是顺利参加交际活动、完美地运用交际礼仪形式的重要因素。因此,心理素质的修养也应成为交际礼仪修养中的一个重要内容。只有具备良好的心理素质,才能取得交往的成功,更好地为客人服务。

　　心理问题不是生理疾病,它是由人内在精神因素(准确地说是大脑中枢神经控制系统)所引发的一系列问题,它会间接地改变人的性格、世界观等。

　　根据对心理健康的定义,按照程度的不同,可将个体心理问题的类型分为 3 类:发展性心理问题、适应性心理问题与障碍性心理问题。

为什么假装生气,最后会真生气

　　有一位车行的老板,年轻时是 F1 赛车手。当朋友问他,作为一个赛车手最重要的是什么的时候?他说:"除胆量之外,最重要的是,你必须在高速车道转弯时,用你的大脑来控制车子的转弯,而不是用双手和方向盘,否则就会翻车。"

　　朋友很吃惊,对这样的回答无法理解。按照正常的思维,我们都是用方向盘来操控转弯的呀!车行老板解释说:"在比赛中,车子转弯时的速度非常快,以至于整个车子几乎都是悬空的,车手基本上就失去了对车子的控制。这个时候,只要你脑子里想着车子要去的方向,眼睛也紧紧盯着要前进的方向,手和车子才会朝着你希望的方向去。如果你想的是千万不要翻车,那么车子一定会翻。"

　　大脑的力量就是这么神奇!现实中,我们会看到一些职业演员,在演悲情剧的时候,真的能打动观众,而他们将其称为"入戏"。那是因为他们心中切实地感受到主人公的悲伤,最真挚的感情被调动出来,继而感染了观众。

同样的道理,如果你假装生气,大脑可不知道你是装的,它就会在你脑子里朝着生气的方向前进。过了一段时间后,就会变成真生气了。同样,如果你不开心,但若是看看喜剧电影,笑一笑也会变得快乐。

因此,心理学家詹姆斯提出了这样的理论:我们之所以快乐是因为我们笑了,悲伤是因为我们哭了,身体反应会导致情绪反应。所以,我们该多想想自己渴望的结果,让大脑帮我们完成愿望。若是整天想着那些不顺心的、坏的结果,恐怕真的会怕什么来什么。

一、发展性心理问题

所谓发展性心理问题,主要是指个体自身不能树立正确的自我认知,特别是对自我能力、自我素质方面的认知,其心理素质及心理潜能都没有得到有效、全面的发展。它是管理心理学、教育心理学、学习心理学、特别是现代积极心理学等心理学科研究的范畴。

发展性心理问题的解决重在帮助个体提高心理素质,健全人格,通过有针对性地教育和训练,培养其良好的心理素质,塑造健康、完整的人格,成为适应现代社会的合格个体。其特点主要体现在自负或缺乏自信、志向愿望过高或偏低、责任目标缺失等几个方面。

(1) 发展性心理问题针对的是心理健康、身心发展正常的个体,但在发展方面仍有潜力可挖,心理素质尚待完善。

(2) 发展性心理问题的解决,重在引导个体在一个新的层面上认识自我,开发自我潜能。这种潜能的开发因为具有突破自我认识局限性的特征,往往使个体在能力发展、信心重建等方面实现一定的飞跃,使自己得到更充分的发展。

(3) 强调发展的原则,发展性心理问题的解决,虽然也对个体的工作、适应、发展等问题给予指导与帮助,但更侧重于"发展"方面,即促进心理素质的发展。它对个体所做的一切工作包括指导个体调节和控制情绪、改善精神状态、建立自信心等,都是以个体能够更好、更充分地发展为目标的。

二、适应性心理健康问题

适应是个体通过不断做出身心调整,在现实生活环境中维持一种良好、有效的生存状态的过程。适应性心理问题是个人与环境不能取得协调一致所带来的心理困扰,主要是健康心理学、发展心理学、社会心理学、工程心理学、生理心理学、人格心理学、犯罪心理学、咨询心理学、教育心理学、管理心理学、环境心理学等心理学科研究的范畴。

心理学家哈特曼认为,"适应是个体终生维护心理平衡的持续过程,以无须付出太高的代价去处理一个具有一般性及可预期性的环境。"可见,适应是个体与环境在相互作用中发生改变的过程,既然是相互作用,发生改变的应该是双方。人们在谈到适应时,心中想的主要是个体的改变,是个体改变自身去顺应环境的变化;个人与环境的关系体现为一种状态,即个人与环境之间的一种和谐、平衡的状态,这种平衡是机体在不断变化以适应环境所取得的,这种平衡不是绝对静止的。如果机体与环境失去平衡,就需要改变自身以重建平衡。

适应性心理问题呈现如下特点。

(1) 适应性心理问题针对的是身心发展正常,但带有一定的心理、行为问题的个体,或者说在适应方面发生困难的正常人。

(2) 适应性心理问题的解决,注重的是个体的正常需要与其现实状况之间的矛盾冲突,大部分工作是在个体的认识水平上加以帮助的。

(3) 强调教育的原则,适应性心理问题的解决,重视个体自身理性的作用,教育者并不是要亲自帮助个体直接去解决问题,满足其需要,而是帮助其分析情况,提出合理解决的途径和方法。强调发掘、利用其潜在积极因素,自己解决问题。对于环境的改善,也是在现有条件的基础上提出改进意见。

(4) 适应性心理问题的内容,侧重于工作指导、交往指导、生活指导等方面,主要解决个体在这些方面所遇到的各种心理问题。

三、障碍性心理健康问题

障碍性心理问题有时候也称为心理障碍或心理疾病,是变态心理学、临床心理学、健康心理学、生理心理学、犯罪心理学、咨询心理学等心理学科研究的范畴。其具有以下特征。

一是个体持久地感受到痛苦(一般以6个月为界线);二是社会功能受损,表现为人际关系糟糕,容易产生对抗甚至敌对行为;三是表现出非当地文化类型的特殊行为。当个体遭遇人际关系的严重冲突、重大挫折、重大创伤或面临重大抉择时,一般都会表现出情绪焦虑、恐惧或抑郁,有的表现沮丧、退缩、自暴自弃,或者异常愤怒甚至冲动报复。有的过度应用防卫机制来自我保护,且表现出一系列适应不良的行为。如果长期持续的心理障碍得不到适当的调适或从中解脱,就容易导致精神疾病的产生,产生比较严重的后果。个体障碍性心理问题是多种多样的,常见的有以下几种类型。

(一) 焦虑性障碍

焦虑是一种不明原因的害怕,是不能达到目标和不能克服障碍时表现的紧张不安、心烦意乱、忧心忡忡;经常怨天尤人、自忧自怜,毫无缘由地悲叹不已;碰上一点小事,就会坐立不安;遇到一点紧张的心理压力,便会慌张地不知所措,注意力难以集中,难以完成工作任务,并伴有身体不适感,如出汗、口干、心悸、嗓子有堵塞感、失眠等。

焦虑和焦虑症是不同的概念。有的人把自己的紧张或焦虑称为神经衰弱。焦虑是面对未来,紧张是面对现实。什么情况可能产生焦虑呢? 一般讲50%以上的不确定未来事件,就容易产生焦虑。广泛性的焦虑症一般指持续性时间超过6个月(短时间的一般只称为一种焦虑现象),总是有对可能性不高的无理由的担忧,明明不可能也要过分地担忧。其特征主要表现在以下几个方面。

(1) 思绪狭窄、紊乱。
(2) 长时间过分担忧。
(3) 情绪急切、过于激动紧张(有时候歇斯底里)。

（4）往往伴随失眠、反复噩梦等。广泛性的焦虑症几乎是一切精神心理障碍问题的一般特征。恐怖症也是一种以焦虑为基础的心理障碍，如创伤和应急障碍，亲临车祸、凶杀、战争、地震等都容易产生这样类似的后遗症。

当今学术界还认为焦虑性障碍还包括典型的病态完美主义人格心理障碍，主要表现有以下几个方面。

（1）过度的自我批评、过多的体验失败、自我强加的过高标准或过高的目标追求。
（2）恐惧失败。
（3）不顾后果地追求成功。
（4）饱受应该得到目标的折磨。
（5）一般都很难有幸福的家庭生活感受。
（6）喜欢把意志强加给别人。

（二）抑郁性障碍

抑郁性障碍主要表现是情绪持续低落，郁郁寡欢，悲观厌世，心理功能下降，自我评价降低，不愿与人交往，情绪呆板，总以灰色的心情看待一切，对什么都不感兴趣，自罪自责，内心体验多不幸、苦闷、无助、无望，总感到活着没有意思。其主要表现有以下几个方面。

（1）心境恶劣。
（2）对事物没有兴趣。
（3）人际关系紧张，好像看哪个都不顺眼，缺乏亲情感。
（4）自我评价降低，无自我价值感。

（三）恐怖性障碍

患有恐怖性障碍的个体，所害怕的对象在一般人看来并没有什么可怕的，但仍出现强制性的回避意愿和紧张、焦虑、眩晕等心理反应，如恐高症、利器恐怖、动物恐怖、广场恐怖及社交恐怖等。其中社交恐怖较为常见，主要表现就是赤面恐怖，也就是在众人面前脸红，面部表情惊恐失措，不敢正视对方，害怕别人看透自己的心思而难堪，心理产生紧张不安、心慌、胸闷等症状。

（四）强迫性障碍

做事反复思考，犹豫不决，自知不必想的事情仍反复想，不该做的事情仍反复做，因而感到紧张、痛苦。强迫性症状中常见的有以下几种。

（1）强迫观念，如强迫回忆、强迫怀疑等。
（2）强迫意向或强迫冲动等。
（3）强迫动作，如反复检查门锁等。

强迫症状每个人大多都曾出现过，但只要不成为他们的精神负担，不妨碍正常的工作、生活，就不应定为强迫性障碍。

（五）疑病性障碍

疑病性障碍主要表现为对自己健康状态过分关注，深信自己患了某种疾病，经常诉述不适，顽固地怀疑、担心自己有病，经实验室检查和医生的多次解释后仍不能接受，反复就医，甚至影响其社会功能。这种对自身健康过度担忧的心理倾向就是疑病性障碍的表现。

产生心理障碍,大多数人都可能会遇到,较长时间内不良心境的持续积累,就可能会造成兴趣减退、生活规律紊乱,甚至行为异常、性格偏离怪异等,这些都需要寻求心理咨询的帮助。心理咨询也适用于神经症,包括强迫症、焦虑症、恐怖症、疑病症等,还适用于生理心理障碍(身心疾病)、神经系统器质性疾病引起的心理障碍、各种智力发育异常等。

情绪是个善变狂,你得学会控制它

这个世界上,什么东西是最善变的?除了天气,恐怕就是情绪了。人的感情在外界刺激的影响下,会呈现出多种不同的情绪,每种情绪都有不同的等级,还有与之对立的情感状态,如有爱就有恨,有喜就有悲。在特定背景的心理活动过程中,感情的等级越高,越容易向相反的情绪状态转化,所以人们常说"乐极生悲"。

不知道你有没有发现,我们的情绪不仅会在短时间内出现很大的波动,还存在"周期28天"变化。20世纪初,英国医生费里斯和德国心理学家斯沃伯特,就同时发现了这种情况:有一些患有精神疲倦、情绪低落等症状的患者,每隔28天就会来治疗一次,他们将28天称为"情绪定律",认为每个人从出生之日起,情绪都以28天为周期,发生从高潮、临界到低潮的循环变化。

当情绪处于高潮期时,我们会觉得很快乐,精力充沛,能平心静气地做好每件事;当情绪处于临界期时,我们会感到莫名的烦躁,很容易发火;当情绪陷入低潮期时,我们会感到极度沮丧,思维反应迟钝,对任何事都提不起兴趣,甚至会悲观厌世。

千万别小看情绪的大起大落,它对身心有很大的伤害,还会让我们丧失理智,做出出格的举动。意识到这一点,我们就要想办法克服"心理摆效应",调节日常生活中的坏情绪。比较好的做法就是,有意识地记录自己的情绪变化周期,合理安排作息时间,把重要的工作安排在情绪高潮期;情绪低潮期时可以多休息、散散心,放慢工作进度,直至安全度过情绪的危险期。

人生不可能永远都处于高潮阶段,也不可能时刻都充满诗意,所以保持一颗平常心是很重要的。当处于快乐兴奋的状态时,记得保持冷静和清醒;当情绪低落的时候,也不要回顾情绪高潮时的幸福,隔绝有关刺激源,把注意力转移到一些能够平和自己情绪的事情上。少一点对比,就少一点伤害。

第三节　旅游从业人员的心理健康调适方法

动画:逆反心理

由于当前各种体制机制还不够完善,人们在资源占有、机会获取、成果享用等方面出现事实上的不公平,一部分人往往在比较中产生了心理失衡。加之现代社会信息化程度高,各种不平衡、不公平信息迅速大量地传播公众,造成更多人的心理失衡,这种情绪积累时间过长,势必产生严重的心理问题和社会矛盾。

在社会转型期,传统的价值观、就业模式、保障体系等,正在发生急剧变化,人们对未来缺乏安全预期,对未知充满恐惧,对变化心理准备不足,对多元化心理认同不够,易产生焦虑、恐惧、迷茫心理,出现信任和诚信危机。

一项针对100万在职工作人员工作现状的网络调查显示,近2/3的人感到压力较大。尤其在警务、医务人员、高层管理者等职业群体中。70%~80%的人都感到压力大,表现为失眠,记忆力衰退,容易紧张、焦虑和抑郁。许多感到调整自己原有的心理定势和行为模式越来越困难,心理放松、宣泄郁闷的机会和渠道越来越少。特别是在一些发展较快的城市,生活着一些被高就业门槛和高生活成本边缘化的"社会隔离"人群,或者称为心理"无根"人群,这种现象得不到消解,易使一些负面情绪蔓延,甚至危及社会秩序和安全。

一、放松法

作为旅游行业的从业人员,出现各种程度的心理问题在所难免,只要掌握正确的方法,及时调整自己或寻求帮助,就能够平稳地度过心理的灰暗时期。

(一) 呼吸放松法

深呼吸是一种简单易行的放松方法,在任意时间、地点都可以进行,坐姿、卧姿、站姿都可以,呼吸以深、长、慢为主,要把气吸足、吸饱。双肩自然下垂,慢慢闭上双眼,然后慢慢地、深深地吸气,吸气到足够多时,憋气2秒钟,再把吸进去的气缓缓地呼出。吸气的时候膈肌下降,腹部内敛,呼气的时候膈肌上升,腹部外凸。在做深呼吸时要将主要精力放在一呼一吸中,让自己体验呼吸过程中的放松状态。

呼吸放松法对于改善紧张和焦虑的情绪是非常有效的。

(二) 肌肉放松法

放松可以产生与焦虑相反的生理效应,如心率减慢、外周血流的增加、呼吸的平缓及神经肌肉的松弛。许多方法和技术可以产生深度的肌肉放松,如太极拳,以通过调整姿势、呼吸、意念而达到松、静、自然的放松状态。其原理为放松状态下大脑皮层的唤醒水平下降,交感神经系统的兴奋性下降,机体耗能减少,血氧饱和度增加,血红蛋白含量及携氧能力提高,消化功能提高,有助于调整机体功能,提高心理能力。放松主要有呼吸放松、想象放松、静坐放松、自律放松等方法。

渐进性放松法是由美国医生雅可布松(Jacobson)所创建的。他在1929年出版的《渐进松弛》一书中指出:"这是一种逐渐松弛人体肌肉,减少身体紧张,消除焦虑和精神压力的方法。"

二、宣泄法

当面对人生固有的烦恼和时代变革带来的种种困惑,还有疾病的纠缠、追求的失落、奋斗的挫折、情感的伤害、学习的压力等困扰时,不良的情绪体验油然而生。如果对不良情绪不能正确对待,不及时调节、疏导和释放,就会影响人的工作、学习和正常生活,继而导致身心疾病,危及人的健康。那么,怎样排解生活中遇到的不良情绪呢?

(一)学会倾诉

当遇到不愉快的事情时,不要自己生闷气,把不良心情压抑在内心,而应当学会倾诉。每个人的周围总会有几个知心朋友,当产生不良情绪时,朋友们聚一聚,一壶清茶,一杯咖啡,就事论事倾诉一番,把自己积郁的消极情绪倾诉出来,以便得到别人的同情、开导和安慰。

(二)高歌音乐

音乐疗法对治疗心理疾病具有特殊的作用。音乐疗法主要是通过听不同的乐曲把人们从不同的病理情绪中解脱出来。殊不知,除听以外,自己唱也能有同样的作用。尤其是高声歌唱,是排除紧张、激动情绪的有效手段。当人们不满情绪积压在心中时,不妨自己唱唱歌,歌的旋律、词的激励,唱歌时有节律的呼吸与运动,都可以缓解紧张情绪。

(三)以静制动

当人的心情不好,产生不良情绪体验时,内心都十分激动、烦躁、坐立不安,此时,可默默地侍花弄草,观赏鸟语花香,或者挥毫书画,垂钓河边,这种看似与排除不良情绪无关的行为恰是一种以静制动的独特的宣泄方式,它是以清静雅致的态度平息心头怒气,从而排除沉重的压抑。这种方式往往是知识型社会成员的选择。

(四)不妨痛哭

哭是人类的一种本能,是人的不愉快情绪的直接外在流露。现实生活中除过度激动之外,哭总是由不愉快引起的。因此,从医学角度讲,短时间内的痛哭是释放不良情绪的最好方法,是心理保健的有效措施。因为人在情感激动时流出的泪会产生高浓度的蛋白质,它可以减轻乃至消除人的压抑情绪。有关专家对此进行研究,其结果表明健康男女哭得要比有病者哭得多。不过只是在内心受到委屈和不幸达到极大程度时才哭,如果遇事就哭,时时哭哭啼啼,事事悲悲泣泣,反而会加重不良情绪体验。现实生活中宣泄的方法有很多,人与人因个体差异和所处环境、条件各异,采用宣泄的方式也不同,从小小的一声叹气,到大声痛哭、疾呼、怒吼,以及打球、散步、聊天等都可以起到宣泄作用。

三、心理咨询

心理咨询是指运用心理学的方法,对心理适应方面出现问题并企求解决问题的求询者提供心理援助的过程。需要解决问题并前来寻求帮助者称为来访者或咨客,提供帮助的咨询专家称为咨询者。来访者就自身存在的心理不适或心理障碍,通过语言文字等交流媒介,向咨询者进行述说、询问与商讨,在其支持和帮助下,通过共同的讨论找出引起心理问题的原因,分析问题的症结,进而寻求摆脱困境、解决问题的条件和对策,以便恢复心理平衡、提高对环境的适应能力、增进身心健康。

心理咨询总体任务是提高个人心理素质,使人健康、愉快、有意义地生活下去,简单来说就是助人自助。

心理咨询的主要任务有以下3个方面。

一是帮助求助者处理现有的问题,改变其不良的情绪和行为。

二是帮助求助者增进适应社会的能力。

三是和求助者探讨自我的方向,以计划未来的前程。

当旅游从业人员遇到严重的心理问题,自己无法克服时,要即时向心理咨询师寻求帮助。严重心理问题并不等同于精神病,所以不要讳疾忌医,也不要否定或回避问题。同时,也要明白,心理咨询师并不是无所不能的,还要通过提高自身的抗挫折和抗压能力,来实现自我的疗愈和成长。

 知识链接

精神胜利法

同学们是否还记得鲁迅笔下的阿Q?

就是那个跟人家打架吃亏时,就安慰自己说"我总算被儿子打了,现在世界真不像样,儿子居然打起老子来了"的那个自欺欺人、自甘屈辱,又妄自尊大、自我陶醉的家伙。

在分析阿Q的人物形象时,人们总会说,他是在失败和屈辱面前,不敢面对现实,用虚假的胜利在精神上实行自我安慰、自我麻痹。很多时候,他都被视为一个反面教材。可放在心理学领域,阿Q并非一无是处,他的精神胜利法也有存在的意义和价值。

生命的历程不总是美好的,也充满了艰辛和困难。当遇到的困难难以排解时,我们不妨利用一下阿Q的精神胜利法,把那些坏情绪转移走,不去想它、不去碰它,去做自己平时最想做而又能产生愉快体验的事,如听音乐、看电影、跳舞、打球、旅行等,用这些快乐的事来充实自己的时间,逐步淡化心里的烦恼。

需要说明一点,这里谈到的"转移",有两层意思:一是时空转移,现在遇到的问题,换到彼时来消解;二是心理转移,不强化那些刺激情绪而又难以摆脱的烦恼,用积极的情绪来抵消消极的情绪。在有益身心的活动中,心理功能和血液循环会不断加剧,继而让心理放开,把不良的情绪宣泄出去。

这也提醒我们,精神胜利法只是暂时地缓解坏情绪,当情绪稳定下来时,还是要积极努力地想办法解决问题。如果只是一味地逃避、视而不见,那就真的成了阿Q了。生活中的强者,是在失意和痛苦时"放得下",在平静时"拿得起"。

 知识链接

"笑一笑,十年少"是真的吗?

常听人说"笑一笑,十年少",这里有什么依据吗?很多心理学家和生理学家都指出,愉快的笑容能够缓解面部肌肉的紧张程度,对头痛等神经性病症有很大帮助。因为心情的

愉悦和身体的放松,会让人的心理放松,神经活动发生改变,从而产生良好的心理体验。相传,科学家法拉第在老年时期经常头疼,他就经常看喜剧片来减缓疼痛感,到最后竟然不药而愈了。

无论在什么样的环境下,保持乐观的心态,相比悲观而言,都能让我们的身体机能保持良好的状态。笑口常开,虽然有时无法切实地解决问题,但这种积极的心态会让人更容易想到解决问题的办法。

心随"影"动

影片《暴疯语》聚焦现代都市的压力病、情绪病,关注人们的精神健康。主人公因为丧子而得了精神病,失手杀了妻子,法院判他进了精神病院,医生治好了他放他回社会上重新生活。他为自己当年亲手杀死妻子的行为愧疚痛苦,为依然在康复后遭受着他人的歧视挑衅而无奈愤怒。最终他接受现实,没有再躁狂发作,没有再攻击他人和社会,并勇敢地为自己的所作所为承担了该承担的责任和惩罚后果。而表面一片风光、意气风发的精神科医生,面对这样一个复杂的患者,也经历了生死的考验。与其说考验是患者带给他的,倒不如说是一直隐藏压抑在他心里的童年创伤,个性缺陷,在这个时刻被激发出来了。

本 章 小 结

本章重点介绍心理健康的定义,并指出旅游从业人员应以积极乐观的情绪面对各种各样的心理挑战,及时调适自己的心理困境。通过掌握心理调适的相关方法,投入快乐的工作之中。

课后练习

一、基础知识问答
1. 简述健康的定义。
2. 简述心理健康的含义。
3. 旅游从业人员可能会面对的心理问题有哪些?
4. 你能说出几种心理疏导的方式?
5. 简述心理咨询的主要任务。

二、综合实践实训

1. 谈谈你身上存在哪些心理健康方面的问题,并提出改善或解决措施。
2. 请同学们分小组讨论心理健康的重要性和意义。

第九章　旅游服务者的职业伦理

◆ **本章导读**

同学们,你知道什么是伦理吗?伦理学又称为道德学、道德哲学,古希腊哲学家亚里士多德所著《尼各马可伦理学》一书,为西方最早的伦理学专著。中国古代虽没有使用"伦理学"一词,"伦理"一词直到19世纪后才广泛使用,但在先秦诸子百家的论著中,有大量关于人生道德、伦理的内容,特别是君臣、孝悌之道等。由此可以看出,在古希腊的同期,中国的伦理学已然兴起。伴随旅游业的发展,旅游从业人员为什么要遵循旅游伦理?我国的旅游从业人员需要遵守哪些伦理规范和具备什么样的职业道德才能适应旅游业的可持续发展需要?我们将在本章学习以上相关内容。

◆ **学习目标**

- **知识目标**
  - 掌握旅游伦理、旅游职业道德的基本概念。
  - 了解目前国内外关于旅游伦理的研究情况。
  - 掌握旅游从业人员必须遵循的旅游伦理规范。
  - 掌握旅游从业人员必须具备的旅游职业道德。
  - 知道旅游从业人员职业道德修养的主要内容和方法。

- **能力目标**
  - 通过分析比较国内外对旅游伦理的研究情况,让学生具备科学分析的能力。
  - 具备将职业伦理规范和职业道德相关知识积极地应用于实践活动中的能力。

- **素养目标**
  - 培养学生形成严谨治学的学习态度。
  - 提升旅游职业伦理和旅游职业道德认知。

第一节　旅游伦理概述

知识导引

第二次世界大战后,特别是20世纪80年代以来,全球经济持续快速发展、经济全球化和大量信息技术的采用,使世界旅游业进入大众化时代,但伴随着这种发展,旅游对自然、社会和个人带来的影响也日益凸显,其中所涉及的保护和开发、传统和现代、原住民和游客、旅游发展和社区参与等矛盾与问题,引发人们对大众旅游影响的全面反思。旅游伦理学是旅游学和伦理学的有机结合,旅游伦理研究有助于我们更为理性地思考旅游活动"后"现象及旅游活动与社会、人和自然环境的关系。

随着科学技术的发展和人们生活水平的提高,世界正进入全球性的大众旅游时代。旅游成为世界经济文化交流的重要领域、人类文明进步的重要标志及社会生活方式的重要组成部分,旅游的内涵也日益丰富。旅游发展中不断出现的伦理问题,要求我们不断加强旅游伦理思想研究和旅游伦理建设。那么,什么是旅游伦理？旅游伦理都研究哪些内容呢？

一、伦理的定义

"伦理"的"伦"即人伦,指人与人之间的关系；"理"即道理、规则。"伦理"就是人们处理相互关系应遵循的道理和规则。伦理不仅包含人与人、人与社会和人与自然之间关系处理中的行为规范,而且深刻地蕴涵依照一定原则来规范行为的深刻道理。

社会生活中的人与人之间存在各种社会关系,如生产劳动中的关系、亲属关系、上下级关系、朋友关系、同志关系、敌对关系等。由此必然派生出种种矛盾和问题,就需要有一定的道理、规则或规范来约束人们的行为,调整人们相互之间的关系。道德就是调整人们相互关系的行为规范的总和,而伦理学就是研究道德的学问,因此伦理学又称为"道德哲学"或"人生哲学"。

素养园地

坚决抵制红色旅游过度娱乐化

相对于静态观览式的红色旅游项目,互动体验式的红色旅游项目可以通过游客参与互动的方式再现历史情境,寓教于乐,深受游客欢迎。但是红色旅游项目的娱乐体验式开发应坚持正确的价值导向,以爱国主义教育为根本宗旨,将历史性、文化性、教育性置于首位；否则就会误入歧途,贻害无穷。一些地方怀着急功近利的经济利益诉求,利用红色旅游之名,打着爱国主义教育的幌子,不惜采用媚俗手段,将红色旅游进行娱乐化开发,以谋取不正当的商业利益,导致红色旅游低俗化、过度娱乐化现象时有发生,我们要坚决抵制这种不良倾向。

二、伦理学

在中国古代没有"伦理学"一词,"伦理"一词直到19世纪后才广泛使用。伦理学是人类知识中一门最古老的学问。我国最早论述伦理道德的思想家是孔子。在西方,伦理学是由古希腊哲学家亚里士多德创立的,伦理学一词源自希腊文 ετησs,意为"风俗、习惯、性格"等,亚里士多德最先赋予其伦理和德行的含义,所著《尼各马可伦理学》一书为西方最早的伦理学专著。

三、马克思主义伦理学

马克思主义伦理学的诞生,在伦理学领域中产生了前所未有的革命变革。马克思主义伦理学是建立在历史唯物主义的基础上,强调在阶级社会中道德有阶级性,特别强调人类生活的道德实践在伦理学理论中的意义。因此,马克思主义伦理学强调道德原则和规范转化对人的品质的重要意义,强调伦理学不只传授道德知识,更重要的是使人们身体力行。马克思主义伦理学批判了剥削阶级道德及其伦理思想,引导人们发扬革命的高尚道德;批判地继承历史上一切优秀的道德传统和良好的习俗,帮助人们自觉抵制和清除剥削阶级道德习俗的影响。

四、旅游伦理

旅游伦理是用以调整人们在旅游活动中各种道德关系的道德观念、道德原则和道德规范的总和。在旅游活动中,人们必须处理一系列复杂的关系,如人和自然的关系、人和文物古迹的关系、旅伴之间的关系、人的身心关系等。道德规范是处理这些关系不可或缺的重要规范。通过道德规范给人们的旅游行为指示道德方向,并内化为人们旅游行为的习惯,才能使这些关系消除紧张对抗,实现和谐统一。可见,旅游伦理是人们旅游行为的善恶指南,是人们在旅游活动中提升人格的有力杠杆,是旅游产业发展所依赖的核心软件。

关于"旅游伦理"的代表性观点有以下几种。

一是"总和说"。认为"旅游伦理是人们在旅游活动中所应遵循的道德规范的总和"。

二是"关系说"。认为旅游伦理是伦理学的应用学科,是关于旅游者和旅游利益相关者的道德学说。

三是"行为活动评价"说。认为广义的旅游伦理应包括一切可以进行善恶评价的旅游行为和旅游活动。

通过以上观点,旅游伦理的含义均包含以下3个方面的内容。

一是关于旅游伦理的主体,即从事旅游活动的人。

二是旅游伦理的内容,即道德规范。

三是旅游伦理的实践,即"应遵循"和"可评价"。

旅游伦理学的研究对象

旅游伦理学的研究对象主要包括两个方面,即旅游伦理主体和旅游伦理问题对旅游伦理各方的影响。

旅游伦理主体主要是指旅游者和旅游利益相关者。旅游利益相关者是指任何能够影响旅游行为或被旅游行为影响的群体或个人。由于旅游行业的综合性特征,使旅游行业所涉及的利益相关者更加复杂多样,因此界定旅游利益相关者非常困难,很难统一。所选角度不同,对利益相关者的界定就可能存在不同答案。例如,我国学者在以旅行社为核心时,可以将旅游利益相关者分为投资者、职工、旅游者、供应商、代理商、旅游局六类。当以旅游景区为核心时,旅游利益相关者可分为旅游景区经营者、旅游景区管理委员会、当地居民、旅游者、旅行社、其他供应商、景区员工、竞争者等。与国外研究相比,我国对旅游相关者的研究较晚,开始于21世纪初。

旅游伦理问题对旅游伦理主体的影响重大,就个人来说,可能是快乐的获得或家庭情感的增进,也有可能是生命的丧失和家庭的瓦解;对于社会来说,有可能是新观念、新知识引进和经济增长的促进,也有可能是优良的传统道德破坏和社会秩序的动摇。旅游伦理问题对于旅游伦理客体来说,也是不容忽视的。就自然环境而言,旅游主体的旅游行为带来的可能是经济利益和保护投资,但也有可能是无止境的摄取和破坏;就文化环境而言,旅游主体的文化介入可能为东道主文化带来新的理念和符合时代发展的文化,但也有可能是无法逆转的毁灭和消亡。

第二节 旅游从业人员的伦理规范

我国是文明古国、礼仪之邦,其德治传统源远流长。良好的职业伦理道德风尚是旅游从业人员职业素养的核心,是旅游业发展的生命线,本节将通过生活伦理、交往伦理和精神伦理三方面内容的学习,让大家知道旅游从业人员在其职业生涯中应当遵循的伦理规范。

法律法规是从法律效力上对旅游业相关活动的硬性要求,而旅游伦理是从道德和精神层面上对人的旅游活动进行感化和约束。旅游伦理虽然是"应该而非必须"的"非权力"约束,但它是旅游法律法规制定的必要补充,与法律法规、行政手段等同样具有行为约束力,且具有人文关怀性意义和作用,是解决当前旅游业发展中所暴露的一系列问题的重要途径之一,是旅游业发展到一定阶段的必然选择。

我国是文明古国、礼仪之邦,其德治传统源远流长。时至今日,在现代社会生活中,传统伦理道德思想仍然发挥着重要作用,上至国家层面的以德治国与和谐社会建设,下至平民百姓中的日常生活,修身、齐家、治国、平天下等传统思想已渗入每个人的血液中,内化为民族性格,升华为治国方略,时刻调节着人与人、人与社会之间的关系。我们的思维方式和行为方式仍然离不开道德,离不开伦理,如医生讲医德、教师讲师德、商人讲诚信等在社会中依然发挥着重要作用。

良好的职业伦理道德风尚是旅游从业人员职业素养的核心,是旅游业发展的生命线,旅游从业人员的伦理规范主要包括以下几个方面。

一、生活伦理

(一)勤俭自强

勤奋是传统美德,是成功的基础。最宝贵的勤奋,不但是肉体上的勤奋,而且是精神上的勤奋,勤奋靠的是毅力。西班牙小说家塞万提斯说:"不要睡懒觉,不和太阳一同起身就辜负了一天。"富兰克林说:"懒惰像生锈一样,比操劳更能消耗体力,经常用的钥匙,总是亮光闪闪的。"达·芬奇说:"勤劳一日,可得一夜安眠;勤劳一生,可得幸福长眠。"懒惰是成功的绊脚石,在充满困难与挫折的道路上,懒惰的人习惯等、靠、要,最终只能一事无成。勤奋自强还要养成良好的节俭品质,节俭不仅是一种美德,也是一种智慧,它是从长计议、积弱变强的勤谨韬略,是一种乐天豁达的生存技巧,是无论贫富都懂得珍惜、知道财富来之不易的感恩情怀。日子富裕不等于可以随意挥霍,资源充足不等于取之不尽,财富可以创造,财富也需要节俭。

(二)耐心谨慎

耐心是一种品质,是一种苦心经营的等待。"苦心人,天不负,卧薪尝胆,三千越甲可吞吴"。谨慎是说话朴实谦逊,讨厌妖言惑众和夸夸其谈。谨慎的人永远是真诚的,但并非永远直言无忌。谨慎的人从不说谎,但在无理的要求下也不会贸然地吐露真情。谨慎的人言谈有所保留,从不莽撞贸然地发表对其他人和事的看法。

(三)谦逊内敛

古今中外的名人、伟人,凡有成就的人,都是胸怀大志且谦逊的人。真正有修养的人,就像田野上的麦穗,饱满成熟之时,却总是低垂着脑袋。有一位智者曾说过这样几句话:"对上级谦逊是一种本分,对平级谦逊是一种和善,对下级谦逊是一种高贵,对所有人谦逊是一种安全。"但要做到这一点是很不容易的,只有一个人的知识、阅历、素养、修养达到足够的积淀时,才能做到。不说张扬语,不干张扬事儿,不逞张扬能,为人谦逊内敛。处于低谷不颓废,遇到困难不退缩,一帆风顺不得意,成绩面前不炫耀,永远保持踏踏实实、平平常常、自自然然的生活和格调,以成熟、理性、豁达、自重、睿智处事做事。一个人要做到谦逊,既要开阔视野、胸怀大志,提升自身的人格修养,又要常怀一颗平常心,无论在什么情况下,都摆正个人与群体的位置,严于律己,宽以待人,尊重他人,对个人名利、荣辱看得淡一些,超脱一些,像古人说的那样,"去留无意,看庭前花开花落,荣辱不惊,望天上云卷云舒"。得意时淡然,失意时坦然,高调做事,低调做人。只有做到这一点,才能在前进的道路上增加新的动力,从而实现理想人生。

(四)终身学习

人的一生是一个逐渐成长的过程,每个人在人生的不同阶段承担不同的社会角色,有不同的发展任务。人的一生需要发展,每个人一生中都要面临生物、认知、情感和社会的发展,仅就其职业生涯而言,有转换、变迁、失业等问题。此外,人的个性、潜能、情感在一生中也是不断发展变化的。动态发展的社会环境使人需要不断地适应社会变化,这就使终身学习成为一种必然。

二、交往伦理

(一)仁爱、明礼

孟子提出"仁、义、礼、智",董仲舒将其扩充为"仁、义、礼、智、信",后称"五常"。这"五常"贯穿于中华伦理的发展中,成为中国价值体系中的最核心因素。在中国传统伦理思想中,"仁"是儒家道德思想的核心,是最高的道德原则,仁爱就是对他人的同情、关心和爱护。儒家谈到如何处理人际关系时,特别强调了宽以待人,也是君子厚德载物精神的外化。孔子的"温、良、恭、俭、让""宰相肚里能撑船",这些民谚、格言都揭示了我们这个民族崇尚宽容的精神,是中华民族爱人、爱生命、爱自然的传统美德的体现,对于营造爱,建立和谐的人际关系,具有一定的启发意义。

礼与仁互为表礼,仁是礼的内在精神,礼是仁的外在表现。"明礼"从广义说是讲文明,从狭义上说,如果作为待人接物的表现,谓之礼节、礼仪;作为个体修养涵养,谓之礼貌;用于处理与他人的关系,谓之礼让。这些已经成为一个人、一个社会、一个国家文明程度的一个表征和直接体现。"礼之用,和为贵",其价值取向为"和谐"。礼,经过长期的发展,内化为修己之道,外化为治国之道。在强调人格的自我完善的基础上,致力于人际关系的统一和谐,进而形成良好的社会礼仪,这一伦理价值观念,已成为中国传统交际文化的主导。

(二)真诚、尊重

"世事洞明皆学问,人情练达即文章",建立平等互助的新型人际关系,有利于促进旅游经济和社会道德的发展。相互尊重、相互关心、以礼相待、融洽和谐的人际关系是交往伦理的重要原则。

(三)合作、沟通

合作有助于职业理想的实现,有助于相互学习,提高工作能力,实现互利双赢,最终使整体效能得到最大化。

现代社会,每个人都不是生活在孤岛上,只有与他人保持良好的协作,才能获得自己所需要的资源,才能获得成功。不善于沟通将失去许多机会,同时也将导致自己无法与别人保持良好的协作。要知道,现实中大多数成功者都是擅长人际沟通、珍视人际沟通的人。

在沟通中要善用询问和倾听,要相信自己,不卑不亢,理解对方并做出回应,适时地告诉对方你的想法,抱有一颗真诚的心,是沟通中最重要的技巧。

小故事

有一个人请了甲、乙、丙、丁4个人吃饭,临近吃饭的时间了,丁迟迟未来,这个人着急了,一句话就顺口而出,该来的怎么还不来?甲听到这话不高兴了,看来我是不该来的,于是就告辞了。这个人很后悔自己说错了话,连忙对乙、丙解释说,不该走的,怎么走了?乙心想,原来该走的是我,于是乙也走了。这时候丙对他说,你真不会说话,把客人都气走了。那人辩解说,我说的又不是他们。丙一听,心想这里只剩我一个人了,原来是说我,也生气地走了。

(四) 宽容、理解

自古至今,宽容被圣贤乃至平民百姓尊奉为做人的准则和信念,已成为中华民族传统美德的一部分,并且被视为育人律己的一条光辉典范。宽容是一种豁达的风范,拥有一颗宽容的心才能使人更好地面对自己的人生;宽容是一种幸福,在饶恕别人的同时,也取得了别人的信任和尊敬;宽容是一种看不见的幸福,更是一种财富,拥有宽容,就拥有一颗真诚善良的心。一位哲人说过一番耐人寻味的话:"天空收容每一片云彩,不论其美丑,故天空广阔无比;高山收容每一块岩石,不论其大小,故高山雄伟壮观;大海收容每一朵浪花,不论其清浊,故大海浩瀚无比"。在人生的道路上能谦让三分,即能天宽地阔,对别人的过失,必要的指责无可厚非,但能以博大的胸怀去宽容别人,以宽容之心度他人之过,就会让世界变得更精彩。

三、精神伦理

(一) 勇敢自信

没有人一生从不失败,失败是难免的,重要的是不要空耗时间和精力去回避失败,而是集中精力应对失败,分析失败的原因,从而反败为胜。每个向往成功的人都应该牢记哲人说过的话:每个人都有大于自身的力量。不是因为有些事情难以做到,我们才失去信心,而是因为我们失去了自信,有些事情才显得难以做到。我们每个人都是一座金矿,关键是如何挖掘自己。曾经有人谈起温州人的成功,说了这么3个字"胆子大"。这其实就是胆识,而拿得起放得下就是魄力。

小故事

当我相信时,它就会发生

在美国,有个名叫亨利的身世不详的青年,他已经30多岁了,依然一事无成,整天只会坐在公署里唉声叹气。有一天,他的一位好友兴高采烈地找到他:"亨利,我看到一份杂志,上面有一篇文章,讲的是拿破仑的一个孙子流落到美国,而他孙子的特征几乎和你一样,个子很矮,讲的是一口带有法国口音的英语。"亨利半信半疑,但是他愿意相信这是事实。在他拿起那份杂志琢磨半天之后,他终于相信自己就是拿破仑的孙子,他对自己的看法竟完全改变了,以前他自卑自己个子矮小,现在他欣赏自己的正是这一点。个子矮有什么关系?当年我爷爷就是以这个形象指挥千军万马的。过去他总认为自己英语讲不好,而今他以讲一口带有法国口音的英语而自豪。每当遇到困难时,他总是这样对自己说:在拿破仑的字典里,没有"难"这个字。就这样,凭着自己是拿破仑孙子的信念,他克服了一个又一个困难。仅仅三年,他便成为一个大公司的总裁。后来,他派人调查自己的身世,却得到了相反的结论。然而,他说:"现在我是不是拿破仑的孙子已经不重要了,重要的是我懂得了一个成功的秘诀,那就是——当我相信时,它就会发生。"

(二)积极热忱

有时我们会发现,才能相同的两个人,一定是那个更具热情、心态积极的人会取得更大的成就。热忱是一种自发力量,它能帮助人集中全身力量去投身于某件事情。我们生存的外部环境也许不能选择,但另一个环境即心理的、感情的、精神的内在环境是可以由自己改造的。积极乐观的心态,有助于让人积极面对各种挑战,消除抑郁和自卑等不良心态。人的内心经常会发生心理战,如果让自卑、失败的心态占据优势,它将蚕食人的生命,摧毁人的一生。

(三)坚忍毅力

在所有的成功者中,有没有毅力,坚不坚强,起着绝对性作用;而对失败者来说,缺乏毅力几乎是他们共同的弱点。古往今来的无数事实告诉我们,高成就的人除在理想信念、进取心、自信心方面明显高于低成就的人之外,还在心理承受能力、不屈不挠的意志等方面明显高于低成就的人。有成就、有作为的人,无不具有顽强的意志和坚韧不拔的毅力。

(四)自省自谦

古人用"三省吾身"以达见贤思齐,见不贤而内自省的境界。自省是一种境界,一种态度,是对自身价值的真正肯定。在通常情况下,大多数人认为自己的思想行为是正确的,很少有人自我否定,即使有人指出自己的过错,也不愿意接受,这通常是对自己百害而无一利的。人生最大的敌人是自己,只有时时自省,弥补缺点,纠正错误,才能扬长避短,趋利避害,才能在这其中找到生活的真谛。

第三节 旅游从业人员职业道德

良好的职业道德不仅是事业成功的重要保证,人格完善的重要途径,也是促进经济发展和社会进步的重要力量。我国旅游业的快速发展,呼唤旅游从业人员要不断加强职业道德建设,不断进行自身的职业道德修养。那么,旅游从业人员应具备什么样的职业道德才能适应我国旅游业的发展需要?怎样才能获得良好的旅游职业道德呢?

职业是社会分工的产物,并随着社会分工的演变而不断丰富和发展,其从业人员在职业活动中不但要重视利益,尊重权利,还要履行职业责任,在满足自身需要的同时,为社会做出有意义的贡献。旅游业是旅游从业人员为旅游者服务的行业。

酒店从业人员的职业道德

1. 热情友好,宾客至上

服务部门是直接面客的经营部门,服务态度的好坏直接影响餐厅的服务质量。热情友好是餐厅真诚欢迎客人的直接体现,是服务人员爱岗敬业、精技乐业的直接反映,其具体要求如下。

① 谦虚谨慎、尊重顾客。
② 热情友好、态度谦恭。
③ 乐于助人、牢记宗旨。
④ 遵循道德、规范行为。

2. 真诚公道,信誉第一

诚实守信是经营活动的第一要素,是服务人员首要的行为准则。它是调节顾客与酒店之间、顾客与服务人员之间和谐关系的杠杆。只有兼顾酒店利益、顾客利益和服务人员利益三者之间的关系,才能获得顾客的信赖。其具体要求如下。

① 广告宣传、真实有效。
② 信守承诺、履行职责。
③ 童叟无欺、合理收费。
④ 诚实可靠、拾金不昧。
⑤ 坚持原则、实事求是。

⑥ 规范服务、有错必纠。

3. 文明礼貌,优质服务

文明礼貌、优质服务是餐饮行业主要的道德规范和业务要求,是餐厅职业道德一个显著的特点,其具体要求如下。

① 仪表整洁、举止大方。
② 微笑服务、礼貌待客。
③ 环境优美、设施完好。
④ 尽职尽责、服务周到。
⑤ 语言得体、谈吐高雅。
⑥ 遵循礼仪、快捷稳妥。

旅游职业道德是职业道德体系中的一个重要组成部分。近年来,我国旅游业在迅速发展的同时,有关旅游从业人员的一些职业道德失范的现象常常见诸报端,屡屡成为广大消费者投诉的热点。一时间,旅游从业人员在人们心目中的形象急剧下滑,这不仅严重地影响旅游企业的效益和旅游行业的声誉,同时也影响当地旅游业的形象乃至国家的形象。因此,科学地确立旅游职业道德原则和规范体系,培养旅游从业人员职业道德意识,激发他们在本职工作中的道德责任感,关系我国旅游业可持续健康发展。

一、职业道德的内涵与作用

(一) 职业道德的内涵

职业道德与职业活动紧密相关,它是从事一定职业的人在职业活动中应该遵循的道德规范,以及与之相适应的道德观念、道德情操和道德品质等。简言之,职业道德就是具有职业特征的道德准则和规范。

作为以职业角色和职业行为为载体的高度社会化的行为规范,职业道德是为实现一定的职业价值而服务的。归根结底,职业道德是以"责权利"的统一为基础,以协调个人、集体和社会关系为核心的职业行为准则和规范系统。没有相应的道德规范,职业就不可能真正担负起它的社会职能。因此,职业道德既是职业系统自身的,也是社会的一种必要的生存与发展条件。

职业道德由多种要素组成,它包括职业理想、职业情感、职业态度、职业技能、职业良心、职业纪律、职业作风等方面的内容。职业道德是整个道德体系的基本组成部分之一,也是直接影响社会生产的主要成分之一。

职业道德不仅是从业人员在职业活动中的行为标准和要求,也是本行业对社会所承担的道德责任和义务。每个从业人员不论从事哪种职业,在职业活动中都要遵守道德,如教师要遵守教师育人、为人师表的职业道德,医生要遵守生命高于一切的职业道德。具体来说,职业道德表现为职业化、角色化的特征。职业道德总是要鲜明地表达职业义务、职业责任以及职业行为上的道德准则,它不是一般地反映社会道德和阶级道德的要求,而是要反映职业本身所具有的特别性质所带来的需求。

(二) 职业道德的作用

1. 促进事业成功的重要保证

众多企业负责人对用人标准的统计表明，道德品质在所有标准中居前列，海尔集团总裁张瑞敏曾说："对于企业员工，有德有才要重用，有德无才可慎用，有才无德坚决不用。"作为从业者，如果具有良好的道德素质，在事业中就会体现出勤劳敬业、踏实肯干，在处理人际关系时就会诚实守信、见利思义，因此会凭借自身的素质在事业上获得成功。

2. 人格完善的重要途径

职业道德是人们养成优良道德品质和提升人格境界，促进人的发展和实现人生价值的重要途径。一个人的社会生活是多方面的，但最主要的是职业生活；一个人对社会所做的贡献也是多方面的，但主要也是通过所从事的职业活动表现出来的。职业活动是人生的重要内容，人生价值的实现、人生境界的提升，主要都是通过职业活动实现的。人们一旦树立了正确的职业观，能够用良好的职业道德要求自己，就能够养成良好的职业习惯，形成高尚的道德品质和道德人格，成为全面发展的新人。

3. 促进经济发展和社会进步的力量

职业道德调节人们的职业关系，有利于职业活动中，人力资源和物力资源的优化配置，维护正常职业活动和职业生活秩序，更重要的是能使广大劳动者端正劳动态度，树立敬业精神，遵守职业道德准则和经济活动规则，这对于促进经济的健康发展和社会的全面进步，有着重要作用。

二、旅游从业人员应具备的职业道德

我国快速发展的旅游业，呼唤旅游职业道德，呼唤旅游从业人员以自己职业特有的职能和高尚的职业行为为基础，建构有中国特色的旅游从业人员职业道德体系。旅游事业与其他职业一样，有着自己的职业特点和职业道德要求，并以自己特有的职能和高尚的职业行为，为公众服务，为社会服务。

旅游职业道德是指旅游从业人员在从业过程中所应遵循的道德行为规范的总和，也是旅游从业人员用以肯定、发展和完善自身人格价值，提高自己精神境界的一种重要的精神力量，旅游从业人员应具备的职业道德包括以下几个方面。

(一) 遵纪守法、爱岗敬业

旅游从业人员在职业活动中，除必须严格遵守国家法律、法令和有关政策以外，还必须自觉地执行旅游行业各项规章制度，遵守旅游行业的纪律，执行服务质量标准。世界旅游组织、文化和旅游部分别就维护旅游者合法权益做出了相应规定，作为旅游从业人员，应熟悉并牢记这些规定，避免做出侵犯旅游者合法权益的行为，要热爱自己的本职工作，以恭敬负责的态度对待工作，勤勤恳恳、兢兢业业地履行岗位职责。

素养园地

导游的可贵精神

在一次学校组织的参观南京大屠杀纪念馆活动中,当时有几个学生不太安静,导游的脸色一下子变得非常严肃。他说:"各位既然选择了到这来,那么就请尊重这些逝去的人。"几个学生觉得导游太小题大做了,其中一个学生便反问道:"请问导游,你是不是南京人?"导游答道:"严格来讲,我不能算是真正的南京市人,而是从南京周边的县镇迁居过来的,现在几乎所有的南京人都算不上是真正的南京本地人,因为真正意义上的南京人在南京大屠杀中几乎被屠杀殆尽了。"听完导游的这一席话,所有人的神情都变得凝重,在接下来的参观中,自始至终都没有一个人喧哗,导游全程的讲解始终都体现出一种深刻的爱国主义和尽职尽责的精神。参观结束后,导游还讲了这样一件事:在南京大部分日本团的行程当中,都会有参观南京大屠杀纪念馆这一项,如果没有,只要时间允许,很多导游都会自掏腰包加上这项,免费让日本游客参观。

本案例中的导游充分体现出一个导游的职业道德,他以自己的言行给这个旅游团上了一堂生动的爱国主义课,体现出他强烈的自尊自强和爱岗敬业精神。

(二)热情服务、宾客至上

旅游从业人员要将热情友好贯穿于整个服务过程中。在工作过程中,不论游客对旅游从业人员有何想法和看法,旅游从业人员都要尊重游客,主动热情,耐心周到地关心游客,并为他们排忧解难,把他们的利益放在首位,始终如一地为游客着想,努力满足他们在消费过程中正当合理的各种需求。

(三)公私分明、诚实守信

旅游从业人员要正确处理和摆正公私之间的关系,以国家利益、集体利益为重,不贪图个人利益,不为个人利益损害国家利益、集体利益。无论是来自哪方面的诱惑,都应有较强的自控能力,能自觉地抵制各种精神污染。要严格按照合同约定内容和标准,为游客提供服务,不随意变更服务内容,降低或变相降低服务标准。服务项目要明码标价,做到质价相符,不做虚假广告宣传,不误导欺诈游客。提倡旅游企业之间签订诚信经营公约,做到信守承诺,公平交易,互助互信共同发展。

(四)团结协作、顾全大局

旅游业是综合性的产业,旅游接待服务是由许多环节组成的综合性服务,每个环节的服务质量都会对整个接待服务产生影响。要顺利完成对客服务,就需要旅游业内部全体从业人员团结友爱,各个工作环节和服务部门之间协同努力,顾全大局,要求旅游从业人员的一切言论和行为都要从国家旅游行业、旅游企业的大局出发,要识大体、顾大局,发扬主人翁精神,工作中与有关接待单位和人员密切配合,互相支持,从而保证大局不受损害。

(五)热情大度、整洁端庄

热情大度、整洁端庄是服务人员的待客之道,也是服务人员应具备的基本品德,它体现了服务人员的一种高雅情操。旅游从业人员要将热情友好贯穿于整个服务过程中,即使游客有不合理需求,也不能冷眼相对,应热情友好地进行解释。接待游客时要仪表整洁,讲文明,懂礼貌,笑口常开,举止大方,使游客有舒心满意之感。微笑是表达尊重最有效的方法,不仅能提高从业人员的工作质量,还有助于问题的解决和事故的处理。

(六)一视同仁、不卑不亢

一视同仁、不卑不亢不仅是进行国际交往、处理人际关系的一项行为准则,也是爱国主义、国际主义原则在旅游服务中的具体体现。它要求旅游从业人员能够在服务态度和行为上做到对待任何客人都一视同仁,绝不厚此薄彼。切记以地位取人、以钱财取人、以貌取人和以肤色取人,不论客人拥有什么国籍、属于哪个种族、有什么身份,都能尊重他们的人格、习惯及宗教信仰等,满足他们正当的服务需求,真诚地为他们服务。旅游从业人员在工作中要维护自己的人格、国格,坚持自己的信念。谦虚谨慎但不妄自菲薄,为客服务但不低三下四,热爱祖国但不妄自尊大,学习先进但不盲目崇洋。

一视同仁

一视同仁,集中体现旅游服务中的平等观念,体现对服务对象人格的尊重。具体地讲,一视同仁就是要求旅游从业人员在服务中做到"六个一样"和"六个照顾"。

"六个一样",即高低一样(对高消费客人和低消费客人一样看待);内外一样(对国内客人和境外客人一样看待);华洋一样(对华人客人,包括华侨、外籍华人、中国港澳台客人和外国客人一样看待);东西一样(对东方国家、西方国家客人一样看待);黑白一样(对黑种客人和白种客人一样看待);新老一样(对新来客人和回头客人一样看待)。

"六个照顾",即照顾新来客人;照顾外宾和华侨、外籍华人和中国港澳台客人;照顾贵宾和高消费客人;照顾黑人和少数民族客人;照顾常住客人和老客人;照顾妇女儿童和老弱病残客人。

(七)耐心细致、文明礼貌

耐心细致、文明礼貌是旅游从业人员最重要的业务要求和行为规范,是衡量旅游从业人员工作态度、工作责任心的一项重要标准。对于旅游从业人员来说,旅游服务工作是由许多平凡的小事构成的,需要根据游客的心理和需要提供个性化服务,帮助游客解决旅途中的问题。对待游客要虚心,耐心关照,体贴入微。要尊重每位游客,特别是尊重他们的宗教信仰、民族风俗和生活习惯。此外,作为旅游从业人员,对游客要笑脸相迎,彬彬有礼,落落大方,具体主要体现在准时到位、礼让待人、和谐气氛、文明举止、礼貌用语和注重小节。

（八）优质服务、勤学向上

优质服务、勤学向上是衡量旅游从业人员工作优劣，是否有进取心的一项最重要、最基本的标准，也是旅游从业人员及职业道德水准的最终体现。旅游从业人员要端正服务态度，树立全心全意为游客服务的思想，在服务中尽心尽力、尽职尽责，对工作精益求精，要勤于学习，善于学习，不断提高自己的业务水平，学先进、赶先进，锲而不舍，不断进取。

（九）意志坚定、沉着冷静

旅游从业人员在旅游者面前应时时处处表现出充分的自信心和抗干扰能力，坚定不移地维护党和国家的尊严和旅游者的正当权益，坚决要求相关服务接待部门和企业，不折不扣地按照事先达成的合同或合作协议提供各项服务。在遇到突发事件时，旅游从业人员应沉着冷静地分析问题，果断坚定地采取适当措施处理问题，使事件的影响或损失降到最低限度。

旅游从业人员职业道德规范对旅游从业人员工作具有重要的指导作用，作为一名旅游从业人员，必须加强职业道德修养，把这些规范要求内化为自己内在的道德品质，变成自己的道德需要，进而外化为正确的道德行为，只有这样，才能提高行业职业道德水平，推动我国旅游业健康发展。

三、旅游从业人员职业道德具备的特征

旅游从业人员职业道德是一般社会道德和职业道德的一个重要组成部分，它既具有一般社会道德与职业道德的有限性、行业性、相对稳定性等共性，也具有其自身鲜明的职业道德特征。

（一）综合性

旅游业是一个综合性的产业部门，旅游业的发展涉及食、宿、行、游、购、娱等多要素的产业，它们互相依赖，缺一不可。因此，旅游从业人员在旅游活动中，不仅要遵循旅游业的职业道德，还要遵循各要素行业的职业道德，旅游从业人员职业道德体现出鲜明的综合性特征。

（二）适应性

旅游业的服务对象是国内外广大旅游者，旅游者的身份、国籍、性别、年龄、政治态度、宗教信仰、风俗习惯、兴趣爱好、消费水平等往往各不相同，旅游从业人员为了很好地接待旅游者，为旅游者提供优质服务，除需要过硬的专业技能之外，还需要根据不同游客的实际情况，尽量满足其合理要求。要求旅游从业人员不仅要做到热情友好、一视同仁，还要做到因地制宜、因人而异的灵活对待，这就要求旅游从业人员的职业道德必须具有广泛的适应性。

（三）影响性

旅游产品的服务性、体验性特征，使旅游从业人员职业道德素养的高低决定了旅游服务的好坏，旅游从业人员的服务质量和职业道德素养，在旅游者心中的印记是非常深刻的。如果一个地方的旅游从业人员职业道德很高，服务质量很好，本身就是很好的宣传与广告。因此，旅游从业人员的职业道德对旅游业发展的影响是深远的。

(四)政治性

无论是国内旅游,还是国际旅游,旅游从业人员在进行旅游经营活动时,都不仅要遵循旅游业一般的职业道德,还要遵守我国的对外侨务及统战政策,需要配合改革开放工作,宣传有关的方针政策和我国社会主义建设的伟大成就,这些方针政策的贯彻和遵循情况,往往是衡量一个旅游从业人员职业道德水准高低的重要指标之一。

四、旅游从业人员职业道德修养的内容

要提高我国旅游业的职业道德水平,必须要求每个旅游从业人员在接受职业道德教育的同时,加强职业道德修养。旅游从业人员职业道德修养的内容是丰富的,主要包括职业道德意志、职业道德情感、职业道德意识、职业道德信念和职业道德行为习惯5个方面。只有经过这5个方面的修养和教育,职业道德才能很好地实现内化于心、外化于行。

(一)提高职业道德认识

职业道德认识是指职业道德知识的获得和职业道德观念的形成。作为旅游从业人员,首先必须懂得和理解旅游职业道德的理论、原则和规范,在获得这些知识的基础上,才能形成职业道德观念。旅游从业人员从道理上懂得了什么是真善美,什么是假恶丑,之后便能加深认识,提高自己的判断评价能力,并能在工作实践中分清二者的界限。

(二)陶冶职业道德情感

职业道德情感是从业人员依据一定的职业道德观念,在处理工作中的道德关系和评价某种行为时所产生的情绪体验。要使旅游从业人员自觉履行自己的道德义务,就必须培养他们乐善厌恶、慕正压邪的道德情感。职业道德情感主要包括正义感、义务感、良心感、荣誉感和幸福感。每个旅游从业人员一定要陶冶旅游职业道德情感,树立全心全意为旅游者服务,为我国旅游事业腾飞而奋斗的理想。

(三)锻炼职业道德意志

职业道德意志是人们在履行职业道德义务的过程中所表现出的自觉克服困难和障碍的力量和毅力。培养和锻炼职业道德意志,是把职业道德认识和职业道德情感转变为职业道德行为的重要环节,是形成职业道德品质的重要因素。旅游从业人员只有具备顽强的职业道德意志,才能做到不怕苦、不怕累,以接待、服务好宾客为己任,才能在涉外活动中或在一些腐朽思想、不良风气的影响下,依旧能保持高风亮节和高尚的人格。

(四)确立职业道德信念

职业道德信念是深刻的职业道德认识、炽热的职业道德情感和顽强的职业道德意志的有机统一,是人们献身正义事业的精神支柱。牢固树立职业道德信念,不仅能以强烈的职业道德责任感去履行职业道德义务,而且能以坚韧不拔的毅力排除一切艰难险阻,一以贯之,取得应有的良好效果。旅游从业人员要坚信社会主义旅游职业道德体系的进步性和合理性,形成坚贞的社会主义旅游职业道德品质,为社会主义旅游事业奋斗终生。

(五)养成职业道德习惯

职业道德习惯是建立在高度自觉基础上的、自然而然的、持续性的职业道德行为。它是衡量一个人职业道德水平高低、职业道德品质好坏的客观标志。旅游职业道德水平的高

低,最终以广大从业人员的职业道德行为为尺度。广大旅游从业人员应时时处处以旅游职业道德规范的具体要求作为自己的道德行为准则,养成职业道德习惯,提高旅游职业道德水平。

五、提升职业道德修养的方法

(一) 坚持理论联系实践

社会主义旅游职业道德修养要求理论和实践的统一,言行一致。这主要是因为只有投身到改造客观世界的实践中,才能真正使自己的主观世界得到改造。人们的道德意识是社会实践的产物,社会实践也是检验一个人道德意识是否正确,道德品质是否高尚的唯一标准。道德修养不是一种脱离实践的"闭门思过",而是以社会实践为基础的思想斗争。离开了社会实践,就谈不上道德修养。只有坚持实践,才能贯彻道德修养理论和实践相结合、言行一致的原则。总之,旅游从业人员要在职业活动中自觉修养,并把自我修养的成果付诸实践,把职业道德修养与实践结合起来,才能不断提高职业道德水平,达到更高的职业道德境界。

(二) 开展自我职业道德评价

自我职业道德评价是职业道德领域中自我认识和自我改造的过程,而认真开展自我职业道德评价,也是职业道德修养的重要方法。开展自我职业道德评价,首先要自觉地对自己提出严格要求,加强自我职业道德修养;其次要经常进行自我批评,能够正确对待批评,具有闻过则喜的精神。毛泽东同志曾经把批评与自我批评形象地比作洗脸和扫地,要求我们经常进行以养成习惯。他说,房子是应该经常打扫的,不打扫就会积满灰尘,脸是应该经常洗的,不洗也会灰尘满面。每位旅游从业人员,受多种因素影响,在思想工作上也会沾染灰尘,也应该打扫和洗涤,即要经常进行自我批评,只有这样才能真正克服缺点,发扬优点,取得进步。

(三) 学习先进人物,培养高尚的道德人格

先进人物包括老一辈无产阶级革命家、英雄人物和先进模范人物,他们高尚的道德人格,既是社会主义旅游职业道德原则和道德规范的概括和捷径,又是由一定社会、一定阶级的理想人物所体现出的完美典型,每个旅游从业人员都应该学习先进者。不服从先进人物,甚至嫉贤妒能、讽刺打击,都是极端错误的。旅游从业人员应当立志以先进人物为职业道德修养的楷模,对照勉励鞭策自己,努力提高自己高尚的道德人格。

(四) 提高精神境界,努力做到"慎独"

"慎独"是道德修养的一个重要方法,也是道德修养所达到的一种很高的境界,它是指一个人在独立工作、无人监督时,能自觉严格要求自己,自觉遵守道德原则和规范,而不做任何不道德的事情。在有人检查督促或无法隐瞒的情况下,大庭广众面前不做坏事,这是一般人都能做到的,在无人监督和无人知道的情况下,也不背离道德原则,那就不容易了。旅游职业道德要求从业人员必须表里如一,如果不能做到"慎独",也就很难说是一个有职业道德的人。因此,可以说"慎独"是检验个人职业道德品质和修养功夫的一块试金石。提高精神境界,努力做到"慎独",对于旅游从业人员来说,具有特别重要的意义,因为旅游

从业人员服务的对象大多是来来往往的旅游者,有些事情做得好一些或差一些,他们一时很难鉴别,甚至也无法知道,如企业为了保证服务质量而制定的服务规范,在为旅游者服务时,只有从业人员自己才清楚;又如酒店的客房服务员在做卫生时,多数是在无人监督的情况下进行的,能否做到"慎独"就直接决定服务水平的高低。

(五)加强自我控制

自我控制是指一个人的自我调节能力,包括控制自己的情绪和控制自己行为的能力。许多事实证明,一个自我控制能力强的人,遇到问题可以大事化小,小事化了;反之,自我控制能力差的人就会因小失大,甚至付出极大代价。加强自我控制,要求从业人员要遵循理解、尊重、宽容和信任的原则,不断加强思想道德修养和文化修养,能够正确地自我认知、自我激励和自我调整,正确地对待自己,从而实现自我控制。

心随"影"动

影片《中国机长》以川航 3U8633 对险情的成功处置为原型,在 2018 年 5 月 14 日,川航 3U8633 航班在执行重庆至拉萨飞行任务中,突发驾驶舱右挡风玻璃爆裂脱落罕见险情。机长刘传健沉着冷静,带领 8 名机组人员,克服高空低压、低温、低氧和高噪声恶劣环境影响,以及仪表盘脱落等突发情况,科学完成险情判断、应急响应、旅客安抚等险情处置。与此同时,中国民用航空西南地区管理局、中国民用航空西南地区空中交通管理局、四川省机场集团有限公司等单位,紧急启动应急预案,参与险情处置。通过各方密切配合,飞机成功降落成都双流国际机场,确保了 119 名乘客和 9 名机组人员生命财产安全,创造了民航客运史上在极其艰难的紧急突发情况下成功处置险情的奇迹。"敬畏生命,敬畏规章,敬畏职责。"机长在最后说出的话让影片主题得到升华。

本 章 小 结

本章通过对旅游伦理、旅游职业道德基础理论的讲授,明确旅游从业人员应遵循的旅游伦理规范和基本职业道德。指出提升职业道德修养的方法,并在具体工作中指导旅游实践工作。

课后练习

一、基础知识问答题

1. 什么是旅游职业道德?

2. 旅游从业人员应遵循哪些职业道德？
3. 旅游从业人员职业道德修养有哪些方法？
4. 请简述职业道德与职业伦理之间的区别。
5. 旅游从业人员应遵循哪些旅游伦理规范？

二、综合实践实训题

1. 请你列举出你在旅游接待中都遵循了哪些从业人员的职业道德？
2. 你是怎样利用"慎独"方法进行旅游职业道德修养的？

参考文献

[1] 孙喜林,杨金桥.旅游心理学[M].8版.大连:东北财经大学出版社,2022.
[2] 肖怡然.旅游服务心理学[M].北京:清华大学出版社,2023.
[3] 杨宏伟.旅游心理学[M].2版.长春:东北师范大学出版社,2021.
[4] 林德荣,郭晓琳.旅游消费者行为[M].重庆:重庆大学出版社,2019.
[5] 赵鹏程,李佳源.旅游心理学[M].成都:西南财经大学出版社,2018.
[6] 薛欣,雷铭.旅游消费者心理与行为[M].北京:旅游教育出版社,2021.
[7] 尹松波,赵书虹.旅游伦理学[M].重庆:重庆大学出版社,2017.
[8] 杨艳丽.旅游从业人员伦理学[M].哈尔滨:黑龙江大学出版社,2010.
[9] 李祝舜.旅游心理学[M].3版.北京:高等教育出版社,2018.
[10] 齐海英.旅游服务心理学[M].2版.长春:东北师范大学出版社,2019.
[11] 吕勤.旅游心理学[M].北京:中国人民大学出版社,2012.
[12] 薛英.旅游心理与服务策略[M].北京:清华大学出版社,2014.

郑重声明

高等教育出版社依法对本书享有专有出版权。任何未经许可的复制、销售行为均违反《中华人民共和国著作权法》，其行为人将承担相应的民事责任和行政责任；构成犯罪的，将被依法追究刑事责任。为了维护市场秩序，保护读者的合法权益，避免读者误用盗版书造成不良后果，我社将配合行政执法部门和司法机关对违法犯罪的单位和个人进行严厉打击。社会各界人士如发现上述侵权行为，希望及时举报，我社将奖励举报有功人员。

反盗版举报电话　　（010）58581999　58582371
反盗版举报邮箱　　dd@hep.com.cn
通信地址　　北京市西城区德外大街4号　高等教育出版社法律事务部
邮政编码　　100120

读者意见反馈

为收集对教材的意见建议，进一步完善教材编写并做好服务工作，读者可将对本教材的意见建议通过如下渠道反馈至我社。

咨询电话　　400-810-0598
反馈邮箱　　gjdzfwb@pub.hep.cn
通信地址　　北京市朝阳区惠新东街4号富盛大厦1座
　　　　　　高等教育出版社总编辑办公室
邮政编码　　100029

责任编辑：张卫
高等教育出版社　高等职业教育出版事业部　综合分社
地　　址：北京市朝阳区惠新东街4号富盛大厦1座19层
邮　　编：100029
联系电话：（010）58582742
E-mail：zhangwei6@hep.com.cn
QQ：285674764
（申请配套教学资源请联系责任编辑）